初中学科考试命题研究丛书

浙江省教育厅教研室　组织编写

丛书主编　何东涛

社会科命题技术研究

——初中道德与法治、历史、地理

牛学文 李荆 等　著

浙江教育出版社·杭州

图书在版编目（CIP）数据

社会科命题技术研究 / 浙江省教育厅教研室组织编写；牛学文等著. -- 杭州：浙江教育出版社，2024.4
（初中学科考试命题研究丛书 / 何东涛主编）
ISBN 978-7-5722-7730-6

Ⅰ. ①社… Ⅱ. ①浙… ②牛… Ⅲ. ①社会科学课－考试－命题－研究－初中 Ⅳ. ①G633.202

中国国家版本馆CIP数据核字(2024)第070714号

责任编辑 陈之江　　责任印务 曹雨辰
美术编辑 曾国兴　　封面设计 刘　欣
责任校对 杜功元　池　清

初中学科考试命题研究丛书
社会科命题技术研究
CHUZHONG XUEKE KAOSHI MINGTI YANJIU CONGSHU
SHEHUI KE MINGTI JISHU YANJIU
浙江省教育厅教研室　组织编写
丛书主编　何东涛
牛学文　李荆等　著

出版发行　浙江教育出版社
（杭州市天目山路40号　电话：0571-85170300-80928）
激光照排　杭州兴邦电子印务有限公司
印　　刷　浙江新华印刷技术有限公司
开　　本　710mm×1000mm　1/16
印　　张　15.75
字　　数　250 000
版　　次　2024年4月第1版
印　　次　2024年4月第1次印刷
标准书号　ISBN 978-7-5722-7730-6
地图审核号　GS浙(2024)150号
定　　价　44.00元

本册编写人员　牛学文　李　荆　夏陈伟　陈兴勇

徐建强　嵇永忠　陈　丹　陈森森

前言

改进命题技术，促进素养教学

中共中央、国务院印发的《深化新时代教育评价改革总体方案》明确指出："教育评价事关教育发展方向，有什么样的评价指挥棒，就有什么样的办学导向。"考试命题是当前教育评价的重要形式，对办学导向具有重要的引领作用。教育部发布的《关于加强初中学业水平考试命题工作的意见》也强调："考试命题对学校教育教学具有重要引导作用，是健全立德树人落实机制、扭转不科学教育评价导向的关键环节，对于全面贯彻党的教育方针和发展素质教育具有重要意义。"当前，为贯彻培养学生核心素养的教育理念，纸笔测试亟须变革传统的命题内容和形式，需要以素养立意的试题形态来支撑并推进基础教育教学的发展，实现培育"完整的人"的育人目标。

1997年，原浙江省教委决定将中考命题权下放到地市，经过三年过渡，到2000年，全省各地市的中考均实施自主命题。浙江省教育厅委托浙江省教育厅教研室（以下简称"省教研室"）开展各地市中考试卷质量评价工作，这既是对考试命题工作的管理，又是对考试命题的研究与指导。省教研室一直把提高中考命题质量作为指导初中教学、推动教学改革的着力点，每年举办一次中考试卷质量评价与中考命题人员培训活动，坚持至今。

在多年的工作研究中，我们积累了大量的中考试卷质量评价的资料，积极发展基于实践的学科命题理论。特别是自2012年起，省教研室改进了命题人员的培训方式，采用以“做中学”“伙伴学”为特征，包括两轮实战磨卷和关于命题技术的生成性讨论的“实践研修模式”，提高了命题研究的水平，加强了全省命题队伍的建设。在随后的几年中，浙江省将试卷质量评价、命题人员研修、教学导向分析、考试说明修订以及命题技术研究等工作系统地结合在一起，形成了具有浙江特色、对提升初中教育教学质量产生重要影响的命题培训方式。

我们真切感受到一线学科教师对命题指导的迫切需求，努力尝试提高命题能力的研修模式。为将我们的思考和研究惠及广大学科教师，从更广泛的层面提高学科命题水平，改进教学检测和评价，2016年，省教研室启动初中学科评价研究项目，组织相关教研员和骨干教师研究编写了“初中学科考试命题研究丛书”，希望能够深入浅出、理论联系实际地阐述检测与评价原理，帮助广大一线学科教师掌握命题基本技能，促使区域性的大规模考试和学校教学检测都能更加科学有效，积极促进教师的教和学生的学。丛书出版后，得到了省内外广大学科教师的肯定和支持，有效提高了相应学科教师的命题水平，促进了各地试卷命题质量的提升。

2022年4月，教育部颁布新版义务教育课程方案和学科课程标准，这为素养命题提供了依据，使素养试题研究走向了深入。各学科教研员带领骨干教师努力研究基于核心素养考查的试题内容和形式，获得了很多可喜成果。我们基于这些经验和成果，在各地市中考命题和各地期末考试实践验证的基础上，明确并提出了素养命题的内涵和特征，这也标志着浙江省初中素养命题的研究和实践已渐趋成熟。

于是，我们决定再次修订这套丛书，努力以核心素养为考查目标，通过命题技术的改进来全面提升试题质量，达成新课程标准要求的“教—学—评”一致性。经过数次修改，这套基于多年实践研究、新修订的各学科的检测与评价著作终于呈现在大家面前。“初中学科考试命题研究丛书”包括语文、数学、英语、科学和社会科五册。在丛书的构思与研制中，我们希望能体现以下特点：

第一，方向性。教学检测必须呼应课改方向，助推课堂教学改革。本套丛书体现“基于标准，素养立意；易而不死，活而不难”的命题原则，强调各学科要突出基础性、应用性和工具性，使考试评价与学生生活及现代社会相联系，考查学生在真实情境中分析问题、解决问题的素养水平。

第二，专业性。本套丛书分学科编写，力求体现学科特性。同时，丛书编写立足于2022年版义务教育课程标准，严格按照学业质量标准的相关要求，在阐述命题理论和进行命题实践时，努力指向中国学生发展核心素养和各学科核心素养的内容。

第三，实践性。本套丛书的最大特点是来自实践，并指导实践。从书基于这些年来浙江省各地市学业考试中被广泛认可的优秀试题，以及各地期末考试中的优秀试题，深入阐释学科原理，注重命题技能实训，以满足一线教师研习命题技术之所需。

第四，实用性。丛书编写坚持以读者为中心，充分考虑读者需求，突出“如何命题”的程序性知识。我们在运用相关理论对优秀试题进行命题技术解析时，力求做到让学科教师看得懂、学得会。

第五，前瞻性。本套丛书充分学习借鉴了当代中国教育评价改革的优秀成果和PISA（国际学生评估项目）测评、SOLO（可观察的学习成果结构）分层评价等经典测评理论和方法，用以分析试题，科学评判价值，引领一线教师按照素养导向要求提高命题技术，助推教育教学改革。

我们认为，合格的教师必须学会设计作业，优秀的教师肯定能命制高质量的试卷。2022年版义务教育课程方案指出，要“全面推进基于核心素养的考试评价，强化考试评价与课程标准、教学的一致性，促进‘教—学—评’有机衔接。增强日常考试评价的育人意识……提高作业设计质量”，从而有效减轻学生过重的学业负担。这就要求各地重视一线命题研究与辅导，积极推广基于自主命题的校本研修，让教师在真实的命题实践中提高命题以及把握教学标准的能力。本套丛书正是呼应这一需求而推出的学科命题研究成果。衷心希望这套丛书能带给读者多样化、深层次和成长性的启发，切实引导广大教师的命题观念更新及行为转变，促进广大教师的专业发展。

尽管我们在本套丛书的编写和修订过程中一直本着严谨的态度，但难免还会有纰漏之处，恳请各位专家和教师不吝赐教。

浙江省教育厅教研室丛书编写组

2024年3月

目　录

MULU

第一章　社会科试题概述

推进综合学习是当前课程改革的重要方向。《义务教育课程方案（2022年版）》指出，要“加强课程内容与学生经验、社会生活的联系，强化学科内知识整合，统筹设计综合课程和跨学科主题学习”。而早在30多年前，浙江就开始进行综合课程的实验。1988年5月，浙江省接受了原国家教委交办的义务教育阶段课程改革试验的任务。在课程设置中，浙江率先在全省范围内开设了5门综合课程，其中就包括初中社会。当时，浙江全省使用省编《社会》教材。该套教材中，七年级以地理知识为主，八年级以历史知识为主，九年级则偏重于政治、现代史知识等。2001年7月，教育部制定了《全日制义务教育历史与社会课程标准》。之后，浙江省开始使用《历史与社会》教材，它以三大主题——我们生活的世界、我们传承的文明、我们面对的机遇和挑战为基础，综合地理、历史、政治等学科，综合程度大为提高。2023年7月，《浙江省义务教育课程实施办法（试行）》明确指出：“初中阶段开设历史与社会，起始年级为七年级，需统筹历史与地理中人文地理的学习内容。”2023年11月，《浙江省教育厅关于实施初中学业水平考试全省统一命题的通知》发布，它规定：“结合浙江实际，确定语文、数学、英语、科学、社会（含道德与法治、历史与社会）和体育与健康等6门科目为全省统一考试科目，成绩计入高中阶段学校招生录取总分。”因此，本书所说的社会科命题技术研究，在内容上包含初中阶段历史、地理和道德与法治三门课程。

一、试题及其要素

1. 试题的涵义

考试是一定组织中的主考依据考试目的，凭借考试制度，选择运用相关资源，对被考者诸方面的素质水平进行专门化的测度、甄别和评价的一种社会性活动[1]。我们若要测定学生社会科的学业成就,就需要设计一套试题来引发与相关学业成就相对应的行为反应,然后通过学生在答题过程中的行为反应来估测学生在学习历史、地理、道德与法治课程后的课程目标达成度。

试题即测试的题目,是为了实现特定的检测目的,要求学生在有限时间内必须完成的规定性指令问题。因此,试题从本质上说是心理测量的一种量具,它具有刺激情境和对应答形式的规定,它的目的是要获得被试者的应答,并根据应答对考生的某些心理特质进行推测[2]。

2. 试题的要素

考试可以包括口试、笔试等多种形式,相应的试题也会有不同的形式和要求,但无论什么样的试题,皆由立意、情境、任务、表现四个要素构成。

在试题四要素中,立意是主旨和灵魂,它确定了试题考查的内容和要求;情境是基础和载体,是试题任务的基本依托,是学生作答的主要信息源;任务是在立意和情境的基础上要求考生分析问题和解决问题,是立意的落脚点;表现则是参考答案和评分规则,是考试评价的目的所在。

二、试题类型及命制规范

1. 试题的类型

试题有很多分类,根据评分方法的不同,试题可分为客观性试题(客观题)和主观性试题(主观题)。客观题因其评分客观而得名,是指评分不受评分者主观因素(如情感、情绪、注意力等)限制的题型,它的标准答案在考前就可以拟定好,即使是各评分者独立评分,所得的结果也应是相同的。客观题中较为常见的形式有填空题、判断题、配对题、选择题等,其中选择题是当前最常用、最典型的客观性试题。主观题是指评分会受评分者主观因素影响或控制的题型,它一般只能在考前规定评分说明,无法制订统一明确的标准答案。阅卷时,相关人员还需根据实际情况确定评分细则。主观题主要包括辨析题、材料分析题、论述题等,其中材料分析题是当前最常用、最典型的主观性试题[3]。

---

[1]方晓东,程斯辉.高校招生考试问题研究[M].大象出版社,2010:8

[2]米云林.促进深度体验的核心问题教学评价研究[M].电子科技大学出版社,2017:43

[3]牛学文.中学社会科考试评价研究[M].浙江人民出版社,2018:52

（1）选择题

选择题通常是由一个问题（题干）和一组被选答案（选项）组成，在很多情况下，一道或多道选择题还分别有或共有一段情境材料。选择题有两种基本形式，一种是直接提问式，一种是不完整陈述式。这种直接设问或不完整的问题陈述就是选择题的题干，被选答案就是选择题的选项，或叫题肢。选项或题肢可以是文字、数字、符号、图表等，它们一般有一个或一个以上是正确的或最好的答案。

选择题是所有客观性试题中最灵活的一种，其优势在于，保证考试，尤其是大规模考试的公平性。因为选择题答案唯一，评分能不受评分者主观因素的影响，且免去了详尽书写的麻烦，使答题速度提高，可以加大试题容量，提高测试内容的代表性和有效性。选择题可以测量一般层次的学习结果，也可以测量理解、运用等高层次能力，有利于考查考生的思维品质，如思维的敏捷性和准确的判断力等。因此，它在各种考试中都得到广泛应用，社会科学业考试也不例外。

但是，选择题也存在着难以克服的缺陷：编制优质的选择题耗时、费力，主要是对干扰项的设计要求较高；不容易测量以充分发散为思维特征的重要能力，如表达能力、创造能力等；无法测量学生的思维过程，而只能得到其思维结果；存在凭猜测而准确作答的可能性等。

（2）材料分析题

材料分析题是由材料和问题构成的试题形式，这些材料可以是文字、图表、漫画等，或者兼而有之；相关的问题可以是一题，还可以是由若干个题目组成的一个系列，这些题目主要是问答题。

材料分析题是一种常见的主观题，它可以弥补选择题的不足，能考查学生获取信息、组织信息的能力，表达观点、发现和提出问题的能力，以及灵活运用各方面的知识、方法分析和解决问题的能力。因此，材料分析题是一种在各种考试中广泛应用的题型，在社会科学业考试中更是如此。

材料分析题同样存在缺陷：试题覆盖面较窄，作答和阅卷较费时间；评分既易受较多相关度较低因素的影响，如考生的字迹、用词等，又易受评分者主观意识的影响，如个人偏见、好恶等。

2. 试题命制的基本规范

（1）编制选择题（客观题）的基本规范

好的选择题至少要满足三个条件：第一，题干表达的是一个完整而明确的主题；第二，各选项分别与题干在内容和表述上构成合理的逻辑关系；第三，各选项之间构成相互干扰关系。

编制题干的规范：题干是一个有意义的句子；有一个明确的问题（指向），这个问题即使在没有选项的情况下也有意义；不要包括无关或无效的内容；尽量避免采用填空形式；尽量以肯定的词语表述题干，如果一定要使用否定式题干，一定要对否定部分做出特别强调，在其下加下画线、着重号，以提醒学生。

编制选项的规范：选项要具有较好的同质性，即选项之间表述的是相同或相似主题，相互之间存在一定的逻辑关系，而且在语法、长度上也保持相同或相似。选项要按照逻辑顺序或数字顺序来呈现。干扰项能反映考生的典型错误。除了正确选项外的迷惑项要有干扰性，即都能“似是而非”。选项与题干之间不能存在语言联系或某种暗示，如题干与选项用词相似、题干的核心词在正确答案中逐字重复、选项用教科书语言或模式化的措辞来表述正确答案、对正确选项的表述更详细（长度更长）、在干扰选项中包含绝对用词等。选项要合乎逻辑，避免出现伪项。选项中相同内容尽可能置于题干中[1]。

（2）编制材料分析题（主观题）的基本规范

好的材料分析题至少要满足三个条件：第一，情境材料设置新颖；第二，材料与设问在内容和表述上构成合理逻辑关系；第三，设问构思巧妙，且都切实考查学生分析问题、解决问题的能力。

材料选择与组织的规范：材料有教育意义，可渗透正确的情感态度与价值观；与考试目标相关；避免只与部分学生的学习经历和生活经历相关，以保证公平性；在形式或内容上保持新颖性；所提供的信息量充分；与学生的认知水平相适应；呈现形式多样化。

任务设计（设问）的规范：任务设计（设问）与考查目标相匹配，使用与考查目标相一致的行为动词；用清晰、明确、简洁的语言；各小题之间有一定的逻辑关系；设计的小题数量应该与背景材料的长度相匹配，一般不超过4个小问；各小题的复杂程度和难度有一定的梯度；各小题既可独立也可相互联系，但应避免把上一题的答案作为下一题的条件。

材料与问题关系的规范：设问与材料保持一致。具体说，材料分析题

[1]牛学文.中学社会科考试评价研究[M].浙江人民出版社，2018:55-58

的设问应该注意三点:其一是限定从材料中提取信息的方向,设问要非常明确地告诉学生只需提取什么样的信息;其二是限定某一材料内容或各材料之间内容的相互关系;其三是限定测试能力的方向。在设计材料分析题时,应注意避免一类错误,即问题的答案已在给出的材料中,学生在阅读材料时就能直接找到答案,这测量的仅仅是学生的一般阅读能力。

参考答案与评分标准的规范:参考答案与评分标准要与试题要求相一致;评分说明应具体、明确、全面,具有操作性;评分方法的选择要合理;赋分合理,方式恰当,技术有效。

三、社会科试卷设计与试题命制

1. 指导思想

社会科试卷设计应坚持以下指导思想。

(1) 有利于落实立德树人根本任务,发展学生的核心素养

党的二十大报告明确指出,要全面贯彻党的教育方针,落实立德树人根本任务,培养德智体美劳全面发展的社会主义建设者和接班人。《义务教育课程方案(2022年版)》更进一步强调:“强化素养导向,注重对正确价值观、必备品格和关键能力的考查,促进学生核心素养的发展。”所以,社会科考试要有助于落实立德树人的根本任务,发展学生的核心素养,为培养复合型、创新型人才做出应有的贡献。

(2) 有利于改善学教方式,促进学生有效学习和教师有效教学

社会科考试不仅要关注“对学习的评价”,更要注重“为学习而评价”。就是说,考试评价的目的不在于对学生进行评定或比较,而在于发现学生在达成目标过程中的差距,从而向学生提供反馈信息,促使其进行自我引导、自我监控的学习,最终有效完成学习任务。

同时,要充分发挥考试的“指挥棒”作用,促进教师从有利于全体学生全面发展的角度出发,坚持依标施教,注重“用教科书教”而不是“教教科书”,加强对学生分析问题、解决问题能力的培养,树立开放的、综合的课程观和促进学生自主学习、主动建构知识的教学观,以改变传统的以“本”为本、死记硬背、机械训练的教学方式。

(3) 有利于全面、准确地反映学生在本学科学习目标方面所达到的水平

学生通过社会科学习,应该在掌握必要的人文社会科学知识和技能的

基础上，体验对历史和现实问题进行综合探究的过程和方法，正确面对人生和社会发展的各种问题，逐步树立集体主义、爱国主义和社会主义思想，初步形成科学的世界观、人生观和价值观。因此，社会科考试应该全面、准确地反映学生在上述学习目标方面所达到的水平。

需要说明的是，这里所说的“全面”，就是学业考试在继承以往考试改革成果的基础上，努力体现新课程理念，全面落实社会科核心素养目标要求；所说的“准确”，就是强调要以课程标准为基准、以学科的主干内容为核心，按照课程标准要求，重点对核心知识、关键能力进行考查；同时，适度加强对过程与方法的考查，并通过选材、设问等方式渗透对必备品格、正确价值观的考查。

此外，如果是选拔性考试，在全面考查学生学业水平的同时，还要有适当的区分度，以利于各类高一级学校选拔合格新生。

2. 基本原则

在上述思想指导下，命题者在设计试题及试卷时应遵循如下原则。

（1）导向性

坚持立德树人，牢记为党育人、为国育才使命，确保教育正确方向；注重考试命题的素养导向，通过设置开放的、与所学内容有关的真实问题情境，考查学生的核心素养水平。

（2）科学性

命题要体现课程目标、课程内容和学业质量标准的要求；试题在立意、材料选择、语言组织、问题设置、参考答案和评分标准等方面要做到科学合理，符合教育测量与评价学的指标，保证考试的信度和效度。

（3）规范性

系统规划命题流程、制定命题规范，严格按命题规范命制试题，确保命题框架合理、内容准确无误、情境符合事实、问题设计恰当、语言表述清晰、考试结果有效。

（4）有效性

命题要坚持原创、创新，提高试题的新颖程度；根据考试性质的不同，有区别地设计试卷的整体难度；根据试题的不同定位，让试题在试卷的不同位置上发挥各自的考查功能，产生整体效应，实现考试目标。

3. 试卷设计

命题工作是一项系统工程，在实施命题前，命题组织者必须规划、设计好命题工作的流程，以便科学、规范地组织命题工作。命题工作包括试卷的设计和试题的设计，这是两项不同的工作。试题的设计从局部来考虑实现测试的目的，而试卷的设计则从整体来考虑测试的完整性、合理性和规范性，它一般包括试卷题型结构（主观题、客观题占比）、知识内容结构（各知识模块占比）、能力结构（所考查的基础能力和高阶能力占比）、素养结构（不同素养占比）、难度结构（难、中、易试题占比）、试卷形式及编排等相关内容。关于试卷的各类结构要求，本书将在后面的多维细目表制订中作介绍。试卷形式上的相关要求需要符合教育测量学的基本规范，符合国家印刷出版的相关标准。如，试卷总题量适中，与考试时间的关系合理；试卷版面设计合理，易于阅读、理解和作答；卷头密级（秘密）、使用时间、考试项目名称、科目名称、试卷总分及页码说明、答题时间、得分栏，各种题型前的指导语，试卷密封线内的“姓名、报考单位、准考证号或考生编号”等各项内容的设计符合规范；试题图表大小、格式、序号，页面设置、行距、字体、字号、间隔，文字下画线、着重号等标注，页脚（页眉）中科目名称、页码说明以及试题和参考答案及评分参考中的汉字、标点符号、数字、外文字母、名词术语、人名、地名、量和单位、插图、表格，答题卡样式和参考答案及评分标准的呈现形式等要符合国家标准、行业规范和相关要求。

社会科具有很强的时代性，难以形成相对稳定的题库，因此大部分地区社会科的命题工作基本上是有计划地抽调一批业务水平高、师德高尚的学科专家、教研员、骨干教师，在一定时间内按照规范的流程进行集中命题。下图所示为各地学业考试常用的工作流程。

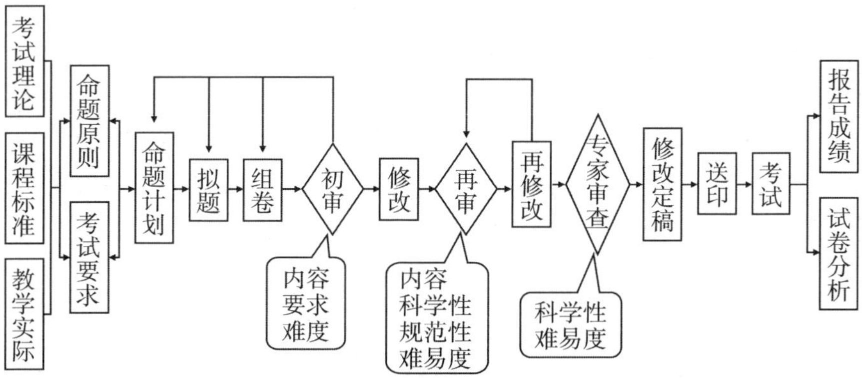

考试命题流程图

具体说来,社会科学业考试命题工作可分四个阶段:制订命题计划、拟题、组卷、审卷。

(1) 制订命题计划,研制试卷框架

现代教育测量理论认为,测验是一种抽样的测量。因此,在命题工作中,命题者不仅要考虑试题的科学性、合理性以及对于学生是否具有针对性,还应考虑试题的取样对于所考查的教学内容是否有足够的代表性。许多教师在自编测验时,往往只重视试题的科学性、编题的技巧和方法,而忽视了试题的取样以及试卷编制的科学性,甚至只凭自己的经验和偏好去编制试题,极少会有命题计划。尽管这样编出的每道试题看似无可非议,经得起推敲,但整份试卷的测试结果却很难正确评价教学效果。因此,在编制测验时,命题者应先拟订命题计划,以此作为编制试题和试卷的依据。

这个命题计划,就是命题框架,它主要包括两个方面:一是对测验编制的原则要求,这主要是对测验目标的说明,以及测验范围、方法和题型、时长等的确定;二是试卷中试题分布的规定,如考试内容、核心素养在试题中的分布等。在研制考试命题框架时,内容范围、核心素养的体现程度等要符合课程标准的规定和要求,保证学业水平考试能够准确考查学生课程目标的达成度。

(2) 制订多维细目表,规划试卷结构和试题要求

多维细目表是对命题计划的落实,它是基于命题计划而研制的试卷命制工作的“施工图”,是对全卷试题命制的系统规划和过程设计。

多维细目表是规范、指导考试命题和试卷编制工作的重要工具,它能帮助命题者遵循命题计划命制试题,也便于命题人进行必要的审核和修改,确保试卷符合考试要求和规范,也能用于有效诊断学生的学习效果,更好地发挥试卷的测量功能。

在多维细目表中,一方面,命题者需要规划以下结构:题型结构、内容结构、能力结构、素养结构、难度结构等。另一方面,命题者要对每一道试题在情境、任务类型等方面提出要求,作出规划。

表 1-1　多维细目表例举

知识内容			预设难度			题型		学科能力要求					核心素养要求					试题来源	
单元	知识点	内容标准	容易题	中等题	较难题	客观题	主观题	记忆	理解	分析	应用	创造	家国情怀	历史解释	……	法治观念	政治认同	改编	原创
……																			

以上所示的多维细目表中的最左侧一栏是试卷测验的教学内容，它反映了试题中的知识要求，通过它可以规划整个试卷所考查的内容结构，了解知识点的覆盖情况。对于这些知识内容，命题者要根据它们在教材中的重要性高低，分配适当的比重。不同教学内容在试卷中所占的百分比，也是对教学时间、教学精力的分配比例。这个比例，我们称之为"权重"。教学内容的权重可以根据内容的重要程度、教学所需时间以及其他因素确定。在依标施考的要求下，命题者也可以通过不同教学模块在课程标准的内容标准中所占比重来加以确定。

左起第二栏为预设难度，是命题者对试题难度的预先设定，它反映了试题的难度状况，透过它可以规划整卷的难度结构。学业水平考试要实现"两考合一"功能，即一张试卷要实现毕业水平考试和升学选拔考试两种功能。水平考试和选拔考试是两种不同性质的考试，前者是标准参照考试，后者是常模参照考试，目前尚无相应的理论研究来支持怎样的难度系数和难度分布最为合适。通过长期实践，我们一般把全卷难度系数设定在0.65—0.75，在难度结构上，易、中、难试题（容易题≥0.70，较难题≥0.40，中等题难度系数在0.40—0.70）分值占比约为7∶2∶1，最有利于兼顾水平考试和选拔考试两种功能的发挥。

左起第三栏为题型，是命题者对试题题型的选择，透过这一栏目可以规划整卷的题型结构。客观题题型一般包括填空题、选择题、连线题、填图题等，主观题题型可以包括论述题、材料分析题等多种形式。一般要求客观题和主观题在全卷中的分值占比为5∶5左右。《义务教育历史课程标准（2022年版）》明确提出，要"减少简单考查机械记忆能力的题型，提高探究性、开放性、综合性、创新性题型的比例"。这预示着客观性试题的比重可以进一步下调,主观性试题的占比可适当增加。

左起第四栏是学科能力要求,是命题者从能力维度对试题的规划,通过它能规划(分析)试卷所考查的能力的种类和层次。上表是从认知能力维度,即记忆、理解、分析、应用、创造来预设的,命题者也可以从解决任务能力的角度加以规划,如阅读理解、知识应用、问题探究等。此外,还可以从学科能力角度来规划,如历史学科可以分成基础和高阶能力,基础能力主要包括再认再现和重构历史时序、历史空间;辨识不同史料类型及其价值,合理解读史料;从材料中提取有效的历史信息;辨别历史事实、历史叙述和历史解释;合理、正确地理解历史;根据历史事实进行历史叙述等,高阶能力主要包括将历史事物置于特定的历史环境中进行考察分析,能够运用史料进行实证和解释历史,从原因与结果、动机与后果、延续与变迁、联系与综合等角度进行历史解释,运用比较、分析、概括、综合等方法认识历史以及发现问题、提出问题、独立探究与解决问题等。全卷在能力考查的规划上,要做到所考查的能力类型分布合理,突出对问题解决能力水平的考查,试题既要考查学生对所学知识的记忆和理解能力,又要考查学生运用学科思想方法和所学知识简要分析问题的能力,还要考查学生综合运用各种方法初步解决比较复杂的问题的能力。

左起第五栏是核心素养要求,是命题者从学科素养的角度明确试题在素养考查上的表现,通过它可以规划学科核心素养考查的结构。坚持素养立意,不仅需要试题符合核心素养的总体考查要求,更需要顾及素养的不同方面和不同层次的考查要求。因此,在该栏目中,命题者可以从总体、具体素养、素养层次三个方面加以规划,以明晰试题考查的核心素养种类及素养的达成度。

左起第六栏是试题来源,主要是提醒命题者注意试题出处。在大规模高利害的考试中一般不应当直接引用其他考试中出现过的题目(原题),也不倡导对于陈题简单改造就直接加以使用。这主要是为了保证测试的公平性,也是为了避免助长机械刷题、搞题海战术的倾向。因此这个栏目的设置是有助于提醒命题者增加试题原创性的。但这个栏目不是必需的,对于那些坚持原创的命题者来说是可以取消的。

需要说明的是,多维细目表的栏目是可以根据需要来增加的。譬如,为了倡导开放性、探究性、综合性试题的设置,命题者可以单独增加开放性、探究性、综合性试题占比的栏目。为了关注情境设置的多样性,命题者可以增设情境栏目，从学术情境、生活情境、社会情境、模拟情境等方面来规划。

在制订多维细目表时，命题者一般要确定测验所要测试的教学内容和检查的学习结果。测试的要求应与学业质量标准的要求基本相符。应依照测验的内容及其在教材中的重要性，确定各知识点在测验中应有的分值，以及各项能力、素养在测试中所占比重。

（3）组织命题

命题工作正式开始前，命题组织者应严格依据命题计划分配命题任务，做好准备工作。命题人员应做好准备工作，研读相关课程标准、教材，了解学情，搜集相关素材，了解自己所分配到的任务，初步命制试题并认真填写命题卡。

表1-2　考试命题卡

题目：	
参考答案和评分标准：	
考查目标	（要说明考查的知识内容、对应的学业质量标准要求、核心素养及其水平、学科关键能力、涉及价值观）
命题意图	（主要说明试题的亮点）
情境材料出处	
试题来源	
难度估计	（需要说明难度估计的理由）

然后是分工协作、磨题、组卷。这一阶段应先讨论确定层次要求较高的压轴题和体现新课程理念的特色题，再讨论难度中等的题目和容易题，动态落实多维细目表，贯彻命题计划。磨题时采用一票否决制，但也要充分体现民主协商与合作。在组卷过程中，命题者要处理好个别试题与整体试卷的关系。高质量的试卷并非要求每题都必须是高质量的优秀试题，而是要注意整卷的整体结构效果。有的创新试题质量很高，但放在一起，并不一定能构成一张高质量的试卷，而有的试题较为传统，区分度也不高，但确实是水平考试需要的，这就要求命题者从试题本身的功能来统筹全卷。

（4）审卷

审卷包括校对和审核试卷。

校对试卷可以从以下几个方面着手:

①检查试卷的考试时间、课程名称、页数与页码等是否正确。

②检查答题卷的试题作答空间是否够用。

③检查试题及答案的总赋分是否符合要求,各大题的分值累加是否和总分一致,各小题的分值累加是否和所属大题的总分一致。

④检查试题及答案的序号(包括大题和小题的序号)是否正确,表示方式是否一致。每小题的分值是否与指导语一致。

⑤检查试题及答案的字体、字号是否符合要求,试题文字叙述是否正确,专业术语及符号使用是否符合规范、有无印刷性错误。

⑥检查试题及参考答案中出现的图形和表格的格式、大小及比例是否符合要求。

审核试卷是指试卷校对工作完成后对试卷进行的审查。试卷的审核工作除了要遵循前面所述试题的编审原则外,还要遵循以下几个方面的要求。

a. 试卷中的试题是否存在违反党和国家各项政策以及法律法规的问题,是否存在民族事务、宗教事务等方面的政治性问题。

b. 对照考试说明和多维细目表,审查试卷的内容分布比例、能力层次比例等是否遵循有关规定。

c. 试卷的平均难度、题量大小是否合适,是否做到难易适度、题量适当,以保证大部分考生在规定的时间内能够答完。

d. 试题编排总体上是否做到从易到难、由简到繁。

e. 两套等值试卷之间是否有完全相同的试题。

f. 各种题型的答题指导语、各试题的分数是否明确,没有歧义。

g. 评分标准是否简便、准确、合理、规范,便于把握。

h. 试卷版式是否科学、规范。

试卷验收是指试卷经过校对与审核等研磨环节后,由命题机构工作人员或指定专家确认合格的过程,通过验收的试卷交由印刷厂付印待考[1]。

4. 命题策略

从学理上说,试题命制的依据是多维细目表,试题是对多维细目表的具体落实。而多维细目表是对课程标准的落实,一份优秀的多维细目表能

[1]牛学文. 中学社会科考试评价研究[M]. 浙江人民出版社,2018:12

客观正确地体现出课程标准的结构和要求。无论是客观题还是主观题，原创试题命制一般遵循以下策略。

（1）定位试题功能

在试题命制开始前，命题者首先需要根据多维细目表，明确试题在整卷中的功能定位，进而确定试题的难度、区分度和其他方面的要求。如2023年绍兴市中考卷第25题（第二章例2–7），为一道跨历史、地理、道德与法治学科的综合题。该题的功能是压轴题，要承担区分前20%学生的任务，试题的难度值需要在0.2—0.4，对优秀学生要具有良好的区分度。

（2）明晰价值导向

同一题材可以有多种切入方式。具体从哪个角度切入，其选择的重要标准是题材所体现的核心价值导向哪个角度更为自然、妥帖、合理。长城题材能体现的学科核心价值主题有很多，如保守与开放、多民族国家形成、中华民族共同体形成的见证等。例2–7的命题者选取中华民族共同体形成的见证作为价值导向，他们认为这一导向较之其他的导向更贴合题材的主旨。

（3）确认考查目标

多维细目表对于试题的考查目标作了相应的规定，但在具体试题的命制过程中，受题材的影响，考查目标往往需要作动态的调整。在确定题材、明晰价值导向后，命题者要确认考查目标，即要进一步确认试题考查的课程内容和核心素养的达成度等。此时需要做三个检视：一是检视试题的考查目标与多维细目表的吻合程度；二是检视考查目标与学业质量标准的对应关系；三是检视多维细目表与学业质量标准的对应关系。如果发现有不吻合之处，就需要作相应的修改，要么修改试题的考查目标，使之符合多维细目表与学业质量标准；要么修改多维细目表，使它与试题、学业质量标准一致。

（4）创设试题情境

确定了试题的功能后，命制的大方向就清晰了，此时能不能找到合适的情境就成了关键。在命题实践中，命题者往往采用以小见大或以大含小的视角来寻找情境材料，同时对情境材料进行打磨，主要考虑处理材料，包括裁剪多少，信息够不够充分以及如何呈现，能不能保证对各类考生的公平等。材料的打磨往往与任务、答案的设计是同步的，或者说是互相交织进行的，通常是从材料审视任务与答案，再从任务与答案审视材料。

（5）设计任务，拟定答案

任务设计主要是根据考查目标要求展开的，它需要命题者考虑学情和教学内容。同时，答案的设计与任务设计又是一体的。任务设计、答案设计又与材料打磨交织在一起，命题者通常根据材料和考查目标展开任务和答案设计，根据任务和答案设计来打磨材料，在材料打磨后再修改任务和答案设计。

（6）预估难度，校对试题

在试题基本定型后，命题者需要模拟学生解题的思维过程，再来对照试题的定位，预估学生的答题表现，预估难度值。若有较大偏差则需要通过调整情境材料、试题任务、评分标准来使之符合预设的试题难度。最后则是对试题进行校对，主要是对字词、符号、材料、数据等作细致的核查，防止出现疏漏与错误。

以上策略中的核心部分是四项，即确定考查目标、创设试题情境、设计试题任务、拟定表现标准。接下来的第二章到第五章将聚焦这些核心策略作具体阐述。

第二章　试题立意及其确立

一、试题立意及其分类

1. 试题立意的内涵

《说文解字》中说，“立，住也。从大立一之上”“意，志也。从心察言而知意也”。“立意”就是寻找、发掘、提炼思想和核心的过程。把“立意”引申到考试领域，就是明确试题考查的意图（命题意图），具体说就是考知识、考能力、考素养，考哪些知识、考哪些能力、考哪些素养。

试题立意是命题者基于考试性质与要求，依据课标、结合学情确立的，具有统领性质的测试意图或主旨。试题立意反映了考查目的，是测试目标，是试题的核心或主题。

2. 试题立意的分类

试题立意有知识立意、能力立意和素养立意之说。

所谓知识立意，是指在命题时主要考虑知识维度，着眼于知识结构的系统性和完整性，考虑知识点及其覆盖面的要求，即使要考查学生的能力，也主要是考查学生学科内知识的融会贯通能力。以知识立意的命题思路，在试题内容选择上以考查知识为中心，把考查知识的数量和理解程度放在首位，注重考查学生对重点、难点知识的记忆和理解，试题的难度也在于对知识掌握的程度[1]。

【例 2-1】端午节是中国历史悠久的传统节日，它纪念的是　　（　　）

A. 屈原　　B. 张骞　　C. 岳飞　　D. 于谦

【例 2-2】（2008·绍兴）西北地区土地荒漠化曾十分突出，经济发展曾较为落后。21 世纪初，西北地区人民面临着“保护环境”还是“加快发展”的“两难”选择。据此回答：

---

[1]吕建强. 新课改背景下高考命题立意的转变[J]. 考试研究，2009(11):53

(2) 破解“保护环境”还是“加快发展”的“两难”问题，根本之计在于找到一条生态与发展齐头并进的新路径，为什么?(6分)

参考答案:(2)环境问题的实质是发展问题，(1分，答“保护环境就是保护和发展生产力”同样给分)自然环境是人类生存和发展的物质基础，发展经济不能以牺牲环境为代价。(4分)只有使生态与发展相协调，才能实现可持续发展。(1分)

例2-1主要考查知识的识记，知识立意明显。例2-2主要考查学生对人口、环境、发展之间关系的理解，难度在于对这一关系的低通路的迁移，是要求较高的知识立意试题。

所谓能力立意，是指试题主要考查学生理解、应用知识来发现、分析、解决问题的能力，包括对知识的理解、分析、综合运用等能力。以能力立意的命题思路，在试题内容选择上以考查能力为中心，把考查能力的种类和层次放在首位，试题的难度在于对能力考查的广度和深度。

【例2-3】就佐证端午节是中国历史悠久的传统节日而言，下列依据中最有说服力的是　　(　　)

A. 古籍的记载　B. 屈原的作品　C. 政府的声明　D. 学者的解释

【例2-4】(2018·绍兴)为什么历史上田纳西河流域从森林密布、物产丰富的富庶之地变成了不适合农耕的贫困之地？请结合相关链接，用图示来回答这一问题，并把它画在下列空框中。(6分)

【相关链接】18世纪下半叶，田纳西河流域森林密布，物产丰富。独立战争后，移民不断涌入田纳西河流域，他们砍伐森林，开垦耕地，在河谷和山坡上种上玉米、棉花和马铃薯等，有的则将河谷、山坡开发成牧场。开始时，收获是鼓舞人心的，人们于是更努力地开垦耕作。但是，情况不久就改变了。许多终年清澈的河流，水量减少了，有的甚至消失了。大雨时，很多小河变成了黄色的洪流。土层越来越薄，再加上不注重养护，收成大大减少，生活一下子变得艰难，许多人选择了放弃，再次寻找新的土地。20世纪30年代，田纳西河流域越来越不适合农耕，成为美国最贫困落后的地区之一。

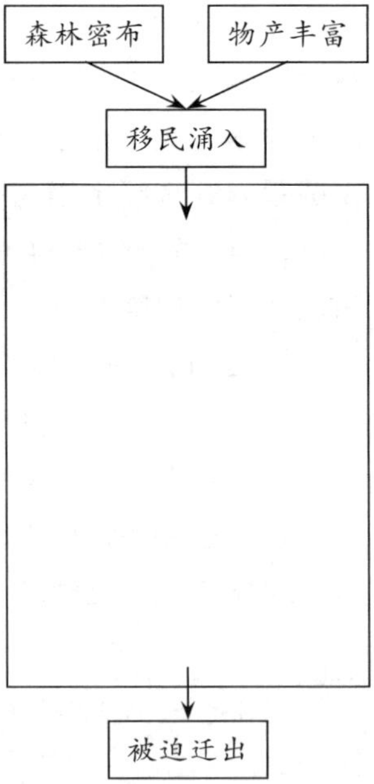

参考答案:本小题满分6分,采用分层赋分,赋分办法参考如下。

第一层次:能用相关链接中的现象,揭示人口、资源、环境、发展这四要素中的1—2对关系来说明原因,且逻辑顺畅,给1—2分。

第二层次:能用相关链接中的现象,揭示人口、资源、环境、发展这四要素中的3—4对关系来说明原因,且逻辑顺畅,给3—4分。

第三层次:能用相关链接中的现象,揭示人口、资源、环境、发展这四要素中的5对及以上关系来说明原因,且逻辑顺畅,给5—6分。

例2-3主要考查推理能力,例2-4则以历史上田纳西河流域的变迁为载体,通过提供描述性的文字材料,引导学生用图示法来揭示该区域历史变迁的原因,考查学生信息读取能力、对PRED[1]四要素关系的理解、分析、迁移、应用能力。例2-4改文字阐释为图示,能够较好地考查学生多角度、有逻辑层次地、辩证地分析问题的能力。

所谓素养立意,就是指试题主要考查学生的核心素养,即在解决复杂的、不确定性的现实问题过程中表现出来的综合性品质,包括正确的价值观、必备品格和关键能力。

【例2-5】(2020·绍兴)围绕鉴湖的变迁,某校九(1)班同学搜集了以下资料,进行探究活动,邀你参与。(10分)

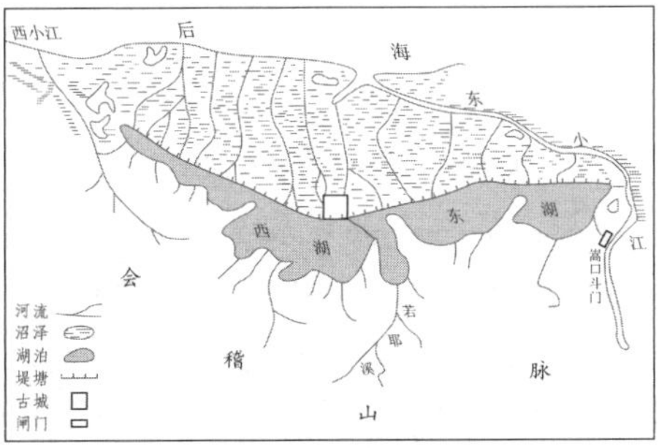

东汉鉴湖(东湖和西湖)示意图

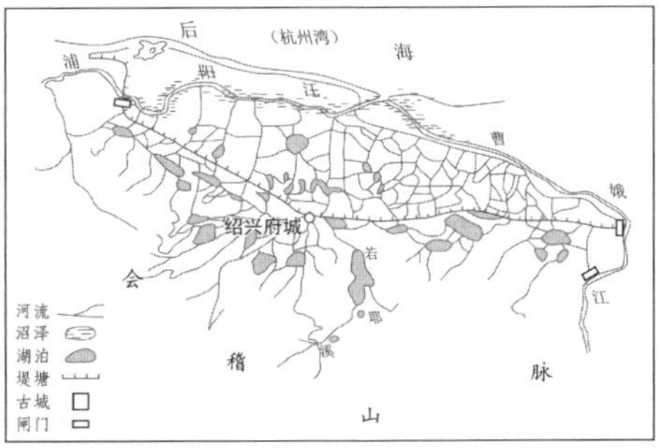

南宋以后山会水系示意图

1011年,会稽、山阴人口共37876户,20—59岁男子共39385人;1201年,会稽、山阴人口共72058户,20—59岁男子共88008人。(摘自《会稽志》)

1119—1125年,王仲嶷担任会稽太守,围湖造田约130平方公里。宋

[1]所谓PRED问题,是指人口(Population)、资源(Resource)、环境(Environment)与发展(Development)问题。PRED问题是当今世界关注的热点,也是人地关系失调、人地系统内部主要过程失控的反映

高宗南渡后，政府承认围湖造田的合法性，并以政府的力量推动围湖造田，鉴湖周回（围）358里被全部填平。（摘自赵冈、陈钟毅《中国农业经济史》）

南宋时期（1127—1276年）与北宋时期（960—1127年）相比，鉴湖地区水灾与旱灾分别增加4倍和11倍。（摘编自周魁一《古鉴湖的兴废及其历史教训》）

【寻根】东汉时期，为抵御频发的水旱灾害，动员民众开筑鉴湖的太守是谁?（2分）

【问因】古代绍兴水旱灾害频发的气候原因是什么？联系上述图文，说明鉴湖建成对抵御水旱灾害的作用。（4分）

【明理】综合上述图文，请你总结出鉴湖流域变迁中的一个历史教训，并运用所学知识加以阐释。（6分，要求：观点明确、事理结合、逻辑严密）

[参考答案]本小题采用分层评分，要求如下：

第一层次：观点正确，结合鉴湖流域变迁中人口、资源、环境、发展四个要素中的3—4个，运用可持续发展的相关知识展开论述，逻辑严密，给5—6分。

第二层次：观点正确，结合鉴湖流域变迁中人口、资源、环境、发展四个要素中的1—2个，运用可持续发展的相关知识展开论述，表述不够清晰，给3—4分。

第三层次：观点模糊，事理表述混乱，给1—2分。

参考答案示例：区域发展必须走可持续发展之路。人口的快速增长、自然资源的短缺、生态环境的恶化等问题与人类社会的发展之间存在着错综复杂的关系。北宋以来，绍兴鉴湖流域人口快速增长，耕地需求增加，大规模围湖造田导致湖泊面积变小，蓄洪能力和供水能力降低，使水旱灾害频发，影响人们的生产生活。所以，只有做到人与自然和谐发展，才能实现区域的可持续发展。（6分）

该题立足乡土，以绍兴鉴湖变迁为载体和切入点，以探究性活动的方式，从历史的变迁（寻根）、自然灾害成因分析（问因）、区域发展评析（明理）三个维度，层层递进，考查地方课程中的绍兴名士、区域地理中的气候特征、湖泊功能、可持续发展等学科知识，以及从材料中获取信息的能力、综合运用所学知识阐释事理的能力，落实“人地协调观”“综合思维”“区域认知”等核心素养，培养学生的乡土之情。该题关注乡土文化，史地综合，具有开放性、综合性等特点，同时继续进行质性评价的探索，实现了试题由

"能力立意"到"素养立意"的提升。

二、素养立意的典型特征

2022年4月，教育部印发义务教育课程方案和语文等16个课程标准，各门课程基于培养目标，将党的教育方针具体化为学生核心素养发展要求，明确本课程应着力培养的正确价值观、必备品格和关键能力[1]。这些课程目标的落实与考试命题密切相关。考试命题突出素养立意，有助于发挥评价的导向、诊断、反馈作用，有助于实现以评促教、以评促学。因此，试题立意从知识立意、能力立意走向素养立意，已成为课程改革的内在要求。

2022年版的义务教育历史、地理、道德与法治学科的课程标准，在"评价建议"中都把核心素养达成度的检测作为评价的主要目标。这也就从总体上回答了我们为什么考的问题，即要检测学生核心素养的达成度，促进学生的核心素养发展，这就要求试题要体现素养立意。怎样才算是素养立意呢？具体来说有以下的特征。

1. 落实立德树人根本任务

立德树人是社会科核心素养教学的首要目标。素养立意就要求试题要引导学生树立正确的国家观、民族观、文化观、历史观、人地观；汲取人类优秀文明成果，引导学生塑造健全人格，形成正确的世界观、人生观和价值观；选拔爱家、爱国、爱中华民族、爱中华优秀传统文化，具有国际视野的学生，体现有理想、有本领、有担当的时代新人培养要求；指向全面落实习近平新时代中国特色社会主义思想，指向社会主义先进文化、革命文化、国家安全、生命安全与健康等重大教育主题。如例2-5，从价值观角度看，该题考查了人地和谐，渗透绿色发展理念，可持续发展思想，也体现了对家国情

[1]《义务教育历史课程标准（2022年版）》明确提出："历史课程的评价要以历史课程目标、课程内容、学业要求和学业质量为依据，以培育学生核心素养为出发点和落脚点，综合发挥评价与考试命题的导向、鉴定、诊断、调控和改进功能，准确判断学生核心素养的达成度。"《义务教育道德与法治课程标准（2022年版）》提出："学业水平考试以考查学生核心素养形成与发展为目标。依据学业质量标准，充分体现基于核心素养的命题导向与立意，正确处理核心素养与课程内容、任务、情境之间的关系，有效测评学生学业成就，落实素养导向的课程改革要求。"《义务教育地理课程标准（2022年版）》提出："学业水平考试命题以考查学生地理课程目标的达成度为目标，依据学业质量标准，充分体现基于核心素养的命题导向和立意，正确处理核心素养和学科内容、情境和任务之间的关系，准确测评学生地理课程的学业成就，落实素养导向的课程改革要求。"

怀的考查。

2. 考查正确价值观、必备品格和关键能力

素养立意要求试题应当依据学业质量标准和学习内容的不同特点，考查学生面对真实问题情境，运用阅读理解、知识应用、问题探究，多角度、多层次分析问题和解决问题的能力，通过学生在完成相应任务中的表现来展示其核心素养的达成情况，以检测课程目标实现的程度。如例2-5，该题依托地方课程中的绍兴名士、区域地理中的气候特征、湖泊功能、可持续发展等学科知识，考查从材料中获取信息的能力，以及综合运用所学知识阐释事理的能力，展示了学生在"人地协调观""综合思维"以及"区域认知""家国情怀""史料实证""历史解释""唯物史观"等学科素养上的表现。

3. 突显学科本质

聚焦学科本质，体现学科的育人功能是各学科试题素养立意的追求之一。"义务教育历史课程是学生在马克思主义唯物史观指导下，了解中外历史发展进程、传承人类文明、提高人文素养的课程，具有思想性、人文性、综合性、基础性特点，具有鉴古知今、认识历史规律、培养家国情怀、拓宽国际视野的重要作用。""地理学则是研究地理环境以及人类活动与地理环境关系的科学，具有综合性、区域性等特点。""地理课程贴近生活，关注自然与社会，体现地理学特点并具有很强的实践性，对培育学生的人地协调观、家国情怀等具有重要价值。""道德与法治课程是义务教育阶段的思政课，旨在提升学生思想政治素质、道德修养、法治素养和人格修养等，增强学生做中国人的志气、骨气、底气，为培养以实现中华民族伟大复兴为己任的有理想、有本领、有担当的时代新人打下牢固的思想根基。课程具有政治性、思想性和综合性、实践性。"以上是义务教育阶段的历史、地理和道德与法治三门课程标准中对于各自课程的性质和育人功能的说明。

怎样通过试题来检测这些课程的育人功能实现与否？一个重要的方法就是要让试题具有实践性、综合性、探究性、开放性。因此，试题的素养立意应当紧紧围绕"四性"，指向课程育人功能的发挥。例2-5体现历史教育具有明显的探究性，该题考查内容涉及地理、历史，具有综合性，材料信息解读多元、问题设计开放，答案分层，具有开放性。该题聚焦家乡变迁，具有生活意义，体现了实践性。整道试题体现了历史学科求解求鉴的本质，又体现了人地协调观这一地理学科的核心，通过培养学生的乡土之情，来落实家国情怀，给教学发出了开放性、探究性、综合性的信号，体现了素养导向。

三、素养立意的价值意义

对于命题工作而言,强调素养立意意义重大。

首先,它有利于命题者在考试中落实课程标准要求,尤其是落实学业质量要求。核心素养是学生通过课程学习逐步形成的正确价值观、必备品格和关键能力,是课程育人价值的集中体现。学业质量是学生在完成课程阶段性学习后的学业成就表现,反映核心素养要求。如,有的试题以考查历史课程要培养的核心素养为主要目标,明确各素养的具体要求和水平层次,结合试题内容,对学生完成试题中反映的核心素养水平表现进行总体刻画,这就有助于学业质量的落实和核心素养的培育。

其次,它有利于命题者在命题中促进课程内容的整合。素养立意往往围绕一个大概念或大观念,有着明确的主题。坚持素养立意有助于单元内容甚至跨单元内容之间的整合。

再次,它有利于命题者在命题中精选考试内容。素养立意强调以学科核心素养的达成度为考查目标,这就要求命题者在命题过程中要精选基本的、重要的、典型的史事,考查对学生的全面发展和终身学习来说最为重要的必备知识、关键能力、基本思想方法和正确价值观,为学生未来的学习、工作和生活打下基础。这就有助于命题者精选考试内容。

总之,加强立意的研究,能有助于检测目的科学设置,有利于立德树人的课程目标的落实,有利于社会课程人文性、思想性的彰显。可以用试题传达我们是如何知道历史的、我们又是如何认识历史的、我们应当建设怎样的社会、我们应当成为怎样的人,以此检测学生核心素养的达成度,体现试题构建的文化张力。

四、试题立意的确立策略

对立意的一般要求是:要正确实现考试目的,体现素养考查的主旨;立意要准确(主题鲜明、观点明确、理论清晰,与考查目标水乳交融),每题的考查目标应独立、完整;立意要重点突出,考查目标要有层次性和相关性。

1. 试题立意的基本策略

(1) 根据试题功能来确定立意指向

不同的考试类型和试题功能会影响考查目的,影响立意指向。譬如,为了加强学生对某一单元核心知识的记忆而设计的试题，是可以采用知识立意的。学业水平考试试卷中不同考查功能的试题，其立意也是不同的。有的试题可能是单纯考查常识，有的试题可能主要考查学生获取信息的能力，有的试题可能主要渗透核心价值考查，有的直接考核核心素养，有的主要用于区分前20%的学生，有的主要用于区分毕业水平线上下的学生……因此，一张试卷并不是所有试题都要体现素养立意，命题者需要根据细目表中对不同试题中的功能预设来确定试题是知识立意、能力立意，还是素养立意。

【例2-6】(2023·绍兴)文物静默无声，却蕴含千言万语。阅读材料，回答第6—10题。

6. 一万多年前，金华浦江上山的一粒稻米，连同和它一起出土的彩陶共同印证了该地 ( )

A. 正处于旧石器时代　　B. 原始农业的兴起与发展

C. 已经进入青铜时代　　D. 早期国家的产生与发展

7. 八千多年前杭州跨湖桥的一叶独木扁舟，用它5.6米长的残躯告诉我们该地当时最有可能的景象是 ( )

①沟壑纵横　②草原连绵　③水域宽广　④植被茂盛

A. ①②　B. ①③　C. ②④　D. ③④

8. 七千多年前余姚河姆渡的一根榫卯，穿越时光与北京故宫惊艳世界的榫卯结构遥相呼应。这从侧面说明中华文化 ( )

A. 源远流长　B. 浩如烟海　C. 兼容并包　D. 多元一体

9. 一千多年前绍兴古纤道上的块块青石，历经岁月沧桑，见证了 ( )

A. 勾践的卧薪尝胆

B. 秦始皇东巡会稽

C. 隋朝大运河开凿

D. 经济重心的南移

古纤道始建于815年

10. 一百多年前嘉兴南湖上的一艘游船，桨声欸乃里记录下中国共产党梦想起航的时刻，见证了中国共产党精神之源的诞生。这一精神之源是指 ( )

A. 建党精神　B. 井冈山精神　C. 长征精神　D. 延安精神

参考答案：6. B、7. D、8. A、9. D、10. A。

这组选择题中第8题和第10题属于道德与法治学科的考查范畴。其中,第10题是知识立意,命题者在自评报告中指出,该题主要考查学生对常识性知识的了解,预设难度为0.88,属于容易题。学生只要正确定位时空,抓住中国共产党精神之源这一关键信息,就能选出正确答案。第8题主要是能力立意,考查的是学生对中华传统文化特点的理解,预设难度为0.75,属于容易题。学生可从一根榫卯的时间流转上,印证中华文化源远流长的特点,涉及有效获取信息、概括分析的能力。第6题、第9题考查的是历史学科知识。回答第6题,学生需要抓住题干中“一万多年前”“稻米”“彩陶”等关键信息,对应史前时期不同阶段的人类社会活动特征作答,涉及对新旧石器时代生活特征的理解,考查了信息获取、合理正确地理解历史等基础能力,预设难度0.68,体现能力立意。第9题主要考查时序意识,预设难度为0.70,属于容易题,学生只要对应题干所叙史实的时空,并区分题肢对应史实的时间和空间后,就能选出正确答案。第7题考查的是地理学科知识,学生需要抓住题干中“独木扁舟”“5.6米长”等关键信息,关联相应的自然景象,涉及信息获取、合理推断等基础能力,预设难度值为0.72。由此,我们反推,在命制这组选择题前,命题者对这组题目的定位是区分毕业水平线上下的学生,采取的是知识立意和能力立意。

(2)依据课程标准转化出考查目标

在确定了试题的立意指向后,就需要明确考什么的问题,即明确考查需要涉及的知识、能力和核心素养的种类和层次。考查目标的确定需要综合考虑课标要求、教材内容、试题的功能以及学情等,其实质是要将课程目标转化成测量目标。这种转化需要建构一个体系,2020年,教育部考试中心发布了《中国高考评价体系》,提出“一核四层四翼”的三维测评模型,“一核”回答了高考的考查目的——“立德树人、服务选才、引导教学”;“四层”回答了高考的考查内容——“必备知识、关键能力、学科素养、正确价值观”,“四翼”回答了高考的考查要求——“基础性、综合性、应用性、创新性”。初中学业水平考试中考查目标的转化可以参考高考的测评模型,我们籍此将考查内容修改为“核心知识、关键能力、必备品质、正确价值观”。例2-6中的第6题,所依托的知识来自历史课程标准中内容要求的规定:“通过了解元谋人、蓝田人、北京人等旧石器时代的人类及其文化遗存,知道中国境内原始社会时期的人类活动;通过了解河姆渡、半坡、良渚、陶寺等新石器时代的文化遗存,知道中国的原始农耕生活。”其考查要求则演化自学业质量标准中的“能够准确理解教材和教学活动中所提供的可信史料，如历史时期的实物材料、文献材料等，辨识其中的含义”。用上山遗址的考古材料，创设了一个新颖而真实的情境，体现了考查的实践性。

（3）拟定细目表，协调全卷立意

命题细目表的制订需要命题者基于学情分析，对课程标准结构与要求的把握，以及对教材内容的理解来动态规划，旨在保证试卷能从整体上体现课程标准的要求。试题立意确立的最后一步，就是需要命题者从全卷角度出发，思考整体布局，平衡不同价值主题、不同素养、不同能力种类、不同能力层次、不同知识上的结构，对存在重复的要进行删减，对于存在明显缺漏的要适当增补，以尽可能全面反映课程标准的要求，实现考试目的，发挥考试功能。

2. 试题素养立意的策略

核心素养包括正确价值观、必备品格和关键能力等内容。知识立意和能力立意的试题考查目标主要关注知识和思维能力，而素养立意的试题在考查目标上则要指向正确价值观、必备品格和关键能力等方面。因此在策略上有一些特别之处。

（1）在专业阅读中积累寻找灵感

理解历史、地理、道德与法治教育中的价值定位，寻找试题的价值主题是素养立意的重要策略。命题者要掌握从史事和材料中提取价值观，形成主题的技能，就需要大量地阅读和广泛地积累。如阅读课程标准和相关教材，准确地理解其中的价值观表述；阅读专业类书籍，夯实历史、地理、法律、政治、心理专业基础；阅读教育类书籍，从而积累与这些学科有关的各种资源。

【例2-7】(2023·绍兴)

25. 阅读材料，回答问题。(15分)

（1）长城是一条农牧文化分界线。根据上图(原题提供了明代长城位置示意图)，运用所学知识，分析长城以北地区大多不适宜农耕的自然原因。(4分)

（2）长城是一条军事防卫线。请列举相关史实两例加以佐证。(4分)

（3）长城更是一条________线。综合资料卡片，运用所学知识完成填空并阐释理由。(7分，要求：观点正确，史论结合，逻辑清晰)

资料卡片一：

匈奴“乐关市，嗜汉财物”，往往“驱牛马万余头来与汉贾客交易”，刺激了本身畜牧经济的发展。互市交往也使中原地区受益匪浅，“骡驴骆驼，衔尾入塞”。大批畜力投入农耕、交通运输，提高了中原地区社会生产力。

资料卡片二：

明代戚继光说，汉族“边人大都五分类夷，五分有京师气习”。蒙古族亦渐习华风，“喜见车书同”。以至有人“每于佛前忏悔，求再生当居中华”。

（卡片一、卡片二摘编自陈海燕等编《中国长城志》）

资料卡片三：

该题以长城为话题，以中华民族共同体的形成为主题。借助于四则材料，明代长城示意图主要是提供了长城的空间位置（第二问说长城是军事分界线，是旨在说明长城内外民族间的冲突）；资料卡片一蕴含长城内外不同民族间的经济和贸易交往的信息；资料卡片二包含了长城沿线不同民族间的文化交流交融的信息；资料卡片三以国歌歌词表达了不同民族在面对外敌时形成的精神上的共同的民族认同和国家认同。该题以“长城是什么线”的观点论断为线索，组织问题，引导学生从认识长城是一条农牧文化分界线、军事防卫线、经济文化交流线、民族精神象征线、民族融合线，来了解古代中国历史上各民族的交往交流交融，认识中华民族共同体的形成是中国历史发展的必然结果，树立正确的中华民族历史观。

这一主题的灵感最初来自于北京师范大学历史系教授曹大为发表于《光明日报》的题为《长城：凝聚中华民族的历史丰碑》一文中的观点：“统一多民族国家的形成发展，有其多方面的内在动力与原因，既表现为经济上内地与边疆相需相靠、联为一体，也体现于民族关系上和平往来、融洽相处，包括文化和习俗心理上相容认同。只有出现‘边人大都五分类夷’和‘求再生当居中华’这种趋同融合，以及像明代那样塞外游牧经济与江南商品经济千丝万缕般联系在一起，才能使辽阔北部边疆真正成为祖国牢不可分的组成部分。正是在这些极为重要的方面，长城发挥了凝聚统一多民族国家的纽带作用。”立意的寻找不是一蹴而就的，灵感的迸发是努力学习，厚积后的薄发，是对一个问题深入思考后的顿悟。因此，专业的阅读和积累是试题立意灵感的重要来源，也是重要的策略。

（2）从学科的大概念出发演绎立意

《义务教育历史课程标准（2022年版）》给大概念下了这样定义："大概念就是指那些能够将分散的知识、技能、观念等联结成为整体，并且赋予它们意义的概念、观念。"大概念是一个有意义和价值关联的概念、命题或原理，它能反映学科的主要观点和思维方式，是学科结构的骨架和主干部分，如人类文明起源的多源性。大概念能统摄大量的学科知识，具有普遍性和广泛的解释力，如"统一多民族国家"。大概念可以迁移到新的学习内容或学习情境之中，具有持久的可迁移应用价值。这种迁移可以是本学科之内的迁移，例如通过学习秦统一的历史条件来分析隋朝统一的历史条件。也可以是不同学科之间的，即跨学科的迁移。如将地理学科中的读图方法迁移到历史学科中来。大概念能够成为连接学习情境与现实生活的桥梁，具有生活价值，如从历史长河中提炼出的经验是我们面向生活的法宝。大概念能提供对于理解知识、研究和解决问题有益的思想方法或关键工具，如人民群众是历史的创造者。历史课程标准中的学业要求"通过了解古代中国历史上各民族的交往交流交融，认识中华民族共同体的形成是中国历史发展的必然结果，树立正确的中华民族历史观"涉及的大概念是"中华民族共同体"。例2-7中，若从这一大概念出发，来演绎出中华民族共同体的形成是中国历史发展的必然结果作为试题的立意，也是一个可行的路径。

（3）由学科核心素养内涵入手凝练立意

核心素养是学科之魂，试题的立意是试题的灵魂，试题之魂是对学科之魂的演绎和诠释。因此，我们凝练试题的立意，可从深刻领会学科素养内涵入手。如我们可以从历史课程标准要求以及历史认识发展的整体性出发，以历史解释素养为重心凝练教学立意，由此带动时空观念与史料实证，进而托起家国情怀与唯物史观。

【例2-8】(2023·绍兴)

24. 阅读材料,回答问题。(14分)

1500—2020年中、美、日、英、德五国国力变迁示意图

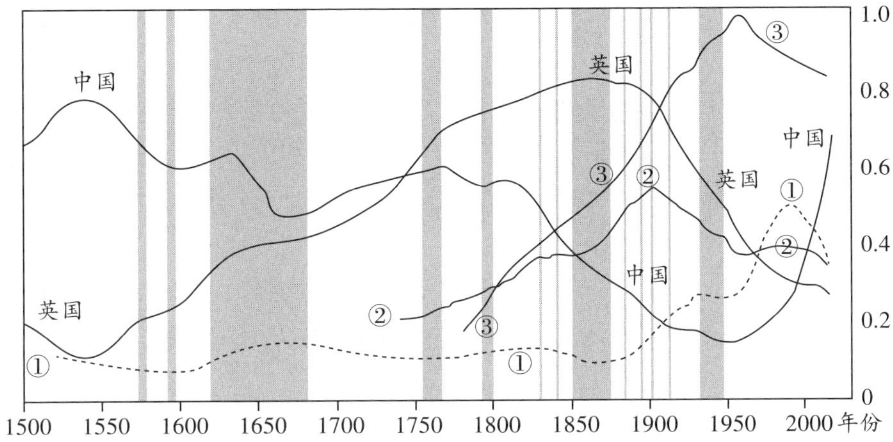

注:纵轴为国家实力对比系数;灰色部分代表历史上主要的战争时期。

(数据来源:瑞·达利欧《秩序将变》)

(1)请在上图①②③所示曲线中,选出代表美国的曲线并简要说明理由。(4分)

(2)图中代表中英两国的曲线有两次彼此超越的交汇,请说明英国历史上赶上中国并持续拉开差距的自身历史原因。(6分)

(3)图中五国国力的变迁对人类文明的发展有何启示?(4分)

上述试题的立意是树立构建人类命运共同体的意识,属于家国情怀素养中的部分内涵。该题以数据图表形式展现五百余年来中、美、日、英、德五国国力的变迁。该题引导学生通过分析图中曲线的起伏变化,与相关国家建立联系,并运用所学知识作出历史解释,重点考查美国、英国在近代发展中的相关史实,具体包括资产阶级革命、工业革命、两次世界大战、殖民扩张、和平发展道路等学科核心知识。该题考查学生从图表中获取信息、知识的迁移运用、综合思维等能力,由此带动时空观念与史料实证,进而托起家国情怀与唯物史观。

(4)从理解现实的角度出发凝练立意

现实政治是历史的发展延续,历史与现实政治之间有着紧密的内在联系,从现实出发回溯历史,寻找历史的生活意义,是凝练立意的一个重要方法。如例2-9。

【例 2-9】(2023·湖州)

24. 阅读材料,回答问题。(10分)

复兴之路,任重道远。中共二十大提出"以中国式现代化全面推进中华民族伟大复兴"。小明对"什么是中国式现代化"产生了兴趣,于是查阅资料,开展探究。

(1) 根据材料,写出开启人类社会现代化进程的历史事件。(2分)

试题提供中国大事年表,并提供了以下三个观点:①中国的现代化是一个工业化的过程;②中国的现代化是一个民主化的过程;③中国的现代化是一个全球化的过程。

(2) 任选小明的一个观点或自拟一个观点,选择大事年表(大事年表略)中的相关事件加以论证。(6分)(本小题采用分层评分,要求史论结合,逻辑严密)

(3) 综合所学知识,你认为中国式现代化新道路"新"在哪里?(2分)

该题聚焦中国式现代化,以树立中国特色社会主义道路自信为试题立意。中国式现代化是中共二十大提出的重大理论创新,是科学社会主义的最新重大成果。该题从历史和现实角度入手,引导学生对中国式现代化实践历程进行思考、归纳史实、总结特点,加深对中国式现代化全面推进的理解和认同,从中国式现代化与西方现代化发展的不同道路、价值追求进行比较,认识到中国式现代化的伟大意义。

(5) 从直面生活中的问题出发凝练立意

品格品性指学生通过课程学习而形成的良好性情性格,包括崇高感、正义感、自豪感、认同感、优美感、归属感、使命感、耻辱感、时间感、空间感、悲悯感等。它们的形成和测量都需要依托真实的情境,直面真实的问题。新课程标准在教学建议和评价建议中都提出了要创设真实情境,"为真实而学,在真实中学",这是真实性学习的主要内涵。教学与评价中的真实性是指所提出的问题与现实生活中的实际存在的问题一致。教学问题的真实性赋予教学内容以现实意义。因此,关注社会热点话题,直面生活中的问题,从问题出发来归纳凝练立意,考查品格品性也是一个重要方法。如例2-10。

【例 2-10】(2023·温州)

23. 人工智能:机遇与挑战。(6分)

作为一款人工智能(即AI)机器人,ChatGPT上知天文、下知地理,能写文章,甚至能通情达理地给出情感建议。有网友调侃说:“只有你想不到,没有ChatGPT办不成的。”在享受AI技术带来便利的同时,人们不免担忧:未来,AI会和人类抢“饭碗”吗?

未来,AI会和人类抢“饭碗”吗?结合相关史实,从创新的角度发表你的观点。(6分)(要求:观点明确,论证严密,表述简洁)

该题以时下热议的一款人工智能机器人——ChatGPT为话题,聚焦经济全球化时代的社会分工与职业变迁。ChatGPT上知天文、下知地理,能写文章,甚至能通情达理地给出情感建议,人们在享受人工智能技术带来便利的同时,也确实面临着AI抢夺人类“饭碗”的问题。如何来认识科技创新,如何对待这个变革的时代,都是我们正在面对的问题。从这个问题出发引导学生增强责任感、使命感,勇于创新,迎接挑战,就是该题的立意。这个立意是从问题中归纳,又结合了学科核心素养,如唯物史观、责任意识,也观照了责任担当、实践创新等核心素养。

综上所述,素养立意一般遵循两条路径,一条是演绎式的,即从课标的要求出发,锁定那些居于课程核心的、需要持久理解的、超越课程内容的大观念或是核心素养的具体内涵。另一条是归纳式的,即从材料和考查内容出发,层层提炼,归纳出符合课程标准要求和学生发展需要的测量主旨。当然,试题立意是创造性的活动,其策略和途径也是个性化和创造性的,无法穷尽。

第三章　试题情境及其创设

一、试题情境及其分类

1. 试题情境的内涵

情境与风景、情景、素材是有区别的。具体如下表所示。

词语	含义
情境	《辞海》解释为“一个人在进行某种行动时所处的社会环境，是人们社会行为产生的具体条件”
风景	《现代汉语词典》(第7版)解释为“一定地域内由山水、花草、树木、建筑物以及某些自然现象(如雨、雪)形成的可供人观赏的景象”
情景	《现代汉语词典》(第7版)解释为“(具体场合的)情形；景象”
素材	通常指在生活实践和学习探索中搜集到的、未经整理加工和总结提炼的、感性的、分散的原始材料

简言之，情境是事情发生的环境，包含两个要素，即人(没有了人就不可能有事情发生，也就没有所谓的情境)和与人发生关系的环境(既包括外部的物质环境，也包括当事人的心理环境)[1]。换言之，情境就是为了完成既定任务而必须加以联结的一组背景化信息。素材只有经过人们有目的的改造后才能成为情境的构成要件。

试题情境，即试题问题情境，指试题真实的问题背景，是以试题任务为中心构成的活动场域[2]，是为考生完成试题任务所提供的背景材料(已知条件)。试题情境活动，是考生在试题情境中所进行的完成试题任务的活动。

试题情境是实现试题立意的材料、介质和基础，是试题立意的具体化，

[1]黄牧航．中学历史核心素养命题的原理和方法[M]．北京师范大学出版社，2023:59

[2]教育部考试中心．中国高考评价体系说明[M]．人民教育出版社，2019:36-37

是判断试题立意的根据。它反映试题立意的要求，关系着试题立意表达的程度。考生就是通过审明试题情境的准确含义及把握试题任务指向而弄清试题立意的[1]。试题情境是为了评价测量学生“学得怎么样”的学业成就表现而创设的情境，属于教育评价测试领域用词，服务考生核心素养水平的考查需要。

2. 试题情境的分类

对试题情境进行类型划分，是为了规范和优化试题情境的创设。

（1）基于知识应用和来源分类

社会科试题情境，根据知识应用和产生方式的不同，通常可以分为两类。第一类是生活实践情境。这类情境与日常生活以及生产实践密切相关，考查学生运用所学知识解释生活中的现象、解决生产实践中的问题的能力。第二类是学习探索情境。这类情境源于真实的研究过程或实际的探索过程，涵盖学习探索与（社会）科学探究过程中所涉及的问题。学生在解决这类情境中的问题时，必须启动已有知识开展智力活动，同时在解决问题的过程中运用创新的思维方式[2]。具体如下表所示。

分类		地理试题[3]	历史试题[4]	道德与法治试题[5]
生活实践情境	生产情境	农业、工业生产、交通运输、贸易、旅游等活动	—	—
	生活情境	人们衣食住行等日常生活	学生个人生活、家庭生活、社区生活中遇到的与历史有关的问题，如从衣食住行、言谈话语中感受与之相关的历史由来，在倾听长辈的回忆、观看影视剧、游览名胜古迹时遇到的问题	学生在成长过程中面临的生理、心理变化与挑战及问题，以及树立正确生命健康观所面临的挑战与问题

[1]牛学文．中学社会科考试评价研究［M］．浙江人民出版社，2018：50、11、78、113

[2]教育部考试中心．中国高考评价体系说明［M］．人民教育出版社，2019：36-37

[3]义务教育地理课程标准修订组．义务教育地理课程标准（2022年版）解读［M］．高等教育出版社，2022：237-242

[4]中华人民共和国教育部．普通高中历史课程标准（2017年版2020年修订）［S］．人民教育出版社，2022：59

[5]义务教育道德与法治课程标准修订组．义务教育道德与法治课程标准（2022年版）解读［M］．高等教育出版社，2022：268

续 表

分类		地理试题	历史试题	道德与法治试题
	社会情境	—	学生在社会实践中模拟与历史学相关的实践活动时所面对的各种环境，如考古发掘、模拟解说员、模拟影视编导等。或对社会现实问题的历史考察，如某种社会风俗的来源、国内外事件的历史源头回溯	学生在成长过程中正确处理与家人、同学、老师的关系，做一个良好的社会公民，树立集体主义观所面临的问题与挑战
	自然情境	—	—	学生在成长过程中正确处理人与自然界关系，树立正确生态文明观所面临的问题和挑战
	国家与国际情境	—	—	学生在成长过程中正确处理个人与国家、国际社会的关系，继承和弘扬社会主义先进文化、革命文化和中华优秀传统文化，正确对待世界文明，树立正确国家观、人类文明观所面临的问题与挑战
学习探索情境	学习情境	—	学生在历史学习中遇到的问题，如史料、图表、历史叙述、史论等问题	—
	事件情境	—	基于可信史料描述的过去发生的事情	—
	学术情境	地理学术研究材料，包括地理研究文献，地理学者的实地考察与研究案例	历史学术研究中的问题，如历史学家对某一历史问题有多种看法等	—
	文艺情境	—	某些有史料价值的典型文艺作品	—

（2）基于情境的复杂程度分类

社会科试题情境，根据情境的复杂程度，通常可分为三类，具体如下表。

分类	说明
简单的学科情境	在学科中设计一个情境，直接对应已知的学科知识，有良好结构；或者是配合教材上的知识点，与现实世界之间的联结比较表面和简单。学生需要启动的是单一的认知活动，即面对问题时只需要调动某一知识点或某种基本能力便可解决
整合的学科化情境	由学科情境往实践方面靠近了一步，是理论向实践的整合。相应的情境活动，相较简单的学科情境，要处理的信息变多，思维层次和认知能力均有提升
复杂的真实情境	真实情境是复杂多变的，具有不良结构，是无法预测和分析的，且常以真实问题为原型加以改编，指向现实需求的解决。相较整合的学科化情境，学生要处理的信息更多，涉及的思维层次更高，对认知能力的要求更高

例如，“《全球通史》上是这样介绍抗日战争的……请你概括这段文字的含义”，这就是简单的“学科情境”。“模拟法庭”等，接近实践，但还不是真正的实践，属于整合的学科化情境。“请你明天到海南去游学，回来之后说说情况。”“去海南游学”就是“复杂的真实情境”。

情境还可以按照其他分类标准进行划分。例如，依据关联的学科数量，可分为单一学科情境和跨学科情境；依据学生生活实践与学习探索的特点，可分为项目化学习情境、议题式学习情境、图说化学习情境、研究性学习情境、研学旅行式情境、社会调查式情境、主题班会式情境、新闻述评式情境等；依据创设形式，可分为真实情境、虚假（拟）情境等。

3. 基于情境的真实程度分类

社会科试题情境，根据情境的真实程度，可分为虚假情境、模拟情境和真实情境三类。

《现代汉语词典》（第7版）将“真实”解释为：“跟客观事实相符合；不假”。我们认为，“真实”与虚假相对，不是凭空想象臆造的，要有实际生活的依据，能符合客观事实，反映事实的真实状况，体现事物或现象的本来面貌。基于此，广义的“真实”包括如下表所示的情况[1]。

[1]张世英．现实·真实·虚拟[J]．江海学刊，2003(1)：12-21

分类		说明
真实	现实的真实	指现实社会生产生活中真实发生或现实世界客观存在的事物或者现象
	历史的真实	通过可信史料判断的历史上曾真实发生过的史事，也包括史学家根据已有的材料对历史上的一些人和事作出的合理解读或解释
	理论的真实	客观世界或人类历史的发展规律与发展趋势是科学合理的，是真理
	艺术的真实	有学科价值的文学艺术作品，尽管不是描写真实的人和事，却描述了一个时代的真实现象

试题情境就是试题真实的问题背景，根据考试命题文件和课程标准对情境的阐述，试题真实情境就是要强调试题情境要确保“现实的真实”，试题情境应尽可能源于“现实的真实”。

地理试题的真实情境，即要求“情境素材要源于地理环境中真实存在的具体事物或现象；情境的描述和展开要符合生活常识、地理学科逻辑”[1]，即强调要创设地理生活实践情境，如生产情境、生活情境，强调自然环境与社会生活的密切联系。

道德与法治试题的真实情境，即要求“情境素材选取要源于真实的社会生活，情境的描述和展开要符合生活常识”[2]，即强调情境创设要着重于个人社会实践情境，如个人生活情境、个人与社会情境、个人与自然情境、个人与国家国际情境，体现“道德与法治课程以‘成长中的我’为原点，将学生不断扩大的生活和交往范围作为建构课程的基础”。

历史试题的真实情境，即强调情境要创设历史生活情境、社会（实践）情境、学习情境，强调情境素材要源于历史与现实生活的密切联系。历史试题真实情境中关联的历史事件，要有可信史料的支撑，属于历史上真实发生的事。这样的历史试题真实情境，其描述和展开能拉近学生与历史之间的心理距离，甚至使学生自然地神入历史，对发生在过去的历史事件有身临其境之感。

历史事件情境反映历史的真实，但本身不属于现实的真实。学术情境

[1]中华人民共和国教育部．义务教育地理课程标准（2022年版）[S]．北京师范大学出版社，2022:40

[2]中华人民共和国教育部．义务教育道德与法治课程标准（2022年版）[S]．北京师范大学出版社，2022:2、54

属于理论的真实。历史学术情境往往包含历史事件情境,即理论的真实往往包含历史的真实。文艺情境属于艺术的真实。文艺情境的创设,需要命题者有跨学科的阅读面、综合的思维和人文底蕴的积淀。

二、真实情境的典型特征

真实性是情境的首要条件,情境越真实,越能引导学生关注生活,关注社会,越能有效测评学生利用所学知识发现、分析和解决真实情境中问题的能力。情境的真实性意味着情境的描述符合基本的现实生活逻辑,表明知识和技能的应用是为了解决实际问题,而不是为了再现学科知识。真实情境是指在素养立意驱动下,创设源于学生真实社会生活的情境。真实情境是核心素养考查的载体。真实情境一般具有实践性、开放性、综合性、探究性等典型特征。

1. 实践性

实践性是试题真实情境的本质特征。实践孕育理论,理论指导实践。任何知识都是在具体真实的人类社会生产生活实践情境下产生的,人类社会生产生活实践是知识应用的根本场景。现实的真实源于现实社会生产生活中真实发生或存在的事物或现象。真实情境属于学生能切实体验或感知的现实真实,故学生对真实情境在心理上有天然的亲和感。

试题真实情境,为考生提供了运用所学知识完成试题任务、解决真实情境中问题的活动场域。试题真实情境是联通理论知识与社会实践的桥梁,展示了学生所学知识回归社会实践、指导社会实践的意义状态,彰显了情境的意义感和知识的实用性功能,凸显了真实情境的实践性取向。具备实践性取向的试题情境,往往具有强烈的生本立场,可引导学生主动进入任务解决的情境状态中,激发学生迎接试题任务挑战兴趣,推动学生由情境的局外人变成情境的当事人,由被动的答题者变成主动的探究者,自然地成为情境中的行动者;激发学生置身于情境之中的真实体验感,引发学生直接、真实的实践反应。总之,学生面对真实情境,能油然而生地产生一种仿佛亲临现场、置身其中、身临其境的深切的情境角色代入感,产生一种跃跃欲试的实践冲动感,并往往能引发长久的心理体验和成长思考。下面以一道道德与法治题为例进行说明。

【例 3-1】在中国古老的传说中,黄帝(名轩辕)被尊为中华民族的人文初祖。丽水缙云的黄帝祭典,是国家级非物质文化遗产,现由浙江省政府

主办。当地县政府发起中华黄帝文化博物馆建设方案征集，邀你共参与。（10分）

新闻一

浙江日报

2023年10月23日

缙云轩辕祭典，每年举办两次，清明节为民祭，重阳节为公祭，至今已有1600多年。当地擦亮黄帝文化金名片，全面挖掘、整理黄帝民间故事，积极开展黄帝文化研学旅游，不断创新研磨婺剧《轩辕飞天》，打造轩辕文化街，大力研发“仙境奇冰”文创雪糕、带仙字Logo的笔记本等“把仙气带回家”系列文创产品，通过浙江政务服务网推出祭典在线平台等。

新闻二

丽水日报

2023年10月24日

每年祭典都有大批台湾同胞、华侨华人和归国留学人员自发组团前来参加。旅台缙云同乡会理事长李圣光，参加完2023年中国仙都祭祀轩辕黄帝大典后，激动地说：“人不能忘本，作为中华儿女，我的根就在这里，有责任把黄帝文化传承和弘扬好。”据悉，李圣光多年来通过组织寻根问祖、考察乡风民俗、开展经济文化交流合作等系列活动，积极推动两岸文化交流。

（1）新闻一诠释了浙江传承和弘扬中华优秀传统文化的什么密码？（2分）

（2）新闻二为解决台湾问题提供了怎样的思路？（4分）

（3）为弘扬黄帝文化，增强中华民族共同体意识，你所在学校某班计划参加中华黄帝文化博物馆建设方案征集，你会为该班级给出怎样的建议？（4分）（提示：可从该项班级活动的组织、博物馆建设等角度回答）

评价标准略。

此试题情境就有鲜明的实践性取向。这一题创设了一组个人与国家情境，介绍了由浙江省政府主办的国家级非物质文化遗产——丽水缙云黄帝祭典的相关情况，邀请学生参与黄帝文化博物馆建设方案征集活动。这是一组现实存在的真实情境，属于现实的真实。这组真实的情境蕴含了向参与博物馆建设方案征集的班级提供建议的实践性任务，能够考查学生实践活动的设计与实施能力（问题解决），考查学生对中华黄帝文化和祖国统一的价值认同情况（价值判断），体现了试题真实情境引导学生“做中考”、在完成任务的过程中对学生进行测评的价值。学生在完成这一实践性任务的过程中，可以模拟解决政府征集博物馆建设方案这一现实生活中的真实需求。学生完成任务的表现，既是核心素养政治认同、责任意识测评的依据，也是其真正解决真实世界问题的一次实践性锻炼。

2. 开放性

试题真实情境往往具有开放性特征。真实的情境能为学生提供解决试题任务的思维入口和开放性支撑。真实情境往往在情境内容和形式上建构了一种新的视角，这是真实情境开放性的显著特点。一是真实情境在素材内容的选择上，往往广泛涉及生活实践方面的不同类型、不同领域、不同层面的多样材料。二是真实情境在呈现方式上，也往往推陈出新、别具一格，凸显开放性价值。设计具有开放特征的真实情境，命题者需要具备开放性的思维，有基于试题立意的不拘一格的素材选取和情境布局呈现。学生解决真实情境中复杂问题的情境活动中，需要具有开放性的思维，调用多种课程内容和认知策略。真实情境的开放性，往往由隐性的试题开放性立意所决定，与显性的试题开放性任务相契合。下面以一道道德与法治试题为例进行说明。

【例 3-2】(2023·丽水)某校以“新丽水·新发展”为主题，开展新闻述评活动，请你来参与。(10分)

新闻一

丽水日報
2023年2月4日

长护责任　互爱共济

近日，丽水市政府出台了《“浙里惠民保”中增设长期护理责任试点工作方案》，旨在解决老龄化背景下长期失能人员的基本护理需求。保费由政府补助45元，个人缴纳45元。全市特困、低保、低边范围的人员全面纳入资助参保范围，保费全额由政府承担。

新闻二

今日浙江
2023年第4期

“拯救老屋”唤醒发展新希望

松阳县开展“拯救老屋”行动，以集体经济为基础，联合个体经济、私营经济等经济形势，做好富民增收文章。通过老屋修缮，近两年松阳乡村吸引了6000余人，带动全县三分之二以上的乡村培育了民宿、农家乐、艺术家工作室等新型业态，推动乡村生产生活方式的变革。

新闻三

人民日報
2023年5月8日

基层自治　群众参与

“村级事务阳光票决制”是丽水市创新实践的全新基层治村模式。九年来，黄泥墩村共投票表决村级公共交通设施、公共体育设施等重大事务106项，各项事务票决赞成率达98%，知晓率达100%，满意率达100%。“黄泥墩经验”使农村基层管理更加民主化、法治化、规范化。

(1) 新闻一体现了丽水市政府履行了什么职责？(2分)

(2) 新闻二反映我国实行了哪一项基本经济制度？请依据新闻二概

括这一制度的作用。(4分)

(3) 结合新闻三,围绕"《人民日报》为黄泥墩村点赞"写一则新闻点评。(4分)(要求:观点正确,逻辑严密。提示:可从公平、民主、人权等角度加以阐述)

此题在情境内容选择的逻辑层次上有独特之处。此题情境以新闻报道为主线,新闻一摘录《丽水日报》报道了"浙里惠民保"中增设长期护理责任试点工作方案,新闻二摘录了《今日浙江》中松阳县"拯救老屋"唤醒乡村振兴新希望的报道,新闻三以《人民日报》对丽水市莲都区黄泥墩村"阳光票决制"的报道为内容。三则情境材料从市级媒体到省级媒体再到中央级媒体,由基层到中央,层层递进,向学生徐徐展开一幅"新丽水·新发展"的画卷,增强了学生热爱家乡的情感,激发了学生热爱社会主义祖国的情感。

此题在真实情境的呈现方式上兼具时代性、人文性、思想性、区域性,设计精美,别出心裁。通过摘录《丽水日报》《今日浙江》《人民日报》关于丽水推进中国式现代化乡村振兴发展新举措的报道摘录,在创设真实的试题情境方面下足了功夫,保留《丽水日报》《今日浙江》《人民日报》报头刊名的书法原迹,匠心独具,耳目一新,增加了读报的体验感、真实感,也是道德与法治学科命题情境呈现方式的创新。学生在完成试题任务的情境活动中,也需要调动开放多元的认知策略,展现理解、应用等水平的思维能力。此题真实情境创设,也明显遵循了"乡村振兴发展谋共富"这一开放性立意主旨,整道试题的情境内容和呈现方式与第(3)问这一开放性设问契合度高,复杂任务的真实情境内生度高,真实情境与复杂任务的融合性强。

3. 综合性

把不同的对象、部分、属性联结成一个统一的整体,就是综合。试题真实情境的素材源于生活实践,而生活实践往往是复杂的、千变万化的。因此,经过加工处理形成的真实情境往往具有综合的特性。这样的试题情境,信息来源往往多元而不单一,往往涉及多种甚至不同类型情境的综合,甚至由几组专题情境组成,并有一个显性或隐性的具有价值判断的主题统摄整个试题情境。下面以一道历史试题的情境为例加以说明。

【例3-3】(2023·宁波)(情境部分)某校开展"在宁波遇见宋韵"主题研学活动,邀请你一起参与。(8分)

【寻·宋时明州】

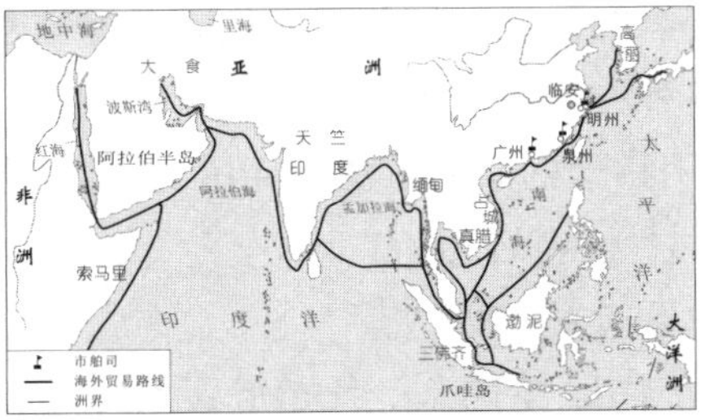

图一 宋代海外贸易图

临安(今杭州) 明州(今宁波)

【探·宋韵“甬”存】

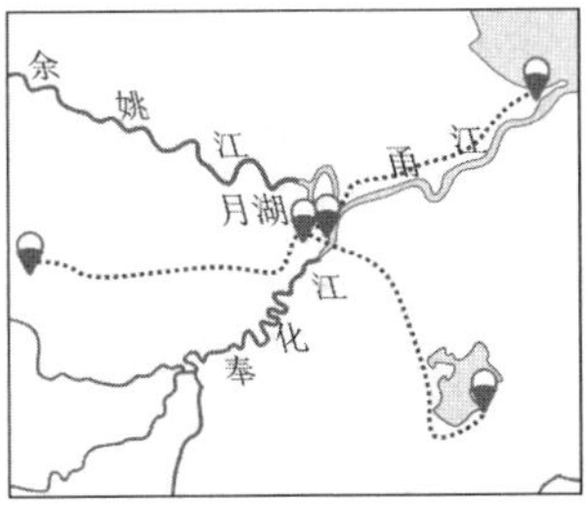

图二 宁波宋韵文化研学打卡点(部分)

【助·宋韵流芳】

宁波深入实施宋韵文化传世工程,推出“海派宋韵”等文旅推广品牌,借助数字化技术全景呈现宋时宁波山水胜景和禅韵、瓷韵、茶韵、帆韵等文化。通过线上线下互动展示,实现宋韵文化创造性转化、创新性发展,让千年宋韵在新时代“流动”起来、“传承”下去。

试题任务、评价标准略。

此试题以“在宁波遇见宋韵”为主题,选取了“寻、探、助”三个专题研学故事素材组成了社会实践情境。第一个专题“寻·宋时明州”由地图“宋代海外贸易图”组成;第二个专题“探·宋韵‘甬’存”由研学资料“宁波宋韵文化研学打卡点(部分)”示意图,及备注形式补充的打卡点资料信息(资料信息略)组成;第三个专题“助·宋韵流芳”由宁波地方政府关于宁波“海派宋韵”的文旅文化品牌建设的社会时政热点材料组成。学生阅读试题真实情境的过程也是一次虚拟研学活动的体验过程。

4. 探究性

试题真实情境通常具有思维探究的取向。真实情境往往为学生完成复杂的试题任务提供了思维探究的舞台。学生面对具有一定探究取向的试题情境活动,要处理的信息更多,涉及的思维层次和认知能力要求更高,解决真实情境中的问题必然需要综合运用学科甚至跨学科知识和能力,要调动的学科关键能力往往更凸显。

例如,下面这道试题情境,以“糖”的探究为明线组织情境内容,以模仿思维导图的形式展开情境,以引导考生选择与解读图文史料组成的情境为暗线,引发学生开展研究性学习,指向对史料实证、历史解释素养的考查。此真实情境属于历史学习情境,内含历史学术情境、历史事件情境,包括文献资料、口述资料。此题复杂的真实情境,由多个小情境组成,既涉及简单的学科情境如教材中的历史地图，又包括复杂的现实情境，如关于糖的奇特语言现象、历史文献中摘录的真假难辨的信息。该题具有较高的思维含量和探究挑战性，考查学生综合运用各种方法初步解决比较复杂的历史问题的能力，引导学生关注“微历史”，运用科学的研究方法论证历史，具有更深远的价值引导意义，视角独特，给人耳目一新之感。

【例3-4】(2019·湖州)阅读材料，回答问题。(8分)

中学生小红发现一个有关糖的奇特语言现象，于是开展了研究性学习。

质疑

在今天的英语、德语、法语、俄语中，糖这个词均源自印度梵文，因此西方普遍认为糖是由印度传向世界各地的。但在印度语中白糖却被称为“中国的”。关于糖的传播，小红产生了疑问。

↓

探究

(1) 历史资料有不同的类型。小红可以选择右侧哪些资料释疑？请说明理由。(6分)(本小题采用分层评分，要求分析全面，逻辑严密，条理清晰)

↓

启示

(2) 说说小红的研究性学习对我们学习历史有何启示。(2分)

资料A：西蕃胡国出石蜜，中国贵之，太宗遣使至摩迦陀国(古印度国名)取其法，命扬州煎蔗之汁，色味逾西域所出者。

——《唐会要》

资料B：鉴真东渡路线图。(图略，图源：2019年湖州市中考历史与社会·道德与法治试卷第23题)

资料C：传说，玄奘在古印度取经求法期间，见当地人都在吃一种像泥巴一样的东西，尝起来很甜，得知是从甘蔗中提炼出来，于是学习了这种制糖术，带回大唐。

资料D：在古印度制糖法基础上，中国人创造了新“糖霜法”来提炼白色的蔗糖，“糖霜法”后来又反传印度，并广为普及。

——《糖史》

三、情境真实的价值意义

1. 有效实现素养立意考查

真实情境是培育和考查学生核心素养的土壤。试题情境真实化是增强试题育人功能的重要途径。情境真实的试题,更有利于学生积极情感和正确价值观的引导培育,有利于促进学生核心素养的发展。

考试命题的主要目的是考查学生的核心素养水平。核心素养是学生面对真实情境,完成相应任务所表现出的解决问题的正确价值观、必备品格和关键能力。真实情境是考查核心素养的载体,是实现试题素养立意的基础。要合理考查核心素养,就必须依赖于创设合理的、真实的任务情境,才有可能实现。评价者可通过考查学生在真实情境中的问题解决情况,直接观测核心素养的行为表现,进而推断学生的核心素养水平。因此,试题情境确保真实,是学生核心素养水平得以检测的基本手段。

例如,中国式现代化是全体人民共同富裕的现代化,实现人民对美好生活的向往是中国式现代化建设的出发点和落脚点。例3-2以“乡村振兴发展谋共富”为主题,立足于丽水三大乡土热点新闻的市级、省级、国家级媒体报道,旨在通过相应的法治教育、国情教育内容考查,引导学生关注家乡发展,体验我国国家机关和基本政治经济制度在社会生活中的作用,感受乡村振兴的新模样,感悟中国式民主在家乡大地的真实演绎,认识中国特色社会主义的伟大建设成就,坚定对伟大祖国、中华民族、中国特色社会主义的高度认同,增强担当民族复兴大任时代新人的责任意识。该题指向对“政治认同”“法治观念”“责任意识”等核心素养的考查。

2. 更好引导教学改革深化

《教育部关于加强初中学业水平考试命题工作的意见》提出,素养立意的考试命题,重视“增强情境创设的真实性”,“引导教师积极探索基于情境、问题导向、深度思维、高度参与的教育教学模式,引导学生自主、合作、探究学习,充分发挥考试对推动教育教学改革、提高学生综合素质、促进学生全面健康成长的重要导向作用”。

试题情境真实,可以引导学的变革。试题不仅是核心素养测评的工具,也是一种教学资源,考试也要发挥促进学生发展的教学功能,实现教、学、评的一致。试题情境真实,便于突出任务情境与真实世界的关联,容易使学生积极主动地融入与试题情境相似的真实世界。课程内容与生活情境是一种鱼水关系。基于核心素养考查的试题真实情境创设，将课程内容融入试题真实情境，有利于师生清晰地体会学科知识的应用价值，感受学科学习的实践导向；有利于倡导"做中学"，引导学生自己参与学科实践探究活动，经历发现问题、解决问题、建构知识、运用知识的过程，体会学科思想方法，提升学科关键能力，增强社会责任感和使命感。

试题情境真实，可以引导教的改革。试题真实情境创设，能够引导情境化教学和教学情境真实化。学生在中学里学习的知识都源自人类的社会生活实践，都是在具体的生活生产情境中产生的，但由于知识的传授日趋专业化、规模化和程式化，最终不但是学生，甚至连部分教师都搞不清楚所教的知识究竟源于什么样的社会生活实践了。因此，倡导试题情境真实化，不仅仅是为了改变命题的思路，也是为了凸显学习的社会生活意义，更是希望教师开展情境化教学，使教学更加紧密地结合生活现实[1]。

只有在真实情境中，通过经验与实践学到的知识才是活的、有用的知识。有学者分析，一些学科研究存在某些极端理性化的倾向，在一定程度上消解了学科教学本身所具有的生动性和趣味性。例如，过于强调客观世界独立存在于人的主观意识之外，由此推演认为人的感官是不完善的，只能够通过理性来把握客观事物，于是各个学科都致力于运用理性来构建一个逻辑严密的学科体系；认为人类的理性至高无上，强调对概念的把握，认为让学生准确把握大量的学科概念是学好这门学科的不二法门；对人类社会"今胜于古、后胜于今、必然进步、明天更好"的信念不是基于美好的心愿，而是基于牢牢把握了社会发展规律的"狂妄"。因此，试题真实情境创设，有利于推动学科教学回归生动、形象、感性的生本体验，引导教师加强知识学习与学生经验、现实生活、社会实践之间的联系，有利于推动教师开展课堂情境教学。

试题情境真实，可以导向学习的迁移。应对未来变化、解决现实问题，不能依赖脱离现实的抽象知识的单纯传授，必须在真实具体的情境教学中实现知识的建构与迁移运用。试题真实情境、教学真实情境与真实的社会生活拥有的共同要素越多，学生在完成试题与教学真实情境任务时所运用的能力素养，就越能迁移到未来的社会生活中去。因此，试题情境真实推动教学情境真实，有利于学生学习迁移的发生和实际解决问题能力的提

[1]黄牧航.论历史情境命题[J].历史教学，2012(60)：3-13

高，有助于学生解决与实际生活相关的学科问题，培育学科核心素养。

例如，例3–3创设的“在宁波遇见宋韵”主题历史研学活动情境，是大部分学生均可能在现实生活中经历的历史实践情境。这一试题真实情境，可以引导教师创设开放、真实的教学情境，如组织主题研学这一学科实践学习方式，开展“做中学”，引导学生摒弃大量刷题的陋习，在参与校内外的学科合作探究活动中，经历问题的发现、分析和解决的过程，在真实情境活动中培育家国情怀、历史解释等核心素养。

3. 便于达成复杂任务设置

试题情境是运用文字、数据、图表等形式，围绕一定主题构建的，是为呈现解题信息、设计问题任务、达成测评目标而提供的载体[1]。情境是试题的主体部分，是任务生长的依托。一道好的试题，真实情境必须为复杂任务而设。真实情境，往往是复杂多变的、具有不良结构的，是无法预测和分析的，蕴含复杂的问题解决需求和正确的价值观导向，能为实践性、综合性、探究性、开放性的复杂任务设计预留可供拓展的思维空间。

四、试题情境的创设策略

试题情境创设的一般要求是：服从立意，根据立意的要求剪裁、选择有关知识内容，尽量避免无用信息；根据学生的生活经验和理解程度设计情境；情境科学、可信，情境不可以凭空捏造，其设计要有实际生活的依据，不能在科学上经不起推敲；情境要新颖，有相当的信息量和深度；等等。

1. 情境创设的基本策略

（1）据源选材

试题情境创设要考虑情境的真实性、典型性、地域性、适切性、复杂性、契合度等，要依据试题立意需要，从知识产生和应用的不同来源出发，选择真实、多样化的素材创设，考查学生多层次、多角度分析和解决问题的能力，引导学生学会生活、学会思考、学以致用。

①从社会生活实践中选材。命题者可以从人们日常生活和生产实践中选择素材创设试题情境。以地理试题情境为例，可以从人们衣食住行等日常生活中选择与地理有密切联系的素材创设地理生活环境，还可以从人们农业、工业生产、交通运输、贸易、旅游等实际生产活动中选择与地理密

[1]刘芃．卷里卷外——刘芃论考试[M]．江苏人民出版社，2021：249

切联系的素材创设地理生产情境。下面一组选择题呈现的就是典型的地理生活情境。这组题以疫情防控期间学生身边的社区“核酸检测点”作为素材创设情境，回归学生的真实社会生活，引导师生重视学习对生活有用的地理，在真实生活情境中培育地理实践能力。

【例3-5】(2022·杭州)读某小区平面示意图，完成第7—8题。

7. 位于杭杭家西北方向的核酸检测点是 ( )

A. ① B. ②

C. ③ D. ④

8. 杭杭从检测点①步行到检测点②用时15分钟，她步行速度为每分钟80米。若量得①②两检测点间的图上距离为2厘米，则该图的比例尺为 ( )

A. 1∶6000 B. 1∶60000 C. 1∶12000 D. 1∶120000

以道德与法治试题情境为例，命题者可以从学生成长过程中面临的生理、心理变化及问题与挑战中，以及树立正确生命健康观所面临的问题与挑战中选择素材创设个人生活情境；可以从学生成长过程中正确处理与家人、同学、老师的关系，做一个良好社会公民，树立集体主义观念所面临的问题与挑战中选择素材创设个人与社会情境；可以从学生成长过程中正确处理人与自然界的关系，树立正确生态文明观所面临的问题和挑战中选择素材创设个人与自然情境；可以从学生成长过程中正确处理个人与国家、国际社会的关系，继承和弘扬社会主义先进文化、革命文化和中华优秀传统文化，正确对待世界文明，树立正确国家观、人类文明观所面临的问题与挑战中选择素材创设个人与国家、国际的情境。下面这道选择题的情境属于道德与法治生活情境，该题选择“最美衢州人”周梦婷的成长故事作为情境素材，是义务教育阶段学生身边的真实感人案例，体现情境创设的地方特色，贴近学生的日常生活。

【例3-6】(2023·衢州)第十一届“最美衢州人”周梦婷，从小患有脊髓性肌萎缩症，初中时完全丧失行走能力，但她怀揣梦想，凭借超强的意志刻苦学习，被温州医科大学录取。她的“美”主要在于 ( )

A. 弘扬了自强不息的奋进品格 B. 践行了爱国敬业的价值准则

C. 传承了团结统一的民族精神 D. 实现了民族复兴的伟大梦想

②从学习探索过程中选材。命题者可以从学生真实的研究过程或实际的探索过程中所涉及的问题选取素材创设情境。以历史试题情境为例，命题者可以从学生在历史学习中遇到的问题，如史料、图表、历史叙述、史论等问题中选择素材创设学习情境；可以从历史学术研究中的问题，如历史学家对某一历史问题的不同看法中选择素材创设学术情境；可以从某些有史料价值的典型文艺作品中选择素材创设文艺情境。

例如，第二章例2-7的资料卡片一、资料卡片二摘编自陈海燕等编《中国长城志》，这是一部大型长城专业志书，编纂委员会囊括全国长期从事长城学及其相关学科研究的权威专家、资深学者，采用述、记、志、传、图、表、录七体编撰，对长城学各分支学科进行了系统研究，是一部真正体现严密科学性、丰富知识性的权威工具书，2021年入选第五届中国出版政府奖获奖名单。取自如此权威专业权威著作的资料卡片一、资料卡片二，就属于历史学术情境，反映理论的真实，包含历史的真实。

又如，下面这道历史文艺情境试题，以一首涉及隋唐时期制度创设相关内容的古诗创设情境，兼具历史的真实和艺术的真实。历史的真实体现在试题描写了科举考试后的盛况，艺术的真实体现了诗人（应举者）对科举考试后盛况的想象，如“一日声名遍天下”虽不是事实的真实，但表达了“人的心灵深处”美好愿望的实现，从而是有意义的，是有其真实性的。

【例3-7】唐朝诗人刘禹锡的诗作“礼闱新榜动长安，九陌人人走马看。一日声名遍天下，满城桃李属春官。自吟白雪诠词赋，指示青云借羽翰。借问至公谁印可，支郎天眼定中观”描写的是（　　）

A. 开放的社会风气　　B. 三省六部制的实施

C. 科举考试后的盛况　　D. 长安城的节日气氛

（2）因问设境

因问设境的试题情境创设法，就是在遵循“依据立意，选取素材”前提下，“根据素材粗定问点—着眼问点增删信息—形成契合问题的完整情境”步骤创设情境。下面以下题为例，对其背后的情境创设过程进行推理还原。

【例3-8】阅读图文资料，回答下列问题。

我国对世界最高峰——珠穆朗玛峰（简称珠峰）的高度进行过多次测量（如下图）。2020年5月27日11时，我国珠峰高程测量登山队克服重重困难登顶成功。2020年12月8日揭晓珠峰新“身高”。珠峰高程测量的成果可用于板块运动、地震预报与防灾等领域研究。测量珠峰不仅仅是测量高度，还观测峰顶雪深、气象和风速等，这些为冰川监测、生态环境保护等方面的研究提供了数据。

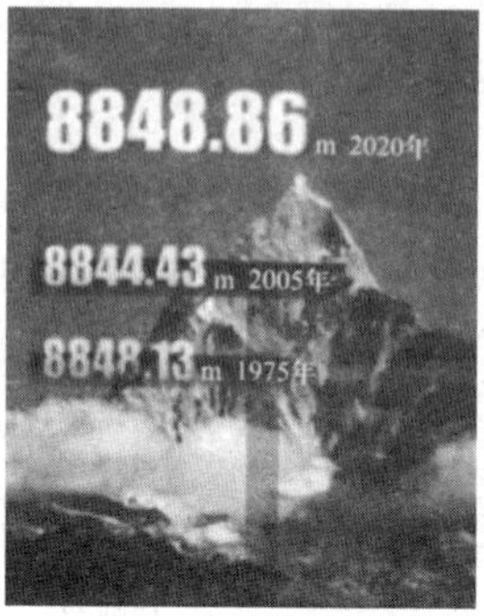

珠峰峰顶常年气温为－40℃－－30℃，风季时风速高达50米/秒；安全攀登珠峰的风速为小于15米/秒，珠峰空气含氧量不到平原地区的25%。

（1）根据珠峰测量数据，判断珠峰的变化。结合板块构造的观点（示意图略），说明理由。

（2）分析天气对攀登珠峰的不利影响。

（3）列举测量珠峰的重要价值。

该题情境素材的初期遴选依据的是试题素养立意要求，该题情境与地理学业质量描述中的以下两项有较强的对应性：学生在不同的情境中，对于从各种媒体中获取的地球表层环境的信息，能够初步从系统、动态的角度，简要分析、概括地球表层自然环境与人文环境的主要特征，以及环境要素的时空分布和变化特点（综合思维、区域认知）；能够秉持人与自然生命共同体的理念，选择恰当的实例简要说明地理环境各要素与人类活动的相互影响，协调人地关系的重要性（人地协调观）。

我们推测，命题者在依据试题立意，选取珠峰测量的有关素材后，先是依据珠峰测量素材，初步确定问点。命题者确定的第一个问点是“根据珠峰测量数据，判断珠峰的变化”，意图是从动态的角度认识自然环境要素的变化。命题者找到这样一个问点之后，根据这个问点又对素材进行了一个筛选，保留了多次测量的数据。命题者的这种情境创设的线索，称为因问设境。第（2）问、第（3）问也是这样，命题者先找到问点之后，再根据问题对情境信息进行增删处理，如此因问设境形成的试题，试题任务与情境之间的契合度就非常高。

（3）主题统摄

试题情境往往有一个体现素养立意的主题，来统摄情境细节的组合。这个主题符合以立德树人为核心的命题要求，反映学科的核心素养要求、彰显了试题的价值导向，凝练了情境育人的核心主旨。情境主题一般有两种产生方式。第一种是先依据试题立意选取素材，然后根据情境素材提炼情境主题;第二种是先依据试题立意提出情境主题,然后根据情境主题选取素材。

仅从已经成型的试题,我们无从知道命题者是根据哪种方式来确定主题、创设情境的,但情境主题对具体情境内容的统摄作用、在试题立意与情境之间的桥梁作用是显而易见的。例如,例3-2主要以政治认同和责任意识素养立意,试题立意展开描述为"立足于丽水乡土热点素材创设真实情境,采用图说的情境呈现方式,引导学生关注家乡发展,感受乡村振兴的新模样,认识中国特色社会主义的伟大建设成就,坚定对伟大祖国、中华民族、中国特色社会主义的高度认同,增强担当民族复兴大任时代新人的责任意识"。命题者选取《丽水日报》有关"浙里惠民保"中增设长期护理责任试点工作方案的报道、《今日浙江》有关松阳县"拯救老屋"唤醒乡村振兴新希望的报道、《人民日报》有关丽水市莲都区黄泥墩村"阳光票决制"的报道为情境素材,通过三组素材创设试题具体情境。试题立意与试题具体情境之间,以情境主题"乡村振兴发展谋共富"为承上启下的桥梁。这道试题情境主题换了一个稍隐晦点的表述"新丽水·新发展",并在试题题引中开门见山地呈现了出来。例3-3也在题引部分开门见山地呈现了情境主题"在宁波遇见宋韵"。

情境主题是试题立意的显性化表达,蕴含命题者对考生的价值引导,反映命题者对试题的价值判断,而有的试题不一定会直白地表述出来,但通过情境及任务考生还是能清晰地判断出来的。例如,例2-7历史题情境主题比较明确,即以"中华民族共同体的形成是中国历史发展的必然结果"统摄有关长城话题的不同素材;例2-8的情境主题也比较明确,即"树立构建人类命运共同体的意识",指向家国情怀素养立意,统摄1500—2020年中、美、日、英、德五国国力变迁示意图的有关信息。

也有的试题,情境开放度比较大,由学生根据提供的情境自拟主题,往往综合考查学生的价值判断和思维运用能力。例如,例3-9要求学生任选四幅图片中的两个历史现象或事件,确定观点,并结合材料和所学中国古代史知识加以论述。这在组合上就有多种可能性,学生所拟定的观点表述必须有正确的价值取向,这就相当于试题情境的主题。

【例3-9】(2023·福建)阅读材料,完成下列要求。

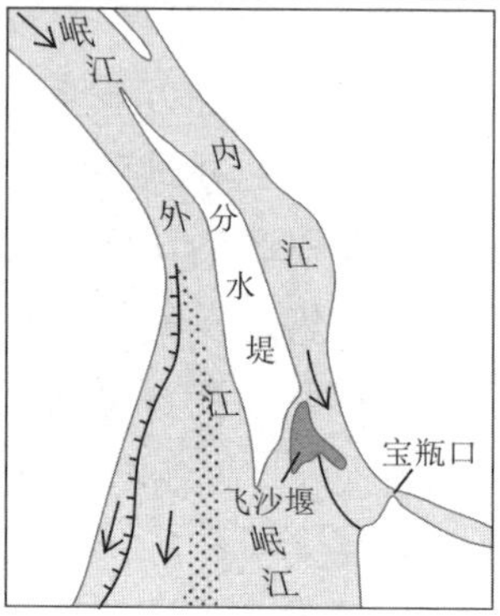

图一　都江堰示意图

注:鱼嘴为分水之用,将岷江分成内江和外江

图二　玄奘西行求法(邮票)

注:贞观初年,玄奘经过4年的长途跋涉到达天竺。十多年后,他携带大量佛经回到长安

图三　日本奈良唐招提寺内的鉴真像

注:鉴真历经12年,终于成功东渡日本。鉴真师徒用汉语讲读经书,使汉语广泛地渗入日本的社会生活

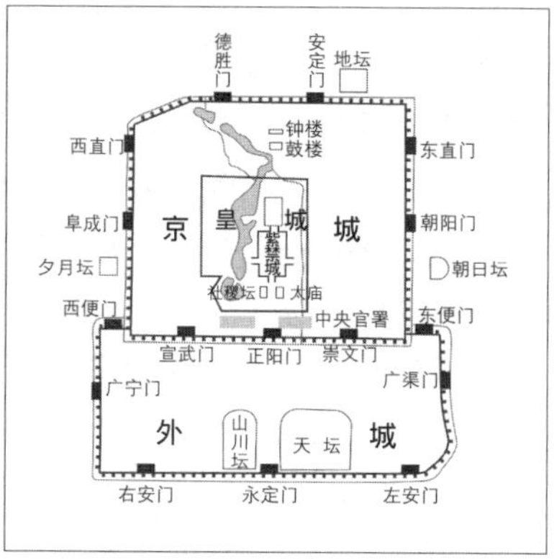

图四　明朝北京城平面图

注:北京城根据我国北方建筑避寒采光的习惯规划房屋的朝向

读以上材料,选择图一至图四中的两个历史现象或事件(写出两幅图片的序号即可),确定观点,并结合材料和所学中国古代史知识加以论述。(12分)(要求:观点明确,根据选择的两个历史现象或事件,并结合所学中国古代史的一个历史现象或事件,加以论述,史论结合,条理清楚)

评分标准略。

(4)描述展开

描述展开即选择恰当的素材,主动进行素材的加工处理,去粗取精(简化、细化)、去伪存真、重组、优化,剔除真实社会生活中无关紧要的甚至会阻碍人们认识情境本质的细枝末节,保留关键性的事实与特征。情境素材

中无关紧要信息的处理,也可根据试题立意需要,测试学生提取关键信息能力的实际,适当保留或增加冗余信息。

①调试构件。根据罗日叶整合教学法理论,我们可将主观性试题情境分为题引、驱动性指向、信息三个构成要件。题引主要粗略锚定学生所置身情境的大背景,即情境展开所要交代的大环境。驱动性指向,即基于试题立意粗略地框定情境活动的大致方向。信息,是命题者提供给学生完成试题任务的已知条件。在试题情境创设过程中,可以就这三部分作情境的调试优化、加工美化。如例3-10的情境是例3-2在命制调试过程中形成的一个典型的情境素材加工过程稿。经过对比可以发现,命题者在情境创设过程中,将情境分为三个构件,并进行了大幅度的调适,达到恰当的立意效果。

【例3-10】

题引　　　　驱动性指向

23. 共建博物场馆,延续文化血脉。 阅读材料,回答问题。(10分)

国家级非物质文化遗产——缙云轩辕祭典活动,现由浙江省政府主办。近年来,当地各项建设全面融入黄帝文化,如开展黄帝文化研学游,演唱《轩辕颂》,全面挖掘、整理黄帝民间故事,创作系列折子戏、什锦戏,不断研磨婺剧《轩辕飞天》等;研发"把仙气带回家"系列文创产品,"仙境奇冰"文创雪糕、带仙字Logo的笔记本等。	祭典每年都有大批台湾同胞、华侨华人等自发组团前来参加。旅台缙云同乡会理事长李圣光,参加完2023年中国仙都祭祀轩辕黄帝大典后,激动地说:"人不能忘本,作为中华儿女,我的根就在这里,有责任把黄帝文化传承和弘扬好。"据悉,李圣光多年来通过组织寻根问祖、考察乡风民俗等系列活动积极推动两岸文化交流。

信息

②理顺结构。一道试题的情境往往由多个小情境通过合理的组合呈现出一个结构化的整体,从而将试题立意、情境组织的逻辑物化出来。试题情境常见的行文结构有总分结构、因果结构、递进结构、转折结构、串联结构、并联结构、混合结构等[1]。

[1]刘丙胜.命题情境结构化的文本设计[J].思想政治课教学,2020(11):85-88

总分结构，即试题情境按照先总述、后分述的结构行文，总述以大主题统领全题，分述以小专题组织素材。

因果结构，即试题情境按照素材反映的现象之间的因果关系结构行文。

递进结构，即试题情境按照逐层递进的结构行文。可以有两种情况：一是按照事物发展的过程推进，前一层意思是后一层意思的铺垫或背景；二是按照认知的逻辑逐层推进。

转折结构，即试题情境按照事物的前后对比或某类现象间的正反对照的结构行文。

串联结构，即试题情境的两个组成部分相互交叉、互为补充，共同构成完整的情境内容。这种结构常见于地理试题情境中，地图与文字互为补充，文字让地图更为丰满、直观，而地图则展示了更为全面的信息构成，给学生解答提供了更为充足的信息。

并联结构，即试题情境的若干个组成部分之间没有总分、因果、递进、转折、重叠等关系，仅是并列地呈现出来。

混合结构，即试题情境将多种行文结构混合起来行文。

如，例3-2的三则新闻之间属于并联结构，三则新闻信息与题引及驱动性指向“某校以‘新丽水·新发展’为主题，开展新闻述评活动，请你来参与”之间是总分结构。

试题情境也可以按以下三个维度设计行文逻辑：横向维度，即以事物之间的相互联系为脉络，整合对比性或对照性强的现象、事例等材料，引导学生用联系和发展的观点认识问题、分析问题和解决问题；纵向维度，即以事物发展的过程为脉络创设情境，既可以以时间为维度叙述事物发展不同阶段的情况，又可以以事物本身的发展脉络组织情境素材；系统维度，即以典型个人、典型事件、典型事例影响社会为脉络建构情境。试题情境还可以模仿生活实践、学习探索的历程来组织情境结构。

再如，下面这道试题的情境部分，采取了纵向维度设计行文逻辑，以历史时间顺序组织获得勋章的中国共产党人的先进事迹为情境。

【例3-11】(2021·绍兴)

25. 勋章，是英雄的赞歌，是人民的褒奖。阅读材料，回答问题。(13分)

八一勋章

独立自由勋章

解放勋章

注：上述勋章依次是授予土地革命、抗日战争和解放战争时期参加革命的有功人员的。

(1) 刘伯承是上述勋章的获得者之一。请任选一枚勋章，列举一则史实，为他获此殊荣提供佐证。(3分)

改革先锋奖章

杜润生：毕生为农民权利鼓与呼。20世纪80年代初，他主持起草多个关于农村问题的中央文件，是农村改革的推动者

袁庚：冲破僵化思想，创办培育了我国第一个外向型工业园区——深圳蛇口工业区，被称为中国对外开放的先行者

(2) 请简要说明以杜润生、袁庚为代表的先锋人物开拓创业的时代背景。(4分)

共和国勋章

黄旭华：他服从党和国家的需要，隐姓埋名30年，主持导弹核潜艇的研制，为中国成为世界上第五个拥有核潜艇的国家做出了重大贡献。

钟南山：从“非典”到新冠，他一直站在抗疫一线，敢医敢言，挽救了无数生命，为中国的疫情防控走在世界前列做出了重大贡献

(3) 百年党史群英谱。上述五位勋章获得者共同拥有一个响亮的名字——中国共产党党员，请选用他们的事迹，结合所学知识，阐释你对中国共产党人先进性的认识。(6分)(要求：观点明确，事理结合，逻辑严密)

③调控难度。调控试题情境难度，首先要预估学生的学习经验、生活环境等诸多因素，拿捏学生对预设试题情境的熟悉程度，设法使情境内容

与大多数学生的学习生活经验和经历具有合理的一致性，使情境既不会因太陌生而带来紧张情绪和理解障碍，又不会由于太熟悉，而消解了情境的问题性或使学生受到日常知识的干扰[1]。

a. 明了影响难度的常见因素。学生对试题情境的理解障碍与情境信息的长度（如不必要的过长语句）有关，与情境信息的密度有关，与情境中包含的与学生学习不相关的专业词汇、陌生词汇数量有关。图示化的情境所含的单位面积信息密度，也往往比较高。这些情境的理解障碍，会消耗学生的无关认知加工，占用学生的工作记忆，存在使学生忽视主要信息的情况，实质上增加了试题情境的解构难度。

当情境的阅读量越大、情境中涉及的行为主体越多及主体之间的相互作用越强烈，以及情境中的不确定性越大，情境主体观点或者价值观、人物利益越多样化，相应情境就越发丰富复杂，给情境理解带来越大的障碍[2]。

b. 把握信息要素的显隐层级。根据试题情境信息在试题任务完成过程中的明示程度，可将试题情境信息要素分为以下层级。其中B层根据关键信息获取的顺畅程度，又可衍生出四个二级分层。不同的层级具备不同的难度，需要在试题情境和任务的协同设置中达到符合试题立意的契合度[3]。

A	试题情境与试题任务关联度不大或无直接关系，测试对象只需识别试题任务即可，试题情境更多的是“穿衣戴帽”地作为阅读性材料出现，没有与试题其他要素真正融合（这个层级的情境，在命题过程中是要尽量规避的）		
B	试题情境与任务互相融合，测试对象需从试题情境中获取关键信息，再运用已有知识，才能解决问题	B1	关键信息比较直白，可直接从情境已知条件中进行提取的
		B2	关键信息不明确，需要对情境已知条件进行分析、概括，进而提炼的
		B3	关键信息不明确，需要在去伪存真、排除干扰性的无关的已知条件基础上，进行提取或在分析、概括基础上提炼的
		B4	关键信息不明确，需要基于情境已知条件进行推理转换或关联拓展的

[1]巫阳朔．情境化试题的设计、开发与编制规范[J]．教学与管理（中学版），2017(3)：78-81

[2]王志安，朱志平．思政学科命题情境与任务设计的匹配性[J]．思想政治课教学，2023(2)：66-70

[3]赵雪．高考山东卷化学试题情境创设的统计与研究[J]．化学教学，2016(8)：82-86

续 表

C	试题情境与任务互相融合,测试对象需将情境信息内化,与已有知识进行重组形成新知识,并加以理解运用,才能解决问题

试题关键信息,特别是试题任务指导语中的关键概念在情境中所指代的事物或现象的存在方式,会影响试题的难度。命题者可将关键概念在情境中作分散陈述,也可在情境中作集中陈述,对学生的信息提取与处理能力要求,前者要比后者高。命题者可据此来控制试题情境的部分难度。

c. 控制活动作用机理显隐程度。学生在情境活动中,除知道试题任务指导语中关键概念在情境中所指代的事物(现象)外,更重要的是要明确事物(现象)之间的作用机理,明确它们之间是如何相互作用,或如何从一个事物(现象)发展到另一个事物(现象)的。能够认识事物(现象)的作用机理是学生成功分析问题和解决问题的关键,是学科核心素养的重要表现。命题者可根据实际情况,通过使作用机理显性化或隐性化来控制试题的难度[1]。

控制作用机理隐显度要综合考虑两个基本因素:一是作用机理本身是否为学生必须掌握的必备知识,如果是,则应该隐性化,让学生从相关知识储备中调用,否则就要通过情境材料的陈述进行提示。二是整卷的难度控制需要,如果要提高难度,则可将作用机理隐性化或提高作用机理的复杂性。

例如,下面这道题的(3)小题"依据年代尺上四次会议的内容和作用,提炼一个观点并加以阐释"所依托的试题情境为中共百年重要会议(部分)简要年代尺,四次会议的内容和作用并没有在情境中呈现,这四次会议的内容和作用就属于学生必须掌握的必备知识,作了隐性化处理,需要学生从相关记忆中调用。

[1]陈友芳.必备知识情境化:核心素养下思想政治学科命题的关键技术[J].基础教育课程,2023(8):4-9

【例 3-12】(2021·丽水)

23. 从 1921 年到 2021 年,中国共产党走过了百年历程。阅读材料,回答问题。(10 分)

【时代先声】(略)

【时代先锋】(略)

【时代巨变】中共百年重要会议(部分)

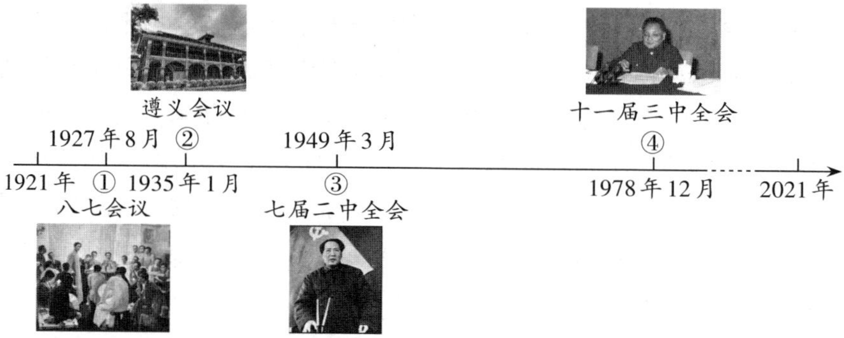

(3) 依据年代尺上四次会议的内容和作用,提炼一个观点并加以阐释。(5 分)(要求:观点鲜明、逻辑严密,表述简洁)

评分标准略。

又如,下面这道题,情境采用数轴形式描述大国兴衰的影响因素,属于学习情境和学术情境,对于初中生而言有相当的难度。其中颁布保护知识产权的专利法史事,不是课程标准要求初中学生必须掌握的必备知识,在本题情境内给予了显性化的提示。有关西班牙、荷兰、英国的早期殖民史,虽是课程标准规定的课程内容,但考虑部分初中师生对此有或多或少的认知盲区,基于整卷难度控制需要,命题在情境内容中以数轴备注的形式予以呈现,作为情境信息的一部分,以此来调控情境难度。

【例 3-13】某学习小组开展"大国兴衰"主题研究,邀你共参与。

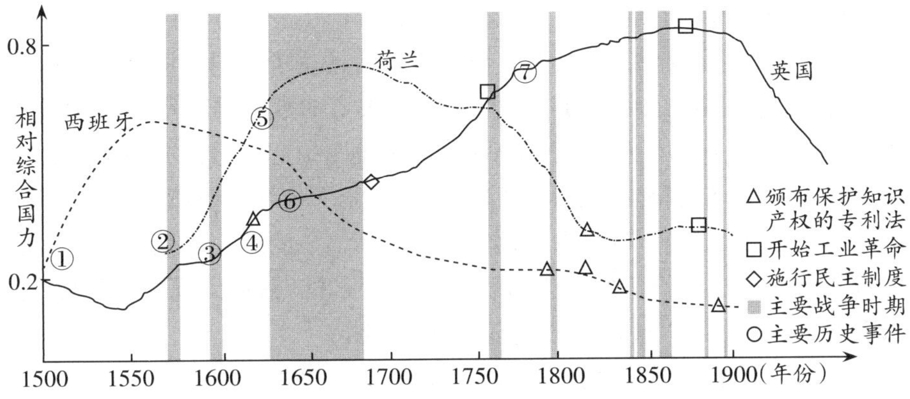

国力兴衰因素(部分)示意图

摘编自王元庆《文明的融合——近代科技简史》

注:①欧洲探寻新航路,扩张海外市场 ②1566年,荷兰爆发反抗西班牙的资产阶级革命 ③1588年,英国打败西班牙"无敌舰队" ④17世纪,英国在北美建立殖民地,进行"三角贸易" ⑤17世纪,荷兰加入殖民掠夺者行列 ⑥1640年,英国爆发资产阶级革命 ⑦18世纪下半叶,英国战胜荷兰等国,自诩为"日不落帝国"

根据上述资料,完成研究报告提纲的主要内容。(6分)(要求:①针对研究主题,提炼影响国力兴衰的主要因素;②根据示意图及备注,结合相应史事,说明理由)

评分标准略。

此外,逻辑推理能力是关键能力的核心构成要素。学科核心素养较高的学生经常能够进行长达三步甚至更多步骤的正确逻辑推理。涉及逻辑推理的试题情境,需要合理控制逻辑推理的长度,通常都是限制在三步以内,并且会通过某种方式对推理路径和方向进行提示,以减少学生推理的难度。同时,我们提倡开展综合性命题,横向考查必备知识在不同情境中的应用能力,考查学生在不同情境中运用必备知识分析、解决问题的样态,不强调考查核心知识本身的深化(即知识的纵向延伸),不要求学生进一步深入掌握核心知识之下的具体细分知识。

2. 真实情境的创设策略

核心素养的考查需要以真实情境为问题解决的活动场域,因此,确保试题情境真实是素养立意命题的重要一环。我们可以通过以下策略确保创设的情境是真实的。

(1) 确保情境来源属于学生的"现实的真实"

试题情境真实的创设,关键是情境来源于现实的真实。来自命题者自己实践、经历所获得的，反映学生生活实践、学习探索的资料是第一手资料，一般能忠实反映现实的真实。根据本章所述基于知识应用和来源的情境分类、关于真实的分类，可以推导出源于现实的真实的试题一般包括以下类型：地理题中的生产情境、生活情境，历史题中的生活情境、社会情境、学习情境，道德与法治题中的个人生活情境、个人与社会情境、个人与国家国际情境等。当然，一道题内也存在不同类型情境的综合。命题者可选取亲身经历的有学科价值的学生“现实的真实”素材，依据试题立意需要，创设真实情境。下面以这道题的命制情况作说明。

【例3-14】阅读下列图表，运用所学的有关知识回答问题。(7分)

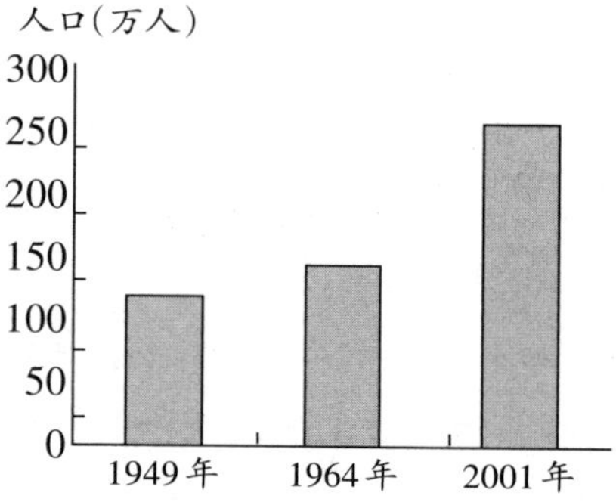

图一　丽水市人口增长状况

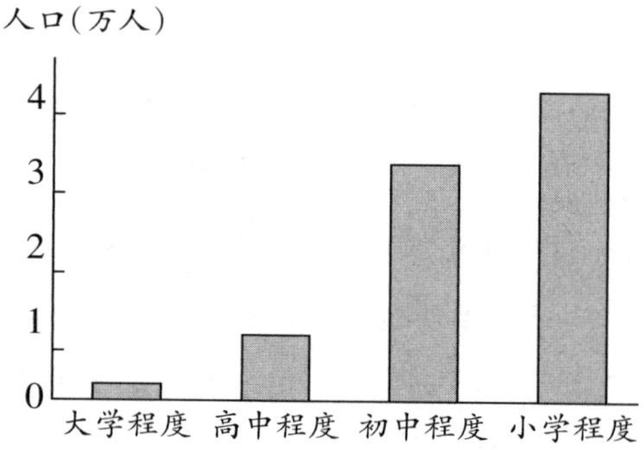

图二　丽水市2000年每10万人口受教育状况

(1) 图一、图二分别说明了丽水市人口还存在什么问题？(2分)

(2) 针对上述问题，我们应采取什么措施？(2分)

(3) 有人认为，丽水市的人口问题主要是数量问题；有人认为，丽水市的人口问题主要是质量问题。请谈谈你的观点及理由。(3分)

评析：此题组成情境的是图一、图二和“有人认为，丽水市的人口问题是数量问题；有人认为，丽水市的人口问题是质量问题”这段材料，据命题组和审题组后来的访谈，该题情境素材的原始材料，来源于相关成员一次亲身的听课经历，上课老师围绕人口问题的相似资料，组织相似问题的班级辩论。因此，此题情境属于现实的真实。

(2) 以“现实的真实”包裹“非现实的真实”

以“现实的真实”包裹“非现实的真实”，是创设真实情境的补充办法。综合本章基于知识应用和来源的情境分类、关于真实的分类可知，历史事件情境源于过去发生的史事，属于历史的真实；地理或历史的学术情境源于专家学者的专业研究资料，属于理论的真实；历史的文艺情境源于有史料价值的典型文艺作品，属于艺术的真实。这些均与学生生活有一定的距离，不符合试题真实情境创设要求。但是，这些"非现实的真实"的情境若被"现实的真实"情境包裹，则会出现另一番景象。

一是地理试题中以"现实的真实"包裹"非现实的真实"的情境题。以例3-8为例，此题情境有关珠穆朗玛峰高程测量，涉及地理学者的实地考察与研究案例，属于地理学术情境，体现"理论的真实"，与学生有一定的生活距离。但有关珠峰高程测量及其报道是2020年的一项重大时政热点，这又属于学生的地理生活情境，归于"现实的真实"。我们推断，此题素材被命题者选中，除试题立意需要外，此素材的时事热点属性是一个重要的原因。因此，这道题属于一道情境类型和真实分层混合的、由地理生活情境主导与包裹地理学术情境的试题，是一道典型的以"现实的真实"情境包裹"理论的真实"("非现实的真实")的情境题。

二是历史试题中以"现实的真实"包裹"非现实的真实"的情境题。历史题中的社会情境题素材，有些来源于学生对社会现实问题的历史考察，学生的历史考察属于现实的真实，但历史考察中一般会涉及具体的历史事件，历史事件属于过去发生的事实，属于历史的真实。这就形成了社会情境包裹事件情境的状态，即"现实的真实"包裹"历史的真实"。历史题中的生活情境题、学习情境题，也存在类似的"现实的真实"包裹"历史的真实"的现象。进而可推断，历史试题情境创设，可以实现属于"现实的真实"的生活情境、社会情境、学习情境，可以包裹属于"历史的真实"的事件情境、属于"理论的真实"的学术情境、属于"文艺的真实"的文艺情境。下面以一道试题的改编为例加以说明。

【例3-15】某校历史社团开展"读古诗，学历史"主题活动，收集到唐朝诗人刘禹锡的诗作"礼闱新榜动长安，九陌人人走马看。一日声名遍天下，满城桃李属春官。自吟白雪诠词赋，指示青云借羽翰。借问至公谁印可，支郎天眼定中观"。此诗作描写的是 ( )

A. 开放的社会风气　　B. 三省六部制的实施

C. 科举考试后的盛况　　D. 长安城的节日气氛

此题是基于例3-7的改编题。例3-7是《义务教育历史课程标准(2022年版)》中的样题，情境中唐朝诗人刘禹锡的诗作，一般是从文学作品的视角来使用，如"一日声名遍天下"的夸张，反映的是一种艺术的真实。但此素材却被跨学科引入历史试题，考查了历史学科的隋唐时期科举制度创设情况，体现了某些文艺作品的史料价值。这道样题情境属于艺术的真实，学生现实生活的实践性代入感弱，离学生现实生活的距离较远，没有体现课程标准所倡导的“现实的真实”，不是真实情境题。

改编而成的例3-15，学生置身其中的学习生活代入感明显增强，是一种基于学生立场的实践性取向的改编，情境取材自学生在历史学习中遇到的问题，属于历史学习情境题。这道题的情境，以学习情境包裹了具有史料价值的文学作品（文艺情境），使整个试题情境体现出浓浓的“现实的真实”，是一道情境真实的历史题。通过这道题，我们可以明显感受到历史题真实情境的创设，可采用“现实的真实”包裹“非现实的真实”的方式。

（3）选取权威出处以确保“非现实的真实”

为达成上文真实情境创设的“以‘现实的真实’包裹‘非现实的真实’”策略，除了创设源于学生现实的真实素材外，命题者还要确保被包裹的从属情境务必是“历史的真实、理论的真实、文艺的真实”。

确保这三种真实的前提是不能出现虚假情境，这主要集中在历史学科领域。所谓虚假情境，就是没有生活依据和不符合唯物史观的情境，是指在没有充足的史料依据情况下，虚构想象出某个历史人物或者真实的历史人物所做的事情。如下面的例子。

【例3-16】巴黎和会上，中国代表顾维钧“中国不能失去山东，正如西方不能失去耶路撒冷一样”的精彩发言被不断地传诵复制，更被拍成电影。但学者查遍资料档案，却找不到这句话的出处。对此，我们最应该持有的态度是（　　）

A. 这句话反映了国人的心声，仍具有史学价值

B. 宁信其有，不排除以后会找到相关资料证据

C. 文艺影视作品的演绎、渲染是正常合理的

D. 研究顾维钧从法理上驳斥日本的材料更有意义

题目中顾维钧的这句名言出自电影《我的1919》，当中的剪辑片段被中学教师广泛地在课堂教学中使用，也有将其命制成题目的。但历史学家考证过，并没有资料证明顾维钧说过这句话，这就意味着这句话很有可能是虚构的，这个情境也可能是不真实的，这都是当时的媒体人或历史编剧演绎出来的。从情境的真实性要求出发，无论是授课还是命题，我们都不宜再使用类似的虚构材料。而此题站在正本清源的角度选取此素材，并引导学生对这一情况进行理性分析，则是可取的。

确保的关键在于情境素材的出处要权威。以历史情境为例，一般选择权威的史学著作和公认的史学研究者的作品，对于确保历史的真实，很有必要。例如下面这道历史题，情境素材出自著名历史学者葛剑雄等人的研究成果，权威性高、说服力强，历史的真实有保障。

【例3-17】(2023·温州)

【民族复兴视野下的人口迁徙】

纵观20世纪中国历史，人口大迁徙反映了中华文明由危机到复兴的历程。

20世纪中国三次人口大迁徙

时期	人口迁徙	特征
抗战时期	华北、华东等城乡人民在日本侵略者的逼迫下向西南、西北迁徙。其中，沿海向西南转移人数高达6000多万	以躲避战乱为主的人口迁徙；大批民族工业与高校、研究机构随迁
新中国成立初期	从上海等核心城市向边疆地区迁徙。1957—1960年，仅苏皖鄂三省迁入新疆的移民就超过了80万	出于国家安全和经济建设的需要，由政府推动的人口迁徙
改革开放后	以务工劳动力迁徙为主，由农村流向城市、由内陆人口大省流向沿海城市和工矿地区。1999年流动人数达到6683万人	受市场规律影响的自发迁徙：加速了中国的城市化进程

——整理自葛剑雄、安介生《20世纪中国移民史的阶段性特征》等

(3) 以“中华民族伟大复兴”为主题，评论20世纪中国的三次人口大迁徙。(6分)

确保这三种真实，还需要注意明辨不同资料的真假。如社会生活中遇到的复杂的、持续性比较长的社会热点问题，报纸、网络等各类媒体报道会比较多元，这需要命题者注意以官方权威专业的新闻媒体报道为主，以确保试题情境所描述的事迹案例在时空链条中的前因后果的准确可靠。以下面这道题为例，此题个人与社会情境的素材，涉及梵净山金顶刻字案的有关信息。这类热点信息，由于影响面广、持续时间长，网络上的信息比较庞杂，就需要命题者选择权威的信息报道来源，理顺具有学科价值的事件发展线索。

【例3-18】(2023·宁波)

25. “梵净山金顶刻字案”是全国首例针对在自然、人文遗迹上刻字所

提起的民事公益诉讼，入选新时代推动法治进程2022年度十大提名案例。阅读图文，回答问题。(8分)

一游客在金顶摩崖石壁上刻字。游客们劝阻无效后，拍视频曝光了这种不文明行为。

↓

景区将该游客纳入梵净山生态旅游区入园黑名单。

↓

人民检察院经多方调查、取证、鉴定，向人民法院提起公益诉讼。

人民法院依据民法典等法律判决被告支付各项修复及赔偿费用共计12万余元，并向社会公众赔礼道歉。

↑

央视专案展播，多家媒体转载报道。

↑

网友们认为“4个字12万”的重罚会让游客引以为戒。

（1）请从正确行使权利的角度指出漫画中人物行为的危害。(3分)

（2）在“惩治陋习·文明旅游”主题班会中，小宁和小波发表了各自的观点。你的观点是什么？请结合此案说明理由。(5分)(本小题采用分层评分，要求观点明确、表述全面、逻辑清晰)

小宁：助力文明旅游，不同主体都要积极发挥作用。

小宁

小波：助力文明旅游，既需要法治，也需要德治。

小波

（4）缩短“情境—问题解决”与现实生活的距离

除了以上策略，我们还可以借助“情境—问题解决框架”实现试题情境真实。该框架可以借鉴“整合教学法”提倡者罗日叶的情境理论，从如下两个角度来考察情境与真实生活的关系：情境内生的任务需求是现实存在的，还是模仿现实虚构的？情境中的问题解决是真正的解决，还是模拟解决？进而由这两个维度，可以细分出四种情境，如下表所示[1]。

[1]易克萨维耶·罗日叶.为了整合学业获得——情景的设计和开发[M].华东师范大学出版社，2010:43-47

情境(需求)	真正解决	模拟解决
自然状态(未经加工)的真实情境 (内含现实存在的真实任务需求)	1. 自然的真实情境—现实存在的真实需求—真正解决:真正任务被真正解决后,形成的任务结果或作品,会在现实中真正使用 (既能满足现实的真正需求,又能满足教学或评估需要)	2. 自然的真实情境—现实存在的真实需求—模拟解决:真正任务被模拟解决后,形成的任务结果或作品,不反馈至真实的需求提出者,不会被实际使用 (不能满足现实的真正需求,但能满足教学或评估需要)
模仿现实生活而建构的真实情境 (基于现实生活逻辑的虚构任务需求)	3. 建构的真实情境—模仿现实而虚构的需求—真正解决:虚构的任务被真正解决后,形成的任务结果和作品,可能让现实中的相关主体受益 (能满足潜在的现实真正需求,当前主要是能满足教学或评估需求)	4. 建构的真实情境—模仿现实而虚构的需求—模拟解决:虚构的任务被模拟解决后,形成的任务结果和作品,不会被实际使用 (不能满足潜在的现实真正需求,但能满足当前教学或评估需求)

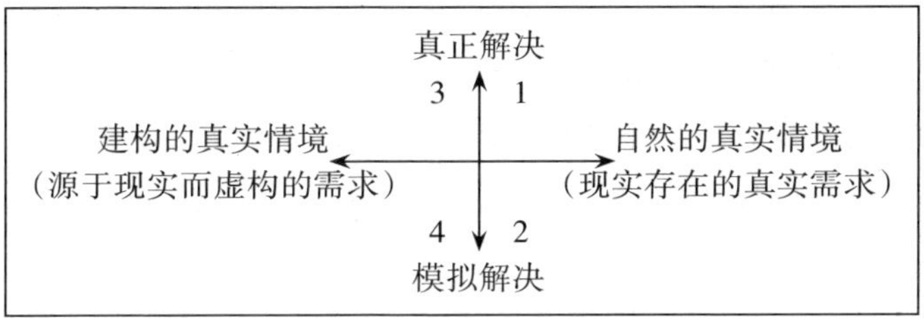

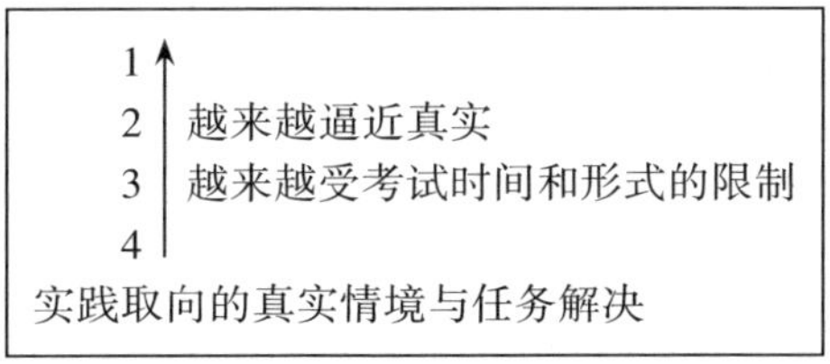

这个框架中,1、2、3、4代表的都是真实的情境,只不过1、2是完全自然状态的,几乎没有经过加工的社会生活;3、4是源于现实生活而创设的真实情境。真实情境内含基于现实生活的虚拟的问题解决需求,原生态的社会生活内含现实存在的真实的问题解决需求。下面以例3-1为例作说明。

此题情境源于富有地方特色的时事热点,当地每年举办黄帝祭典,县政府于2023年发起中华黄帝文化博物馆顶层策划方案招投标,同年7月有人中标。故试题情境属于真实情境中的现实的真实。该题第(3)问"你所在学校某班计划参加中华黄帝文化博物馆建设方案征集,你会为该班级给出怎样的建议?”如果只是在考场里考一下这道题目,那么属于情境4。如果是在方案征集活动期间,将其作为一项实际的活动开展起来,并由此形成建设方案,则属于情境1。如果是为了有针对性地考查学生的问题解决能力而虚构了这个需求,但后来当地县政府真吸收了学校班级形成的建设方案,那么就属于情境3。此题属于现实中真实存在的需求,但县政府已经根据中标情况委托有关设计单位设计,社会科教师只是听到这个消息后借这个事情设计了这样一个练习,故属于情境2。

上面图表中的思考框架有助于我们根据实际需要选择和设计真实情境。真实情境的典型特征是实践取向,命题者据此可以在真实情境的“真实度”即实践取向上不断下功夫。当然,只要以上四种情境都能有效地服务于教学目的、测试目的,达到期待的学习效果和测试效果,不违背基本的日常逻辑(情境3和情境4),都可以称为“真实、有意义的实践取向的情境”。情境1至情境4是一个连续体,建构性、模拟性逐渐增强:情境1就是我们一般认为的现实生活中的真实情境,通常可适当融入日常教学过程中;情境4,更适用于测评情境[1]。

试题情境创设、真实情境创设的方式方法有很多,试题情境创设的奥秘,既存在于命题理论的真实中,更存在于命题实践的探索中。

[1]叶丽新.读写测评:理论与工具[M].上海教育出版社,2020:281

第四章　试题任务及其设计

一、试题任务及其分类

1. 试题任务的内涵

无任务，不立题。试题任务作为试题的最基本要素，是指为实现考查目标，由试题情境生发，依托学科内容，供被测试对象解决的学科问题。试题任务通常也称作设问，它诱导学生在受到情境材料刺激后作出应有的响应，是将学生内在的核心素养水平外显为可观测行为特征的向导，是试题考查目标的集中体现。

试题任务蕴含着评价者预期的素养测试意图，连接着情境和答案两个端口，作为实现试题立意的“标靶”，其质量水平直接关系着试题立意的实现程度。在立意、情境、任务、答案这试题四要素中，立意是灵魂，立于高处统领，情境是解决问题的载体，答案是命题人拟定的评价任务完成情况的标尺，而任务作为学生直接面对和要解决的问题，居于中心地位（如右图）。

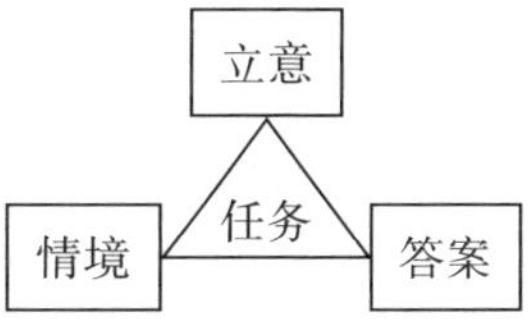

试题任务的中心地位

2. 试题任务的分类

试题“任务应具有多样性，如描述特征、论证、辨析、评价、制订方案等”[1]。“试题既要考查学生对所学知识的记忆和理解能力，又要考查学生运用历史学科思想方法和所学历史知识简要分析历史问题的能力，还要考查学生综合运用各种方法初步解决比较复杂的历史问题的能力。”[2]试题任务指向要“重点测评学生在完成地理事物和现象识别、地理差异比较、地理综

[1]中华人民共和国教育部．义务教育道德与法治课程标准（2022年版）[S]．北京师范大学出版社，2022:54

[2]中华人民共和国教育部．义务教育历史课程标准（2022年版）[S]．北京师范大学出版社，2022:65

合分析与地理工具运用等任务过程中的表现。”[1]社会科三科课程标准对试题任务的多样性、能力考查要求和任务测评指向等都作出了明确的要求，综合这些要求，我们可以从认知操作水平和表现性程度两大维度，对试题任务进行分类。

（1）按任务解决的认知操作行为划分

学科任务具有多样性，但纸笔测试背景下的考试命题更适合测试学生的认知操作行为。义务教育道德与法治课程标准研制专家将认知操作行为划分为“辨识与判断、阐释与论证、探究与建构”[2]三大类，这三个层次的认知操作水平与解决问题过程中思维运用的一般方式基本吻合，并且遵循了从“是什么”“为什么”到“怎么办”的思维阶序。由此，从日常命题中任务设计的可操作性考虑，社会科试题任务整体上也可以按此进行基本分类。

①“辨识与判断”类任务。“辨识与判断”是指学生在阅读试题所提供的事件、案例、史料、地图等情境的基础上，运用相关学科知识，识别与判断其性质、推断基本结论、概括中心思想、抽象出其本质特征等。

“辨识与判断”类任务着重要求学生回答“是什么、应该是什么”问题，这类任务一般以体现、反映类设问形式呈现。常见设问形式如：材料说明什么，反映了什么，蕴含什么道理，体现了哪一观点，行使了（侵犯了、维护了）什么权利，指出材料反映的历史事件，材料告诉我们什么道理，列举史实，写出地理事物名称等。这类试题任务的常用设问行为动词包括判断、指出、写出、描述、体现、反映、说明、概括、概述、列举等。

在主观性试题命制中，“辨识与判断”类任务一般属于容易题，且常常以第一问的形式出现。

●数据描绘答卷。根据“浙江数据”，概括浙江所取得的成绩。

●根据“宋韵生活”，列举两例北宋市民生活的具体表现。

●读图×，写出新疆油气田主要分布的两大盆地名称。

以上三个任务设计分别要求学生运用学科知识，概括情境材料的中心思想、列举史实佐证、识别地理事物名称等，属于典型的“辨识与判断”类任务。

[1]中华人民共和国教育部．义务教育地理课程标准（2022年版）[S]．北京师范大学出版社，2022：40

[2]陈友芳．道德与法治学业质量标准的基本特征与功能实现[J]．思想政治课教学，2022（7）：4-8

②“阐释与论证”类任务。“阐释与论证”是指基于真实生活情境中的事物或现象、史料或史实、地图或地理事物等情境，运用相关学科知识技能和思想方法，分析解释原因、阐述意义，探究不同事物之间的内在联系，运用学科原理和史料对探究的观点、历史结论进行合乎逻辑与科学要求的辨析解释、评价论证与检验分析。

“阐释与论证”类任务着重要求学生回答“为什么”的问题。这类任务一般以原因意义类设问形式呈现。其常见任务形式如：谈谈作用；分析重要性、紧迫性、影响、意义等；分析主要原因；简要说明这样做的理由或依据；为什么要这样；说明某一做法、观点的合理性或正确性；给出理由；阐述道理；论证某一观点；等等。其中包括的评析类任务发问形式有：对观点进行评析；驳斥、批驳某一观点；怎样看待某一说法；指出某一观点的错误之处并说明理由；等等。这类试题任务的常用设问行为动词包括分析、说明、理解、例析、阐明、阐释、论证等。

“阐释与论证”类任务在一道主观性试题中常常放在第二问或第三问。下面列举若干“阐释与论证”类任务：

●从未成年人保护法的角度对父母写家书的行为进行评析。

●运用所学知识，联系下列史料，阐释五四运动中学生行为的正义性。(要求史论结合、逻辑严密)

●根据图×及资料卡，分析石头厝独特建筑风格形成的自然原因。

上述三项任务分别要求学生评析某一行为、阐释行为的正义性、分析自然原因等，本质上都是要求学生回答“为什么”，属于典型的“阐释与论证”类任务。

③“探究与建构”类任务。“探究与建构”是指学生能够结合新情境中的具体状况，运用逻辑推理、创新思维等学科方法，提出解决问题思路、对策和方法，形成新的结论观点，能够制订符合试题情境的合理方案等。

“探究与建构”类任务着重回答“怎么办”的问题，这类任务一般以措施建议类设问形式呈现。其常见任务形式如：该怎么办；应如何应对；提出解决的对策；应作哪些努力；如何贯彻；应采取哪些措施；如何避免……发生；提出合理化建议；如何对待；等等。这类试题任务常用设问词包括如何、怎样、对策、措施、举措、建议、借鉴、应对等。

在一道主观性试题中，“探究与建构”类任务多以最后一问的形式出现，任务往往具有较强的挑战性，根据考查需要，很多时候可能会以开放性、探究性问题的呈现形式。例如,以下三个任务就属于典型的“探究与建构”类任务。

●少年接续奋斗。根据“浙江蓝图”,谈谈作为少年的你,将用怎样的实际行动交出自己的答卷。

●要打破这样的恶性循环,请从法律的角度给两位主人公各提一条不同的合理化建议。

●中英这段交往历史对中国建设科技强国有何启示?

这三个试题任务虽然表达方式各不相同,但都指向回答“怎么做”这一问题,要求学生根据情境,运用所学知识建构具体的行为举措,体现了探究与建构的要求。

在一道主观性试题中,从遵循学生思维顺序的角度出发,以上三种类型的任务设计通常依次布排,这样不仅便于控制试题难度,也有利于更加全面地考查学生的学科能力和核心素养水平。下面以一道道德与法治漫画题为例加以说明。

【例4-1】国家安全无小事,国家安全身边事。阅读漫画,回答问题。(12分)

漫画一:发不得!

漫画二:放不得!

(1) 指出两幅漫画中人物的行为分别危害了我国国家安全体系中的哪一方面。(2分)

(2) 运用所学知识分析,漫画中的微信“‘朋友圈’发不得”、外来生物“放不得”的理由。(6分)

(3) 针对漫画反映的问题,从公民个人层面提出你的对策与建议。(4分)

参考答案:

（1）漫画一：军事安全；漫画二：生物安全（或生态安全）。（2分）

（2）国家安全是国家生存与发展的重要保障，国家安全是人民幸福安康的前提。（2分）漫画一提醒我们随意拍摄和发布涉及国家军事机密的照片、地址等信息会给不法分子以可乘之机，对国家安全构成威胁。漫画二中非法放生外来生物，会严重威胁本地物种生存，对原有生态链造成极大破坏，不利于维护国家生态、生物安全。（2分）漫画中的行为都是法律禁止的违法行为。法律禁止做的公民坚决不做。（2分）

（3）认真学习有关国家安全的法律法规，增强维护国家安全的法治意识，不做任何可能危害国家安全的行为；（2分）积极履行维护国家安全的法定义务，增强防范意识和防范能力，及时检举、制止危害国家安全的行为。（2分）

以上三个试题任务中，任务（1）属于"辨识与判断"类任务，答题思维指向回答"是什么"，学生只要根据漫画情境中的事例信息，识别和判断出漫画中人物行为危害了我们国家安全体系中哪一方面即可，属于容易题。任务（2）属于"阐释与论证"类任务，答题思维指向回答"为什么"，学生需要全面理解漫画所呈现事例的内容，抓住其中关键信息，调动运用学科知识来阐释为什么漫画中的微信"朋友圈""发不得"，外来生物"放不得"，属于稍难题。任务（3）属于"探究与建构"类任务，答题思维指向回答"怎么做"，学生需要针对漫画中的问题，运用学科知识，建构解决问题的具体对策和建议，属于较难题。

（2）按任务的表现性程度划分

在素养导向的社会科命题实践中，表现性评价的运用为试题任务设计打开了广阔的空间。我们从表现性评价理论出发，基于任务的表现性程度，可以将任务分为简单任务和复杂任务。

①简单任务。简单任务是指任务设计从情境联系、知识运用、回答要求等方面给学生答题提供了明确的解答指向和思维支架，任务的表现性程度较弱的问题。简单任务对学生的答题要求相对封闭、单一，具有较强的限制性，限定了回答问题时联系情境的要求，划定了学科知识运用的范围，标明了所要分析与解决问题的路径与方法。从认知操作行为上看，简单任务在认知操作行为上更多指向识记、判断、概括、描述和阐释等能力。下面这些任务设计具有较强的限制性，属于简单任务。

●结合材料，运用公平的相关知识分析"共富茶"为何要千里生根。

●结合材料，指出中国共产党在抗日战争中发挥的作用。

●从经济发展与生态保护的角度说明贵州种植茶树、果树等经济林木的作用。

以上三个任务在答题的材料指向、知识指向和能力要求等方面都体现了明确的限制性要求，如“结合材料”是对联系材料的限制，“运用公平的相关知识”“从经济发展与生态保护的角度”“中国共产党在抗日战争中的作用”是知识运用的限制，“分析”“指出”“说明”属于能力运用的限制。

需要指出的是，我们不能机械地将简单任务与任务的难度低划等号，这里的简单任务重在强调任务具有明确的回答指向以及对学生思维能力要求的单一性和限制性上。

②复杂任务。复杂任务是指体现素养立意，有较强的表现性，能充分激发学生积极思考、探究发现和实践创新，具有真实性、开放性和综合性的试题任务。相对于简单任务而言，复杂任务往往不会给学生回答限定小而微的知识运用范围，更不指向对某一具体知识的再现或再认，而是关注学生能否综合运用学科知识分析、解决问题，甚至可以不设问题，让学生自己从试题情境中提炼问题并作答。从认知操作行为看，基于素养立意的复杂任务往往注重对学生分析、应用、论证、探究、评价、创造等高阶思维能力的考查。以下选取的是2022年版社会科三科课程标准样题的任务设计，这三项任务就属于典型的复杂任务。

●如果请你为新一代运载火箭命名，你想起什么名字？说说理由。

●任选小明的一个观点或自拟一个观点，选择大事年表中的相关事件加以论证。（本小题采用分层评分，要求史论结合，逻辑严密）

●若规划建设的高速铁路经过A和B，你选择采用取直线路还是“灯泡”形线路？说明理由。

“为运载火箭命名并说明理由”“任选观点或自拟观点选择历史事件加以论证”“选择铁路建设的路线并说明理由”这些任务的完成需要运用学科知识，但又不指向某一具体知识，具有很强的开放性和探究性，同时兼具一定选择性，给学生回答提供了广阔的思维空间，考查的是学生在真实情境下解决问题的能力，属于指向素养检测的复杂任务。

义务教育道德与法治、历史、地理课程标准分别指出，“试题任务要体现综合性、开放性、应用性、探究性，使学生可以从多个角度分析问题、解决问题。"[1]"减少简单考查机械记忆能力的题型，提高探究性、开放性、综合性、创新性试题比例。"[2]"增强试题的开放性和探究性，使学生从多个角度发现问题、解决问题"[3]课程标准的这些要求，明晰了复杂任务主要表现形式，对学业考试命题具有很强的导向作用。

二、复杂任务的典型特征

复杂任务体现了较强的开放性、探究性、综合性和实践性，强调让学生置身真实情境下，对任务做出独特的、多样化的回答，任务的思维发散程度高，更多指向对学生高阶思维的考查，更有利于检测学生的核心素养水平。复杂任务不关注考查学生单纯识记教材知识的能力，而重在测评学生运用所学知识分析问题、解决问题过程中展现出来的综合素养，以实现测量学生学业水平成就的目标。同样需要指出的是，复杂任务不能简单地等同于任务的高难度，它与任务的难易程度没有必然联系。与简单任务相比，复杂任务通常具有以下特征。

1. 真实可信，趋向学科实践

复杂任务要尽可能真实，呈现给学生的是复杂、模糊和开放性的问题或是整合知识和技能的任务，来反映学生在真实情境中解决问题或创造成果的表现，了解和评价学生的多元能力[4]。

复杂任务来源于真实情境，就任务本身而言，它应该是基于情境的一种合乎生活逻辑和知识逻辑的真实，它不是虚幻的或者是一种完全不可能实现的凭空捏造。它可以是一种假设，但即便是假设，这种假设也应该具有其合理性和真实性。如果任务完全是天马行空、缺少事实依存和可信度，对学生而言，就失去了去完成的意义，这样的任务就不能称之为复杂任务。

例如，下面这项任务通过两名同学提出问题，让学生来进行解答的形

[1]中华人民共和国教育部．义务教育道德与法治课程标准(2022年版)[S]．北京师范大学出版社，2022:53

[2]中华人民共和国教育部．义务教育历史课程标准(2022年版)[S]．北京师范大学出版社，2022:65

[3]中华人民共和国教育部．义务教育地理课程标准(2022年版)[S]．北京师范大学出版社，2022:39

[4]周文叶．中小学表现性评价的理论与技术[M]．华东师范大学出版社，2014:108

式，体现了学为中心，两名同学提出的问题依托情境，符合学生认知水平，任务是真实可信而有意义的。

●在进行“中国大运河”主题探究学习时，小宁与小波分别提出了一个问题。请你运用相关材料及所学知识，任选一个问题进行解答。

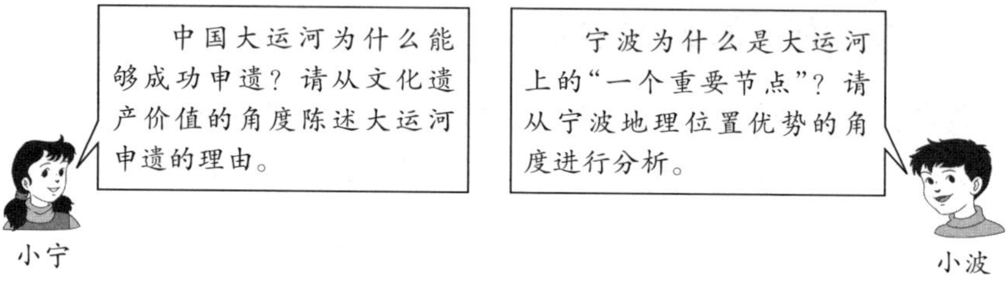

复杂任务的真实还基于注重“做中学”，引导学生参与学科探究活动，经历发现问题、解决问题、建构知识、运用知识的过程，体会学科思想方法。加强知识学习与学生经验、现实生活、社会实践之间的联系，注重真实情境的创设，增强学生认识真实世界、解决真实问题的能力[1]。创设真实而富有意义的学习情境，凸显社会科学习的实践性，这不仅是课程实施的要求，也是素养立意视角下复杂任务的应然追求。复杂任务的实践性决定了社会科命题不能停留在简单识记、反复操练的知识立意时代，而需要通过创设富有实践趋向的任务安排，真正建立社会科学习与社会生活、学生经验之间的联系。以下复杂任务就体现了鲜明的实践趋向。

●假设你是社区调解员，请从依法行使权利的角度，分别对赵大爷和王大伯进行劝解。

●请为展品（活字印刷铁板）写一段解说词。（要求：聚焦展览主题，围绕展品反映的科技发明展开）

●经考察发现，该地有“季节性缺水”“水土流失”等问题，请从B、C两处入手提出解决方案。（说明：B、C是试题情境中学生项目化学习中绘制的考察地等高线示意图中的两个地点）

如何将道德与法治知识运用到生活中，去做劝解矛盾双方的“和事佬”？化身为解说员，如何运用历史知识为一件展示文物做解说？如何运用地理知识，解决考察发现的地理问题？以上三项任务安排，充分贯彻了

[1]中华人民共和国教育部．义务教育课程方案（2022年版）[S]．北京师范大学出版社，2022:14

"做中学"的理念,试题任务指向由让学生"做题"向让学生"做事"转变,充分考查了学生在实践性问题解决过程中表现出来的素养水平,彰显了复杂任务的实践趋向。

2. 富有挑战,激发探究欲望

无思维,不命题。试题命制既要注重考查基础知识、基本技能,还要注重考查思维过程、创新意识以及分析问题、解决问题的能力[1]。对被试者来讲,复杂任务往往具有挑战性,蕴含较高的思维含量,需要学生"跳一跳摘到桃子"。正是在"跳"的过程中,学生解决问题的能力才能更充分展现出来,学科核心素养水平才能更好地被检测。具有挑战性的复杂任务从学业质量标准出发,有利于学业质量水平的测量。任务难度不是越高越好,而是应遵循学生"入手容易、完成不易"的设计原则。复杂任务既要让大多数学生能有成功的体验,又要留有让学生进一步探究的空间。

带有挑战性的任务往往还具有一定的探究性,能激发学生完成任务的探究欲望,提升创新意识。复杂任务的挑战性具有很强的现实意义。例如,下面这一任务设计就具有很强的挑战性。

●某校开展"不负时代、不负韶华"的辩论赛,双方辩题如下:

正方观点:青年成长的关键是把握时代的脉搏。

反方观点:青年成长的关键是修炼自己的能力和品质。

请选择其中一方观点撰写一份辩论词。(要求:联系三名青年日记的内容,事理结合,逻辑清晰)

●历史资料有不同的类型。小红可以选择右侧哪些资料释疑?请说明理由。(本小题采用分层评分,要求分析全面,逻辑严密,条理清晰)(注:试题情境给出了四则资料,让学生选择资料探究关于"糖"的奇特语言现象)

对学生来说,撰写辩论词是一项全新的任务,在平时的学校生活中,虽然可能也会有辩论赛、演讲比赛等活动,但参与的学生是极少数的。在紧张的考试中,通过创设辩论赛情境,让学生选择一方观点撰写辩论词具有很强的挑战性。让学生选择试题给出的若干情境,来分析研究关于"糖"的语言现象,情境的选择和对现象的释疑两方面都彰显了强烈的探究味。类

[1]中华人民共和国教育部.关于加强初中学业水平考试命题工作的意见[A].教基[2019]15号

似这样的任务设计，就突显了复杂任务的挑战性与探究性。

3. 结构不良，彰显开放发散

封闭单一的任务容易禁锢学生的思维，难以考查学生思维的广度。复杂任务往往具有一定的开放性。这种开放性一般表现为学生答题指向的选择性与多维度、知识运用的开放性与多元性、解决问题方案和路径的多样性和创造性，当然还包括答案的多元不唯一等。因此，复杂任务从自身结构上讲，往往表现为不良结构，即任务的要素是不完全的，可以更好地考查学生的发散性思维。

●运用所学知识，对“劳动成为中小学独立课程”做出点评。

●是什么力量改变了中国的前途和命运？请亮出你的观点并运用材料二的相关史实加以论证。

●温州的“幸福密码”还有很多，请运用所学知识另选一个角度举例说明。

以上都属于不良结构任务，答题指向不封闭，任务回答的知识要素不限制，赋予学生更加自由开阔的思维驰骋空间和自由表达空间，而非固定化、套路化或模式化的思维方式，彰显了复杂任务的开放和发散。

4. 多元融合，考查综合思维

复杂任务往往具有鲜明的综合性特征。学生在解决复杂任务时，需要调动和运用的学科知识一般不指向单一的某个点，而是需要综合运用某一学科不同主题模块的相关知识，有时同一任务甚至需要运用跨学科知识。不仅知识运用需要多元融合，任务完成过程也需要运用多种学科能力，指向综合性思维。

复杂任务的综合性关注学生综合运用学科知识或跨学科知识分析问题、解决问题的能力，任务设计重在考查学生的综合思维。下面分别选择体现学科内综合和跨学科综合的复杂任务加以说明。

●运用所学知识，劝说图×中的人物，帮助他们化解这种“较劲”。（本小题采用分层评分，要求表述全面，逻辑清晰，合情合理）

●未来，AI会和人类抢“饭碗”吗？结合相关史实，从创新的角度发表你的观点。

上述第一项任务，依托漫画《较劲》，还原了学生家庭生活的真实情境，生动呈现了家庭中因为孩子学业问题而发生的亲子矛盾。试题任务要求学生去劝解产生矛盾的父子双方。该题考查学生运用所学知识解决现实问题的能力，学生完成“劝解”任务的过程中，需要运用控制不良情绪、学习重要性、尊重他人、沟通理解、履行受教育义务等诸多不同主题模块的知识。这是一项典型的复杂任务，体现了学科内的综合考查。

第二项任务围绕“AI会和人类抢‘饭碗’吗”这一时代之问，要求学生结合相关史实，从创新的角度发表观点。完成这一任务，学生需要将情境中涉及的历史知识与道德与法治学科有关“创新”的知识综合运用，历史、道德与法治两门学科的知识运用，在本题中深度融合在一起。这一复杂任务是一个典型的、颇具深度的跨学科综合性任务。

5. 不落窠臼，体现作品意识

不落俗套，鼓励创新是复杂任务设计的重要追求之一。复杂任务的这种创造性一般是指任务设计与测评重在指向学生的创新思维和创造能力。国际经济合作组织将创造性思维分解为三方面的能力，分别是“产生不同的想法”“产生创造性想法”“评价与改进想法”。这一对创造性思维能力的解构，为复杂任务设计提供了借鉴路径。

创造性任务设计的关键在于任务的创新设计。命题人在设计任务时要跳出习惯性思维和常规性考查的窠臼，设计别出心裁和出人意料的任务，让任务在呈现形式、作答方式上有所突破，让人有耳目一新之感。同时，创造性任务还应关注任务评价指向的成果色彩和作品意识。比如，通过让学生完成设计规划、撰写宣讲提纲、设计宣传广告语等这些具有作品意识的任务，就能够将学生的知识掌握、能力运用和素养表现融合在一起考查。以下这个复杂任务就具有很强的创造性。

●综合运用三项任务的图文资料，自拟主题，为长城旅游宣传册写一段卷首语。（提示：本题采用分层赋分，要求紧扣主题，逻辑严密，史论结合）

“为长城旅游宣传册写一段卷首语”这一复杂任务对学生而言是一项创造性任务，是在一个新的情境生成中的一项陌生的、创新性的任务，学生完成的卷首语作品即是其创造的成果，这充分体现出复杂任务设计的创造性特征。

三、任务复杂的价值意义

高品质的试题任务不仅能让学生经历完整的学习过程，体现对学科能力的追求，更是核心素养的承载方式。社会科试题中的复杂任务，无论在素养立意的实现上还是在学科能力的考查上，均优于简单任务，能更好展现和考查学生在完成相应任务过程中所表现出的解决问题的正确价值观、必备品格和关键能力，能充分发挥评价对教学的引领和导向作用。

1. 有效达成素养立意旨归

复杂任务摈弃了知识立意试题把学生掌握知识的多少作为考查主要目标的局限性，任务设计从核心素养出发，最终靶的又锚定在核心素养，从任务设计到对任务结果的评价，始终以考查学科核心素养为目标。因此，核心素养是复杂任务设计的起点和目标，任务复杂更有利于融课程内容与试题情境为一体，让试题任务真正成为展示核心素养的舞台，从而实现指向核心素养的测评目标。

【例 4-2】(2020·北京)2020 年 5 月 1 日，新版《北京市生活垃圾管理条例》正式实施。某社区开展了垃圾分类宣传活动，展板上有以下内容。

一个塑料瓶的命运

<table>
<tr><td rowspan="2">一个塑料瓶可能会有“废”或“宝”两种截然不同的命运</td><td>命运一　不分类
塑料瓶直接焚烧会造成大气污染。塑料瓶埋进土壤、扔入河湖后，大约需要四五百年才能完成降解。埋入地下的塑料瓶，会对土壤和地下水造成污染。流入海洋的塑料瓶，难免会被一些海洋生物误食，最终又通过食物链循环进入人体，让人类自食恶果</td></tr>
<tr><td>命运二　分类

投瓶　运输　分拣　造粒　再生</td></tr>
</table>

垃圾是“废”还是“宝”，结合材料，运用所学知识谈谈你的看法。(6分)

评分标准：能辩证分析垃圾是“废”还是“宝”的原因，坚持人与自然和谐共生的理念，建设生态文明。

答案示例：垃圾是“废”还是“宝”取决于人们是否具有环境保护、节约资源的意识，能否作出正确选择。如果人们提高环保意识，遵守垃圾分类规定，养成良好的垃圾分类习惯，做好垃圾回收和处理，就能使垃圾变“废”为“宝”。反之，不做好垃圾分类工作，就可能造成污染，最终威胁人类生存。

该题以《北京市生活垃圾管理条例》实施为背景，通过创设“一个塑料瓶的命运”的情境，设计了“垃圾是‘废’，还是‘宝’”的试题任务，该任务具有很强的探究性和开放性，并且有实践导向功能。作为一项复杂任务，自然而然地引发了学生对垃圾处理问题的辩证思考，让学生在价值分析和判断中培养解决实际问题的能力，认同人与自然和谐共生的生态文明理念，进而能够从自身做起，积极参与垃圾分类，为生态文明建设作贡献。这样的任务简约而不简单，有效考查了学生的责任意识、道德修养、法治观念等核心素养，既较好达成试题的测试功能，又兼具正确的价值引领，体现了复杂任务在实现试题素养立意上的优势。

2. 全面考查学科关键能力

如果说，核心素养是复杂任务设计的最终归宿，那么任务复杂的意义还在于，能全面考查学生在完成任务过程中所展现出来的学科关键能力。这种能力是学生置身任务情境下，分析问题、解决问题思维过程的内在表现。具有表现性特征的复杂任务，能够更好地诱导出学生的关键行为表现，学生运用学科核心知识和关键能力分析、解决问题的过程，就是基于任务复杂而得以顺利实现的。

下面以一道中考选择题为例加以说明。

【例 4-3】(2023·温州)《史记·夏本纪》记载了明确的夏代世系，民间流传着大禹治水的传说。但因史料匮乏，夏的存在曾倍受质疑。随着二里头遗址的考古发现与研究，夏朝得以确认。在最新发现的二里头都邑多网格式布局(见右图)中，宫城位居中心，四周有贵族居住的夯土建筑和贵族墓葬。据此回答第 14—15 题。

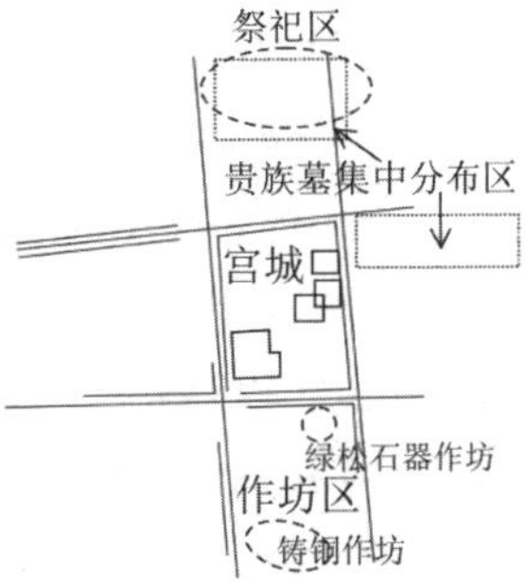

二里头都邑布局示意图

14. 二里头遗址的考古发现，让夏朝由传说成为信史。这说明 (　　)

①传说故事毫无史学研究价值

②考古发现是重要的史料来源

③实物资料可以证实文献记载

④文献资料所载历史完全可信

A. ①②　　B. ①④　　C. ②③　　D. ③④

15. 二里头都邑多网格式布局的发现，可以证明夏朝 (　　)

A. 等级有序，阶级分化　　B. 王室衰微，诸侯争霸

C. 轻徭薄赋，休养生息　　D. 繁荣开放，盛世气象

本组试题以考古发现对历史确认的价值和意义为主题，通过二里头遗址考古发现与研究的事实，考查学生史料实证、唯物史观、时空观念、历史

解释等学科核心素养，体现了鲜明的素养导向考查立意和学科实践教学导向，旨在引导学生学习历史要善于从历史遗存和实物资料中去分析、解释历史现象，还原历史真实，培养客观、实事求是的态度。

两道试题在任务设计上具有一定的复杂性。第14题基于“考古发现让夏朝由传说成为信史”，考查学生对传说故事、实物资料、文献资料等历史资料史学价值的认识，以及考古发现对历史的重要意义的理解。学生需要充分理解试题情境中出现的诸多信息，结合所学知识，方能作出正确选择。第15题则要求学生阅读二里头都邑多网格式布局示意图，考查学生对夏朝社会的特征的认识，只有读懂示意图，调动运用学科知识，才能作出合理选择。可见，这两道试题虽然是选择题，但因其任务设计具有一定复杂性，较好达成了对历史学科关键能力的考查目标。

3. 更好地实现教、学、评的一致性

考试命题要引导教师积极探索基于情境、问题导向、深度思维、高度参与的教育教学模式，引导学生自主、合作、探究学习，充分发挥考试对推动教育教学改革、提高学生综合素质、促进学生全面健康成长的重要导向作用[1]。试题不仅是检测学业水平的工具，其本身也是一种无声的教学。一道优秀试题中的复杂任务往往更能体现课程改革的理念和方向，从而发挥以评导教、以评促学的功能。以表现性评价为导向的复杂任务基于真实情境，将核心知识、关键能力和核心素养的考查融于一体，可以引导教师有效诊断学生学习存在的问题，用于指导和改进课堂教学，让教师在课程资源选择、教学方法应用、学习方法指导上更加有的放矢，让教师的教、学生的学、学科的评，同向发力，互为作用，真正实现教、学、评的一致性。

下面以《义务教育地理课程标准（2022年版）》中的样题为例，来剖析任务复杂在引领教学评一致性上的意义。

【例4-4】阅读图文资料，回答下列问题。

很多地段的铁路采用如下图所示的“灯泡”形迂回线路，当火车头拖着长长的“尾巴”行驶在崇山峻岭中时，火车运行俨然成为一道风景。随着铁路工程技术的发展，有些“灯泡”形线路被“裁弯取直”，逐渐被隧道和桥梁取代。

[1]中华人民共和国教育部．关于加强初中学业水平考试命题工作的意见[A]．教基[2019]15号

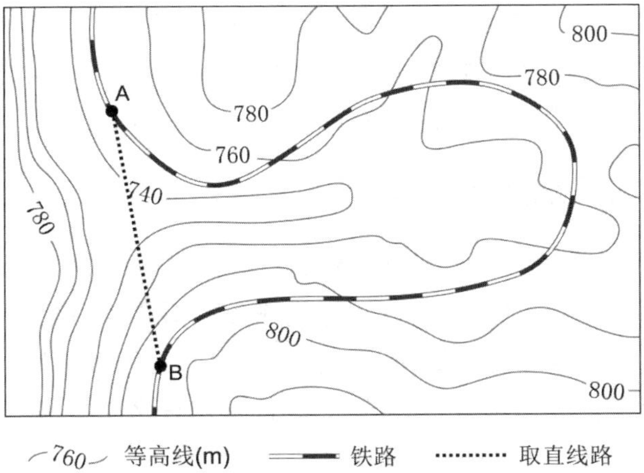

某地等高线地形图与铁路线路布局

（1）图中采用“灯泡”形线路的主要原因是什么？

（2）若规划建设的高速铁路经过A和B，你选择采用取直线路还是“灯泡”形线路？说明理由。

（3）你认为“裁弯取直”后那些以前的老线路，还有再开发利用的价值吗？说说你的理由。

该题是《义务教育地理课程标准（2022年版）》中唯一的样题。试题以现实生活中“灯泡”形铁路线路被“裁弯取直”这一现象引入，辅之一张某地等高线地形图与铁路线布局图，架构起了既简洁、清晰又具有很强生活化的真实情境。该题三项试题任务分别是阐释“灯泡”形线路原因、选择并说明采用直线路还是“灯泡”形线路的理由、探究老线路利用价值，三项试题任务均属于复杂任务，问题设计巧妙、环环相扣、层层深入，具有很强的探究性和实践性，较好地考查了学生结合地图，运用学科知识分析和解决生活实际问题的能力。这样的试题任务完全摒弃了依靠机械识记就能拿到高分的可能性，体现了鲜明的素养立意，旨在检测学生的地理实践能力、人地协调观和综合思维等地理学科核心素养。

该题的任务设计对我们日常的地理学科教学有很强的引领和指导作用，任务复杂的试题要求课堂教学要及时向素养立意转型，教学不能简单指向机械的知识传授，而应借助真实的情境，通过灵活多样的学科任务，设计生动有趣的教学活动，引导学生主动学习、积极探究，进而走向教、学、评的一致性。

总之，社会科命题倡导任务复杂，可以更好地激发学生的想象力和创造力,彰显学生个性,促进学生学习方式的变革,有利于引导教学关注过程性学习,让学生经历尽可能完整的知识发现、形成、应用以及得出结论的过程,体现学以致用,提高学生的学习乐趣,让学生体验成功的喜悦。

四、试题任务的设计策略

对任务设计的一般要求是:围绕立意、根据情境设计问题或安排任务,这是成功设计任务的主要标志;问题或任务针对重点内容并涵盖其他内容,要体现对考试内容的概括,问题或任务针对性要强,避免呆板的提问形式,要涵盖重点内容所涉及的其他问题;问题或任务方式要新颖、巧妙、灵活;问题或任务语言要准确、简明、通俗。

1. 任务设计的基本策略

试题的任务设计一般也称作问题设计或任务安排。试题任务设计上连情境创设,下达评分标准拟定,无疑是试题命制过程中的关键一环。如同足球比赛中的临门一脚,任务设计质量直接关乎试题检测的效度和信度。因而,命题者对试题任务应精心磨砺、反复调试,力求达到最佳。

无论是主观性试题还是客观性试题,设置的问题、任务要与新情境高度融合,指向明确,符合学生的认知水平[1]。任务设计应遵循试题设问的一般规范,落实了基本的规范,才可能去谈求新、求变。任务设计应遵循以下基本策略。

(1)任务生成基于情境

无情境,不成题。任务应生长、依存于情境,是情境在认知领域的延伸。情境是任务得以生成的依托和载体,也是学生完成任务的介质,脱离了具体情境的任务,如同无源之水、无本之木,无法成为真正意义上的任务。所以,命题者在设计任务时,应该在立意的引领和指挥下,将学生置于情境之中,设计出能考查学生学科核心知识和关键能力的问题,进而检测学生的学科核心素养达成水平。任务必须与情境高度匹配、深度融合,只有这样,命题人所创设的情境才是有意义和价值的。一道好的试题,任务必须因情境而生,情境必定为任务而设。

【例 4-5】(2019·湖州)阅读材料,回答问题。(12分)

---

[1]中华人民共和国教育部.义务教育历史课程标准(2022年版)[S].北京师范大学出版社,2022:65

2019年，美国挑起的对华“贸易战”不断升级。5月，又宣布对中国华为实施芯片等核心技术“断供”。这一系列事件引发了网友的关切。

网友	观点
海阔天空	中国发展给世界提供了广阔的市场，美国政府的行为不仅与中国的发展理念相背，更是逆经济全球化潮流而动，必将搬起石头砸自己的脚！
风轻云淡	塞翁失马，焉知非福。美国的“断供”行为固然让人气愤，好在华为未雨绸缪，已经做好了应对的准备，这也给中国企业的发展提了个醒……
浪遏飞舟	美国的对华“贸易战”只是中华民族发展进程中的一道坎儿。面对艰难险阻，中国必将坚定信心、迎难而上，化危为机，斗出一片新天地！华为有为！中国加油！
……	……

(1) 网友“海阔天空”所指的中国的发展理念是什么?(2分)

(2) 从企业创新的角度续写网友“风轻云淡”的观点。(4分)(续写要求：紧扣前文，表述简洁)

(3) 结合网友“浪遏飞舟”的观点，从民族精神的角度分析中国敢于“斗出一片新天地”的力量源泉。(6分)

该题围绕“美国对华‘贸易战’”这一热点事件，设计了三名网友对话的情境，三个试题任务与情境高度融合，学生要完成作答，必须认真阅读情境材料，分析情境中呈现的网友观点，在充分理解的基础上方能运用相关学科知识作答。

好的任务必定是脱离情境而无法完成的，反而言之，脱离了情境也可以顺利完成的任务一定不是好任务。任务与情境的结合还应自然和谐，不能给人以生搬硬套的感觉。要能从情境中找到任务解决的支架和依托，切忌情境与任务无关或者脱节的“两张皮”现象。

【例4-6】阅读材料，回答问题。

不少人的头脑中有这样一种观念，即刑法、民法典是比较严厉的法律，违反这些法律要受到制裁。但宪法好像是很“宽容”的，违反宪法可以不被追究法律责任。其实，宪法是最不可违反的。

(1) 刑法、民法典与宪法是什么关系?

(2) 结合所学知识，说明为什么宪法是最不可违反的。

上述试题的情境仅是任务生成的一个引子，对学生能否正确回答两个任务起不到任何实际作用。如果抛开这一情境，学生同样能够回答出相应的答案。这样的任务设计显然是有违素养立意的命题要求的。所以，在设计任务时，作为命题者，一定要反复考量一个问题："我设计的这一试题任务离开情境是否仍旧能回答"，如果离开情境也能回答，那就必须对情境或任务进行调整，直至建立起两者的不可分割性。

（2）任务指向明确清晰

试题任务在立意的统领下，连接着情境材料、学科知识和学科能力，是三者的交汇点。任务必须意思表达明确，无歧义。一个指向明确、清晰的试题任务一般需要具备三个要素，即材料要素、知识要素和能力要素[1]（如右图）。

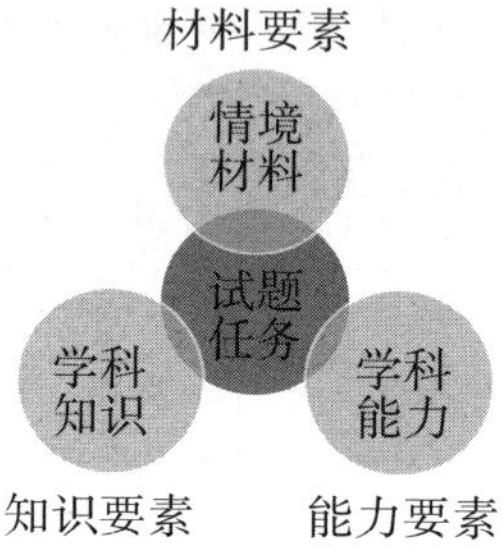

试题任务三要素示意图

首先是材料要素，即依据什么材料发问。一般要求任务对应的情境材料指向清晰。要明确学生在回答这一任务时联系情境材料上的具体要求。即完成任务时，需要关联哪一情境材料、材料关联的要求如何，是结合材料、依据材料还是联系材料、综合材料等。

其次是知识要素，即在什么知识范围内设问。一般要求任务所要考查的知识范围明确，防止学生运用知识时漫无边际。让学生清楚该任务需要运用哪一范围的知识来回答或者从哪一知识角度来作答。需要指出的是，某一任务对知识范围的限定可宽可窄，宽到不局限于某一课程模块、某一教材单元，如常见的"运用所学知识"分析某某问题；窄到指定某一具体知识或具体知识角度分析某一问题[2]。

再次是能力要素，即问什么。一般要求在任务的类型和答题要求上指向清晰。从认知操作行为看，要让学生能通过阅读并理解任务，从相关行为动词中识别任务的内容和层次如何，答题的能力要求是什么。比如某一任务要求回答的是"是什么""为什么"，还是"怎么做"。

以下是一道中考试题的三个任务设计，我们可以分别以任务三要素来对其进行剖析。

（1）从国家利益角度，指出"中国天团"的可敬之处。(2分)

（2）有人说，自主创新是中国载人航天实现跨越式发展的关键。结合

[1]牛学文，楼江红．社会科命题技术研究[M]．浙江教育出版社，2017:125

[2]王礼新．设问的价值分析与命制技术[J]．思想政治课教学，2022(12):63-67

“中国高度”评析这一观点。(4分)

(3) 联系“中国力量”,运用民族精神的相关知识,说说我们必定能一步步实现航天强国梦的原因。(6分)

任务(1)中“中国天团”是情境中出现的材料标题,属于材料要素;“国家利益角度”是知识要素,“指出”是能力要素,要求回答“是什么”。依此分析,任务(2)、任务(3)中的材料要素分别是“中国高度”“中国力量”,知识要素分别为“创新”有关知识和“民族精神”知识,而能力要素分别指向“评析”和回答“原因”。可见,这三项任务的指向都非常清晰,学生答题时,不会产生任何歧义。

试题的任务设计应在依托的材料、考查的知识、发问的形式上做到规范完整,而要素不全的任务可能会出现切口太大、要求不明、指向不清等问题。需要指出的是,追求任务要素的完整性仅是一种基本规范,并非刚性规定,有时根据试题立意的需要,试题任务的要素不必太全面,特别是开放性试题的任务表达往往无法,也无须做到面面俱到。

(3) 任务难易体现梯度

任务设计应该具有合适的思维水平层级,体现良好的思维梯度[1]。一道优秀试题(主观题)的若干个任务要体现层次性,即任务的难度要有一定的梯度,这种梯度应符合学生思维逐步深入的要求,同时体现试题的区分度,通常要遵循“先易后难”的原则。以一道三问的主观题为例,第(1)问一般应比较容易,让大多数学生都能回答,任务类型可以以“辨识与判断”为主。而第(2)、第(3)问难度应该有所提升,在认知水平上以“阐释与论证”或“探究与建构”为主,重在考查学生在新的情境中分析问题、解决问题的能力,进而测量学生核心素养发展水平,任务要求以回答“为什么”“怎么做”为主。

以下是一道中考试题设置的三个任务:

(1) 据图描述衢州市的相对位置。

(2) 根据材料一、材料二,分析衢州打造“四省边际中心城市”的合理性。

(3) 综合材料,阐述衢州应如何加快建设“四省边际中心城市”。

---

[1]中华人民共和国教育部.义务教育地理课程标准(2022年版)[S].北京师范大学出版社,2022:40

该题三个任务设计以“四省通衢”的衢州应如何把握历史机遇，加快现代化建设为落脚点，遵循了“是什么”“为什么”“怎么办”的思维逻辑，设置了由浅入深、螺旋上升的三个问题。任务(1)描述衢州的相对位置，主要考查学生读图识图的地理素养，难度不大，但为学生深入理解衢州“四省边际城市”的战略定位起着关键作用。任务(2)探究“衢州建设四省边际中心城市”的原因，情境与设问依存度很高，从地理视角转化到道德与法治的视角，拓展了学生的思维，有利于培养学生分析问题、解决问题的能力。任务(3)综合所有情境，从“怎么办”的角度，引导学生思考如何将“衢州建设四省边际中心城市”落到实处。最后一问有较强的开放性，给学生留下了广阔的思维空间。三个设问的难度拾级而上，逐步递进，这样的任务设计符合学生认知水平层次逐步提升的要求。

如果任务设计缺乏层次性，同一试题下的若干任务类型同质、难度平行，或者先难后易，这不仅会大大影响试题品质，也无助于学生学科关键能力的正常发挥，更不利于全面检测学生核心素养发展水平。如某道试题的以下两个任务设计就是如此。

(1) 材料一中李某的行为属于什么性质？该行为违反了我国哪一部法律？

(2) 材料二中蔡某的行为属于什么性质？该行为最本质的特征是什么？

这两个任务设计的难易度、任务类型等高度平行同质，考查的都是“是什么”，这样置于同一道试题下，显然不合适。

(4) 任务切入巧妙自然

任务的切入对命题者来讲，是一门艺术。问得既准又巧，是优秀试题任务的不懈追求。首先，一个巧妙的任务切入应紧密结合情境，顺着情境而来，循着情境而问。有时候，为更好地依“境”而问，在任务表达中可以引用情境材料中的某些关键词。其次，一个漂亮的任务还应问得自然、巧妙，不着痕迹，体现一种踏雪无痕的发问境界。下面以一道中考漫画选择题为例加以说明。

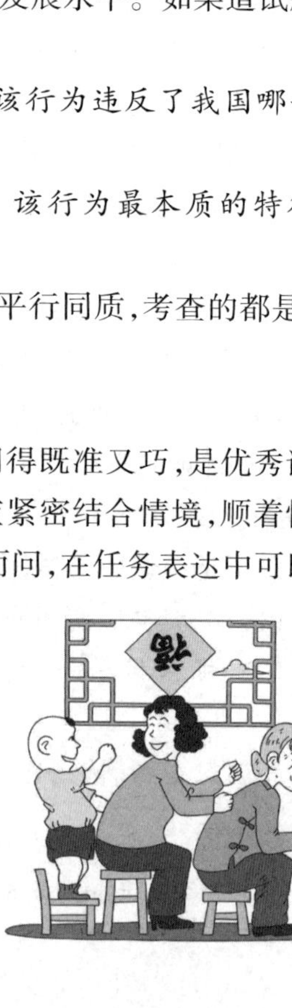

【例 4-7】(2021·湖州)漫画《接力棒》告诉我们要接力的是（　　）

①化解冲突的沟通手段

②知恩感恩的孝心行动

③孝亲敬长的传统美德

④亦师亦友的交往之道

A. ①③　　B. ①④　　C. ②③　　D. ②④

该题以一幅反映家庭亲情的漫画作为情境材料，主要考查考生运用所学道德与法治学科知识，分析解读漫画所蕴含寓意的能力。孝敬父母历来是中华民族的传统美德，也是公民应尽的法律义务。孝道要化为实际行动，长辈的言传身教至关重要。漫画寥寥数笔，却指向明确，寓意深刻，直叩考生心扉。试题最出彩的是任务切入“漫画《接力棒》告诉我们要接力的是”，设问紧扣漫画的标题《接力棒》中“接力”一词，问得言简意赅，别出心裁，浑然天成，妙不可言。

又如以下这些试题任务，都很好地彰显了优秀试题任务切入巧妙自然的追求。

●对于“如何看待民营经济”“如何发展民营经济”的时代之问，你从“浙江之答”中可以得到什么答案？

●长江经济带是一条黄金发展带。请结合资料卡片，谈谈我们该如何使这一黄金发展带舞得更精彩。

●运用史实说明在近代化进程中新知识分子是如何“唤醒国家及人民”的。

●根据材料，总结湖州市打造美丽乡村特色名片的主要经验。

●结合相关链接，从生命角度说明漫画中的整治行为绝非“多此一举”。

●运用所学知识，劝说图×中的人物，帮助他们化解这种“较劲”。

这些试题任务，问题切入都紧密连通情境，发问自然巧妙，读来清晰顺畅，不失为优秀试题中的亮点之问，值得细细品味与学习。

（5）任务用词精准灵动

任务用词是指任务设计时指向学生答题内涵的关键词，通常也被称为设问词。任务用词的选择不仅关系到任务表达与试题情境的匹配度，也关乎学生作答的方向性，甚至影响试题立意的实现。任务用词的选择运用，需要命题者从试题立意出发，反复推敲，仔细斟酌，止于达意。下面以一道禁毒题材的中考选择题为例进行说明。

【例 4-8】(2020·湖州)右边漫画________我们(　　)

①沾染毒品,伤及至亲

②依法自律,防微杜渐

③拒绝毒品,爱护身体

④遇到侵害,协商解决

A. ①②③　　B. ①②④

C. ①③④　　D. ②③④

该题题干设问空白处的任务用词从试题本身意思通达的角度来讲,可以有多种选择,比如“启示”“告诉”“提醒”等都可以,不影响学生答题。但试题的漫画情境中,一个硕大而触目惊心的“毒”字让我们读到的是:对母亲而言,孩子吸毒如同一把利刃刺向母亲的心脏,母亲的心因此在流血。基于这样的情境和提高试题本身教育价值的立意追求,试题的任务用词选择应该以“警示”为最佳。只有“警示”才能彰显出任务本身迸发的教育力度。所以,小小的一个任务用词,有时能一词定方位、一词蕴价值、一词生题力。

(6) 任务之间谋求联系

任务之间的联系是指同一情境材料下两个以上的任务在考查的知识内容、能力目标、核心素养等方面要体现一定的内在联系。任务之间要做到层层相扣,是一个有机整体,而非简单拼凑。当然,这里所说的联系绝非指不同任务间回答时可以互相提示,而是要求各个任务均能独立作答,不相互干扰,但各任务都要紧紧围绕情境材料,或者有外显的知识关联,或者有暗隐的线索串联。下面一道试题的三个任务设计就是如此。

(1) 李鸿章认为造成“数千年来未有之变局”的原因是什么?(2分)

(2) 基于上述认识,李鸿章等洋务派采取了哪些具体措施?(4分)

(3) 19世纪末20世纪初,中国不同阶层对产生“变局”的原因有了更深入的认识。请列举两项这一时期探索救国之路的实践加以说明。(4分)

以上任务(1)要求学生回答材料中“变局”的原因,任务(2)要求学生基于“变局”的原因来回答应对变局的措施,任务(3)要求学生回答对“变局”有更深认识后的探索救国之路的实践。三个任务既相互独立,又环环相扣,形成了一个完整的逻辑系统,而非简单拼凑。

又如下列试题的两个任务设计:

(1) 请绘制一幅体现“权利、义务、劳动、受教育”四者关系的示意图来

说明图8中的“爱憎分明”是无法实现的。(4分)(本小题采用分层评分,示意图须紧扣要求,准确直观,逻辑严密)

(2) 结合图9,运用权利与义务关系的知识,进一步分析漫画主人公这样的“爱憎分明”要不得。(6分)

任务(1)要求学生按要求绘制示意图说明只要权利,不要义务的“爱憎分明”是无法实现的。任务(2)则在任务(1)的基础上,要求学生运用相关知识进一步分析这样的“爱憎分明”要不得。两项任务均围绕对权利和义务的“爱憎分明”这一态度展开,考查学生对这一错误态度的认识。如果说任务(1)是以理求理,运用“权利、义务、劳动、受教育”四者关系的示意图来求证图中的“爱憎分明”从学理上是无法实现的;任务(2)则是以例证理,要求学生结合漫画中的主人公把造谣生事当作行使言论自由权利,最终被依法处罚的案例,来例证这样的“爱憎分明”是要不得的。两项任务考查学生的思维深度逐步递进,任务设计具有很强的整体性。

2. 复杂任务的设计策略

复杂任务的设计除了遵循任务设计的一般规范外,在任务的情境依存、答题指向、知识运用、思维考查、提示用语等方面又有更高的要求,这也是复杂任务与简单任务相比,在测量学生综合素养上体现无可比拟的优势的内在原因。下面围绕五个方面谈谈复杂任务设计的策略。

(1) 立意领航伸展高度

毫无疑问,复杂任务的设计必须紧紧围绕素养立意追求,命题者在设计任务时,要经常反问自己一个问题:“我的任务设计能体现素养立意吗?我这样来设问能检测出学生的核心素养吗? 这项任务检测了哪一核心素养?”只有在这样的不断自我反思验证和否定之否定中,才能让任务在立意的领航下拔节生长,不断伸展高度,提升品质,真正达成素养立意的命题旨归。

●中国空军的发展需要少年的接续奋斗。请你运用所学知识,为中国空军设计一则征兵宣传语。

●长城更是一条________线。综合资料卡片,运用所学知识完成填空并阐释理由。(要求:观点正确,史论结合,逻辑清晰)

●两地葡萄各具特色。有同学不由产生了如下疑惑,请任选其一,结合图文材料答疑解惑。

疑惑一:香甜的吐鲁番葡萄为什么能够被自然风干成美味的葡萄干?

疑惑二:两地的地理环境差异显著,金华能出产优质葡萄的自然条件有哪些?

以上任务设计体现了较强的探究性和开放性,靠学生机械识记是无法完成的,必须依托试题情境,经过复杂的思维加工,才能解决问题。这些任务之所以能较好体现素养立意的追求,必定是命题人在素养立意指引下,经过反复锤炼,在立意和任务的动态交互中得以实现的。

(2) 情境依存追求广度

毋庸置疑,复杂任务的设计必须与试题情境高度融合,以真实情境作为执行任务和运用学科知识的载体和媒介,学生必须通过情境,将学科内容与情境相融合,才能解决问题。同时,从任务要素看,在主观性试题中,复杂任务的材料要素往往具有鲜明的综合属性。命题时,可以同时综合一道主观性试题中的多个情境材料发问,用系统化思维融合情境。

●百年党史群英谱。上述五位勋章获得者都有一个响亮的名字——中国共产党党员,请选用他们的事迹,结合所学知识,阐释你对中国共产党人先进性的认识。

●结合材料一至材料五,运用所学知识论证中日两国发展友好关系的重要性。

●综合上述材料,从自然和人文两个方面分析三河村种植花椒的有利条件。

以上任务设计与情境材料紧密融合,通过任务将试题的多个情境统整贯通,或是自己选用材料,或是结合全部材料,或是综合材料,凸显对学生综合处理材料能力和系统思维的考查。情境依存追求广度体现了复杂任务的"复杂"设计。

(3) 答题指向寻求宽度

复杂任务的开放性特征要求命题者在设计任务时尽可能避免单一、封闭的发问,任务的作答指向要向宽处行,做到多元不唯一,以考查学生思维的开放性和灵活性。开放性任务是复杂任务答题指向寻求宽度的典型。

下表是浙江省2023年各地社会科学业水平考试中的开放性任务选摘,我们从完成任务的内容要求出发,对这些任务进行了归类。考虑到表达的简洁直观,表中的任务表达均对原题任务表达作了扼要呈现。

2023年浙江省各地中考社会科开放性试题任务选摘

任务概要	任务类型
●依据对外开放史实写一则历史短文	撰写短文类
●为长城旅游宣传册写一段卷首语	
●替他们撰写一篇评论文章	
●围绕……写一则新闻点评	
●为自己做一份人生规划	规划设计类
●为中国空军设计一则征兵宣传语	
●设计一个文化体验活动	
●仿照示例写一则宣传提纲	
●为短视频拟标题	拟标题说理类
●完成针对长城的取名填空并阐释理由	
●写出国之重器的誉称并予以解释	
●任选或自拟观点，选择事件加以论证	论述类
●评论20世纪中国的三次人口大迁徙	
●……帮助化解“冲突”	提出建议类
●就古桥保护向有关部门献计献策	
●续写“老渔船”的畅想	续写类

撰写短文、规划设计、拟标题说理、提出建议等要求不同的复杂任务，有一个鲜明的共性，即答题指向有宽度，不给学生过多思维限制，任务自由度高，给了学生更加广阔的思考空间，让他们可以“仁者见仁，智者见智”，而不是要得到“千人一面”“异口同声”的标准答案。学生需要多角度、多层次、全方位地分析和解决问题，变单向思维为多向思维，变定向思维为发散思维[1]。

(4) 知识运用拓展跨度

真实世界是个浑然的整体，真实生活中复杂问题的解决不会因为知识

[1]李萍. 中考道德与法治命题研究蓝皮书[M]. 世界图书出版公司，2020:63

的分科、分类，而“毕其功”于一科或一点。因此，为了回应真实生活的需求，复杂任务设计在答题知识的调动和运用上，往往不会局限于某个单一的知识，甚至要跨学科调用。基于此，在复杂任务设计的知识运用上，命题者要有学科内综合思维和跨学科思维，以拓展任务解决在知识运用上的跨度。

●我们国家的运载火箭被命名为“长征”，请简析其中的寓意。

●选择材料中相互关联的事件，结合所学知识，自拟一个你想论述的观点，加以阐述或说明。

●若规划建设的高速铁路经过A和B，你选择采用取直线路还是“灯泡”形线路？说明理由。

以上三个任务均选自2022年版义务教育道德与法治、历史、地理课程标准中的样题。任务设计上均没有直接限定学生答题所要运用的学科知识范围，学生运用单一的某个知识是无法解决问题的，上述任务在知识调用上体现了很大的跨度。其中第(1)问道德与法治样题，还可以跨学科调用长征的历史知识，并融合道德与法治知识来解决。

（5）能力考查体现深度

设计复杂任务的最终目的是在素养立意统领下，检测学生面对真实情境下的复杂问题的解决能力。在认知操作行为上，一般指向考查高阶思维的社会科关键能力，在考查能力层次上一般为理解或应用。因此，命题者在设计复杂任务时，指向能力要素的任务用词要与任务的复杂性相匹配，如分析、阐释、论证、探究、批判、评价、创造等，一般不使用指出、判断、概括、体现、反映等在简单任务中常用的行为动词。

●两组镜头反映的主题与和谐社区建设有何关系？请用图示回答这一问题，并阐述设计意图。

●综合上述材料及所学知识，请从民族文化互鉴交融角度提炼一个观点，并运用史实加以论证。（温馨提示：本小题分层给分，要求观点鲜明，史论结合，逻辑严密）

●综合上述材料，请你为新疆能源绿色转型提出具体措施。

上述三个任务在能力考查上都颇具深度，而且答题形式上体现多样化，如绘制图示、提炼观点论证、提出具体措施等，指向的都是高阶思维的考查，是无法靠机械识记解决问题的。

（6）提示用语饱含温度

复杂任务具有较强的开放性，但需要指出的是，加大任务的开放性，并非开放度越大越好，开放度过大，可能会出现问题要求不明、指向不清，学生对任务不知所云、无所适从，最终造成答案与命题人的预设相去甚远，不仅增加了试题难度，也不利于阅卷的公平公正，导致试题失去考查意义。

为此，在设计复杂任务时，根据实际情况，可以对任务辅之以答题提示用语，用以提醒学生答题指向、要求，答案文字量、赋分规则、禁止性要求等。提示用语必须表述精要，要求明确，指向清晰。

●畅想未来，从这出发。汲取三张卡片的精髓，为自己做一份人生规划。(温馨提示：规划有目标、有途径，切实可行并体现正确的价值观，不超过100字)

●选择展板一或展板二中的一则史实，对展板三中的观点加以分析。(本小题采用分层评分，须紧扣观点，分析全面，逻辑严密)

●吃水不忘掘井人。小小的一滴水，凝聚了多少深情厚谊！以“饮水思源”为主题，写一封感谢信。(要求：结合材料，运用相关知识，逻辑清晰，不少于100字，不得出现学校名和姓名)

以上复杂任务提示语的使用，有效规避了复杂任务开放性过大可能带来的问题，防止学生因为任务开放而答题跑偏，既体现了对学生学习情况的准确把握，也体现了对学生的人文关怀。

第五章　表现标准及其拟定

一、表现标准及其分类

1. 表现及其分类

所谓“表现”，指的是将认知、情感和心智技能等内在的素养，以一定的方式（体态、动作、图画、语言、符号等）表达出来，为他人所观测。“表现”可以是学生学习（知识、能力和态度等）的过程，也可以是学习呈现出来的结果[1]。

按照不同维度，表现可以有不同的分类方法。如，按照历程，可以分为过程表现和结果表现；按照呈现的结果是否多样化，可以分为单一表现和多元表现；按照呈现的形式，又可以分为行为表现（如口头表达与角色扮演、试验与调查、展示等）和产品作品表现（如论述题、应用题、问题解决题等）以及口头表现、书面表现、展示表现；等等。纸笔测试中呈现出的主要是书面作品表现。

2. 表现标准及其分类

“表现标准”（performance standard或performance criteria）是伴随着“表现评价”的兴起而日益受到重视的，近20年来在评价理论与实践中出现频率也日益增加。一般来说，“表现标准”是对课程目标的具体阐释，它描述的是某些学段的具体学习目标，是基于学科内容在内容标准的范围内对学习者认知能力的水平界定。“表现标准”是描述学生掌握内容标准的程度与证据的规范化学习结果。

“表现标准”包括理论标准和实践标准，前者是学生应该达到的规定水平（应知与所能），如学业要求、学业质量；后者是学生实际表现出来的水平（分界分数），如参考答案与评分规则，也就是通常所说的评分标准。

[1]林荣凑．中小学语文表现性评价[M]．浙江工商大学出版社，2023：18

（1）理论标准

理论标准是指学生通过学习对本学科在基础知识、能力要求及素养要求上所达到的要求，如学业质量标准和学业要求。比如，道德与法治课程学业质量标准呈现的是学生学习成效的典型特征，以反映课程目标的达成度，旨在引导教师转变育人方式，树立科学的学业质量观。学业质量标准是指导评价与考试命题的基本依据，也用于指导教材编写、教学与课程资源建设。

2022年版义务教育历史课程标准课程内容的七个主题中，除了跨学科主题学习外，其余六个主题均有相应的学业要求，如主题四世界古代史学业要求2.4“能够了解古代文明之间的交流、互动；初步理解、尊重各个文明之间的差异”，指向唯物史观、时空观念等素养。在学业质量中可分为三大点，即掌握历史发展过程中的重要史事，了解历史发展过程中的各种联系，认识历史发展的基本规律和大趋势。

2022年版义务教育地理课程标准课程内容中四个主题——认识全球、认识区域、地理工具与地理实践、跨学科主题学习中，前三个均有学业要求。如认识区域中的主题四“认识世界”中的学业要求规定：学习本主题后，学生能够运用地图及其地理工具，从地理位置、地理事物和现象的空间分布、人与自然的关系，以及区域差异和区域联系等角度，描述并简要分析某大洲、地区和国家的主要地理特征；能够结合世界政治、经济、社会、文化事物和现象，运用认识区域的方法、简要分析这些事物和现象发生的区域地理背景，形成从地理视角看待、探究现实世界的意识和能力，初步具备全球视野和社会责任感。对认识全球、认识区域提出了具体学业质量要求。

（2）实践标准

实践标准是指学生实际表现出来的水平（分界分数），也是评分标准，包括参考答案与评分规则。2022年版义务教育历史课程标准在考试评价“题目命制”中对评分标准是这样要求的：要确定试题的评分标准，先要预估学生的作答情况，对可能出现的各种合理答案进行分类和相应水平划分；对评分标准要点进行细化，提供不同等级得分的参考答案或参考示例。鼓励制定分层次的评分标准，尽量减少“点对点”式的硬性机械赋分方式，适当增加探究性与创新性题目的分值，有效衡量学生核心素养水平。建议使用百分赋分制，以便于细化对学生核心素养的考查；注意赋分分数值与学业质量标准的对应关系[1]。

2022年版义务教育地理课程标准在考试评价“题目命制”中对于评分标准作出了这样的规定：评分标准的拟定要遵循学业质量标准，符合育人理念。评分要点准确，分值权重合理，等级描述清晰，便于阅卷操作。要特别注意：根据答案的开放度、探究性等因素，合理拟定评分标准；根据试题难度和思维含量，通过等级描述、要素分析等方法，对学生核心素养的达成情况进行科学的评定[2]。

2022年版义务教育道德与法治课程标准在考试评价“题目命制”中对于评分标准作出了这样的规定：评分标准要清晰，便于阅卷操作；能根据答案的开放度、探究性等因素，合理拟订评分标准；评分标准在基本立场、观点上要坚持统一尺度，鼓励学生运用不同素材，提出不同的问题解决方案；能根据试题难度和思维含量，通过等级描述等方法，评价学生的思想政治素养、道德品质和价值取向[3]。

【例5-1】(2023·温州)人工智能：机遇与挑战。

> 作为一款人工智能(即AI)机器人，ChatGPT上知天文、下知地理，能写文章，甚至能通情达理地给出情感建议。有网友调侃说：“只有你想不到，没有ChatGPT办不成的。”在享受AI技术带来便利的同时，人们不免担忧：未来，AI会和人类抢“饭碗”吗？

> 知识链接：在经济全球化时代，科学技术突飞猛进，社会分工逐渐细化，引起传统职业的变革和新兴职业的兴起。

未来，AI会和人类抢“饭碗”吗？结合相关史实，从创新的角度发表你的观点。(6分)(要求：观点明确，论证严密，表述简洁)

评分标准：

[1]中华人民共和国教育部．义务教育历史课程标准(2022年版)[S]．北京师范大学出版社，2022:65

[2]中华人民共和国教育部．义务教育地理课程标准(2022年版)[S]．北京师范大学出版社，2022:41

[3]中华人民共和国教育部．义务教育道德与法治课程标准(2022年版)[S]．北京师范大学出版社，2022:54

评分要素			水平等级（赋分）
观点表达	观点论述	史实运用	
全面	通过创新知识延展多个论述角度，逻辑完整	多角度结合具体史实，有效佐证观点	水平三（各2分）
明确	通过创新知识延展一个论述角度，逻辑顺畅	结合单一史实，有效佐证观点	水平二（各1分）
没有	没有结合创新知识延展观点	没有结合史实	水平一（0分）
备注：形成有思想深度的理解，可另加1分，但总分不超过6分。			

答案示例：人工智能对人类的影响取决于我们迎接未来的方式。人工智能的确会对就业造成一定冲击。创新改变人们的生活方式，回顾科技史，第二次工业革命发明汽车后，人们的出行方式逐渐改变，传统马车行业遭受冲击。但人工智能也可以创造更多的产值与工作机会。创新会推动生产力的发展，内燃机的发明就带动了新兴行业的发展。所以，人工智能技术只是人类智慧创造的一种新型工具，只要我们志存高远，脚踏实地，就能在不断变化的时代浪潮中破浪前行。

这是一道以“创新”的方式考查“创新”的试题，也是跨学科测试题颇为成功的一次探索与尝试。从理论标准来看，本题紧依新课标，开启依据学业质量标准命题之先河。命题者参照学业质量标准中“能够结合社会发展和个人实际制定个人生涯发展规划，具有实现中华民族伟大复兴的使命感和责任感”这一要求，以及跨学科主题学习导向设计试题，帮助学生从“正确认识时代发展”走向规划“自我人生的时代叙事”，落实“及时跟进社会发展进程”的相关要求，培育“唯物史观”“政治认同”“责任意识”等核心素养。该题符合道德与法治课标学业要求中“能以积极态度对待自己面对的各种挑战，主动承担自己力所能及的责任，具备服务社会、奉献社会的意识和能力，也体现了历史课标学业要求2.3“能够认识劳动人民的生产实践对推动科学技术发展的重要作用，理解人民群众是历史的创造者”。

从实践标准来看，该题共6分，由参考答案与评分规则两部分提供标准。从参考答案制定来看，本题看似完全开放，但也离不开历史、道德与法治两门学科的相关知识，如：道德与法治学科中的“创新改变生活方式”“创新推动生产力的发展”“自身要面对的挑战”等。相关史实涉及第二次工业革命等。从评分规则来看，本题采用分层赋分法，将等级描述分为观点表达、史实运用、论述三个维度，每个维度分为三个水平等级。维度清晰可见，等级划分符合学情，为衡量学生核心素养达成度、思维发展水平提供了合理的评价量规，有利于客观评价和体现不同学生的素养发展水平。

二、多元表现的典型特征

表现按照学生呈现的结果是否多样化，可以分为单一表现和多元表现。表现标准包括理论标准和实践标准，本章分析的多元表现标准主要针对实践标准，也就是教师根据命题的目标与立意，预测学生的多元表现拟定参考答案与评分规则。传统纸笔测验通常只有一个正确答案，学生以单一表现为主，评分者可以根据它来迅速而“客观”地判断学生的回答是对还是错。而多元表现主要是指结论开放，包括“学生答案”的多样性、不唯一和“评分规则”的开放、多层次，体现综合性。因此，多元表现一般具有参考答案开放发散、评分规则等级描述等典型特征。

1. 参考答案开放发散

多元表现指的是学生解决问题的方案多样化、多途径，往往考查多重目标，任务复杂，所以设问往往也具有开放性，故答案设置提倡客观标准而非“答案唯一”，形式上除了评分规则外，还要设置“答案要点”“答案示例”“答案参考”等。因此，这种设置方式一般是对应考查内容相对灵活、学生可自主选择、发挥空间较大的设问。这类设问难以给出标准答案，只能提供评判、赋分的标尺与参考，或者是给出赋分标准，有一定开放性。比如：撰写短文、规划设计、拟标题说理、提出建议、续写等这些要求不同的复杂任务，学生答题宽泛度较广，需要多角度、多层次、全方位地分析和解决问题，变单向思维为多向思维，变定向思维为发散思维[1]。这就要求命题者在设置参考答案时也要开放发散，给出某些答案示例而不是标准答案。

【例5-2】(2021·温州)2021年4月29日，《中华人民共和国反食品浪费法》正式实施。某校开展以“学新法·反浪费”为主题的社会调查，请你参与。(14分)

【认识·实践】

据统计，中国城市每年餐饮食物浪费总量约为340亿—360亿斤(不含

[1]李萍. 中考道德与法治命题研究蓝皮书[M]. 世界图书出版公司，2020:63

居民家庭食物浪费)。中国社会科学院研究报告称,若据此测算,到2025年,中国可能出现2600亿斤左右粮食缺口。

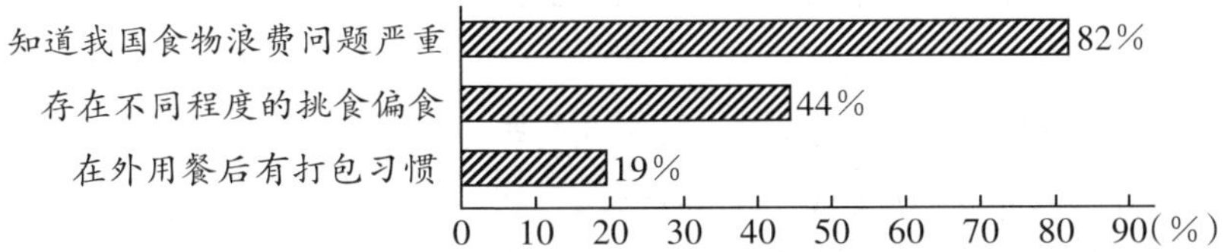

青少年餐饮浪费知识及行为习惯调查统计

(3) 请根据统计数据,完成调查报告提纲的主要内容。(5分)(要求:①针对现象,概括问题;②从规则、法治、道德等角度中任选一个,提出建议;③运用所学知识,说明理由)

参考答案:(3)本题为开放题。问题要具体、准确;建议要有针对性、可操作性;理由要合理、科学。示例:[问题]我国餐饮浪费严重,危及粮食安全,但青少年关于食品浪费的认知与行为之间仍存在偏差。[建议]学校将"光盘"要求纳入学生日常行为考核。[理由]规则是每个人的行动准绳。学校制定规则,引导学生遵守规则,规范饮食行为。(5分)

该题开放性极强,要求从"规则、法治、道德"中任选一个角度,参考答案给出的示例是从"规则"的角度出发的,学生还可从法治、道德角度作答。示例显示的也不是标准答案而是参考答案,从"规则"的角度学生也可以有其他不同的表达方式,体现了多元表现的开放发散。

2. 评分规则等级描述

试题的探究性强调学生在解决问题的过程中展现出思维的拓展性和发散性。针对试题探究性的个性化成果指向,命题者需要在评分规则设置的过程中坚持多元性、层级性。不同的行为动词,如说出、说明、分析、简述、对比、点评等,对设问内容的回答要求是不一样的,命题者设置参考答案时应注意这一点。

【例 5-3】(2023·丽水)某校以"新丽水新发展"为主题,开展新闻述评活动,请你来参与。(10分)

(3) 结合新闻三,围绕"《人民日报》为黄泥墩村点赞"写一则新闻点评。(4分)(要求:

新闻三

人民日报

2023年5月8日

基层自治 群众参与

"村级事物阳光票决制"是丽水市创新实践的全新基层治村模式。九年来,黄泥墩村共投票表决村级公共交通设施、公共体育设施等重大事务106项,各项事务票决赞成率达98%,知晓率达100%,满意率达100%。"黄泥墩经验"使农村基层管理更加民主化、法治化、规范化。

观点正确,逻辑严密。提示:可从公平、民主、人权等角度加以阐述)

(3) 评分标准:

等级	主要特征	得分
水平一	仅从一个角度作简单点评,但未结合材料	1—2分
水平二	从一个角度展开点评,逻辑比较严密,表达比较充分。或从两个角度作简单点评,但思路不够清晰,表达不够充分	2—3分
水平三	从两个或两个以上角度展开点评,且条理清晰,逻辑严密 (如在点评中形成有思想深度的理解,可另加1分,但总分不超过4分)	4分

参考答案示例:人民幸福生活是最大的人权,尊重和保障人权是我国宪法的基本原则。黄泥墩村的做法符合尊重和保障人权的理念,保证村民依法享有广泛权利和自由。

基层群众自治制度是我国的一项基本政治制度。黄泥墩村的做法有利于人民群众直接行使民主权利,管理基层公共事务和公共事业,促进社会文明和谐。

公平是个人生存和发展的重要保障,是社会稳定和进步的重要基础。"村级事务阳光票决制"有利于协调社会各方面的利益关系,缓和社会矛盾。

有事好商量,众人的事情由众人商量,是人民民主的真谛。协商民主是我国社会主义民主政治的特有形式和独特优势。黄泥墩村集体投票表决重大事务,真正体现了人民当家作主。

总之,黄泥墩村成功探索了一条基层民主治理新路径,对推进乡村振兴具有积极作用。值得点赞。

从评分规则看,问题(3)采用等级主要特征描述、分层赋分方式,体现了探究性设问的要求。本问的分层赋分评价规则设置,依据SOLO评价办法,根据题目要求从公平角度、民主角度、人权角度综合考量了表达的充分性、逻辑的严密性和条理的清晰性,设计了三个层级的评分标准,划分梯度较为合理,标准描述具体可操作,体现了表现标准的评分规则的等级描述。

三、表现多元的价值意义

弗彻斯认为,表现性评价的一个主要驱动是重新连接大规模评价与课堂评价,从而积极地影响学习、促进教学的需要。试题中表现多元的价值意义在于它能有效检测学生学习效果，通过学生的作答清晰显示可视思维轨迹，从而有力推动教、学、评一致。

1. 有效检测学生学习效果

试题是有灵魂的，通过试题的多元表现可以检测那些居于课程核心的，需要持久理解的目标。试题的多元表现可以检测传统测验检测不了的复杂的学习结果。开发和实施表现性评价的过程，就是对课程标准的核心目标进行不断分解细化，进一步清晰界定，并通过复杂任务和评分规则落实目标的过程。表现性评价的目标就是课标中的核心素养目标，从学生的作品中可以检测其学习效果。

【例 5-4】(2023·内蒙古赤峰)

某中学地理实验探究课堂以“河流开发与治理”为主题开展学习活动。图一为水能影响因素实验示意图，图二为湖泊对河流径流的调蓄作用示意图，图三为中国局部略图。读图文资料，完成研究报告①—⑩。

	河流开发与治理研究报告	
实验探究	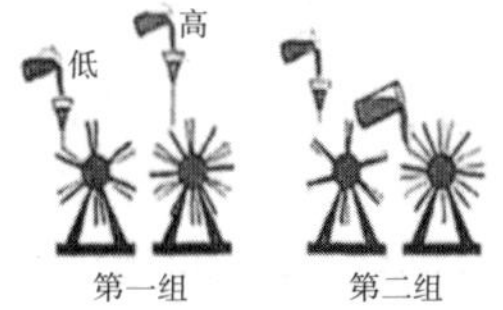 图一	实验探究：水能影响因素 实验结论： 第一组：落差①________，水能丰富； 第二组：②________大，水能丰富。
读图分析一	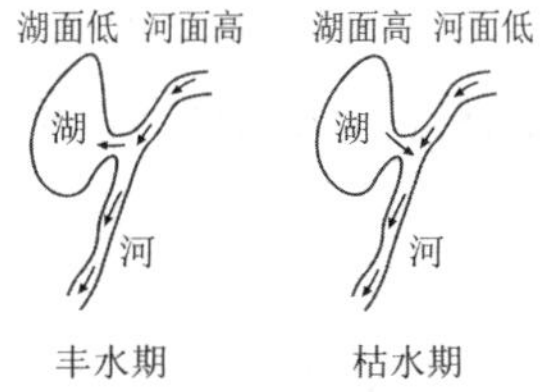 图二	读图分析：湖泊对河流径流的调蓄作用 ·丰水期：当河面高于湖面时，河水入湖，使河流径流量变③________。 ·枯水期：当河面低于湖面时，湖水入河，使河流断流的概率变低。说明湖泊对河流径流具有调蓄作用。
读图分析二	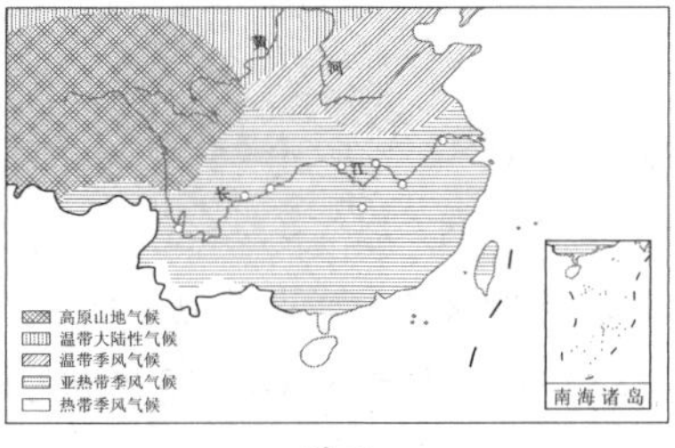 图三	读图归纳：长江航运价值高的原因 ·看地形：长江中下游流经平原，水流平稳； ·看气温：流经亚热带、④________结冰期； ·看城市：长江流经区域内，城市分布⑤________，对航运需求量大。

续　表

	河流开发与治理研究报告
结论应用	·长江水能丰富的河段是⑥________。 ·长江中下游围湖造田是导致⑦________灾害发生的原因之一,建议实施⑧________,充分发挥湖泊对河流径流的调蓄作用。
归纳概括	河流对区域发展的影响:河流除“航运”“水能”外,还能对区域发展提供哪些有利影响?⑨________、⑩________。

参考答案①至⑩依次为:大、水量、小、无、密集、中上游、洪涝、退耕还湖、为沿岸居民提供生活用水、为沿岸工厂提供工业生产用水。

该题以某校地理实验探究课堂开展“河流开发与治理”主题学习活动为情境,考查了“河流开发与治理”的相关知识,知识点较为综合,需要学生结合所学知识理解作答,有一定的难度。但题目多以填空的形式考查,较好地降低了试题难度。该题对于学生的核心素养的落实比较到位,考查的核心素养包括人地协调观、综合思维、区域认知、地理实践力,体现了核心素养方面的表现多元。通过实验探究、读图分析最后得出结论并归纳概括有效检测了学生的知识掌握程度。

2. 清晰显示可视的思维轨迹

学生的不同表现,可以清晰地显示不同层级学生的表现水平,也可以显示出学生的思维能力达到的程度,有助于精准检测学生的发展水平。学生作答的过程也就是思考的过程,多元表现可以呈现学生的多维思维过程,考查高阶思维能力。因此,多元表现示例也可尽量呈现学生会出现的多种思维过程。

【例5-5】(2023·山西晋中)

1. 小明家计划在传统燃油车和新能源汽车中选择一种购买,请给出建议并说明理由。

参考答案示例:

[选择一]新能源汽车;理由:减少尾气排放,从而减轻空气污染;充电费用低,经济实惠;节省石油资源;不受尾号限行的影响:等等。[选择二]传统燃油车;续航里程长;加油速度快;加油站网点多;加油便利;等等。

2. 项目化学习(关于校园积水问题):为创建良好的校园环境,请向学校有关部门提出改进方案。

参考答案示例:(改进方案)增加绿化面积;铺设透水砖;建设海绵校

园;增设下水井;雨季到来之前,清理下水井等。

这两道地理题来自真实生活情境,通过提出建议的复杂任务实现地理综合思维,从而贯彻人地协调观。示例从不同角度给出参考答案,体现了表现的多元化。学生回答的不同角度体现了不同的思维轨迹。第1题选择一是新能源汽车,如果理由只答到减少尾气排放,那就只是从环境角度作答,而没有考虑到资源的利用、生活的便利等,思维的广度不够。第2题要给创建良好的校园环境提改进方案,就必须先明白影响校园积水的主要因素,然后对症下药。学生回答的程度可以反映学生的思维过程,积水的问题与降水的强度、降水量的多少、降水持续的时间等有关,如果仅从增加绿化面积角度去答,还不能解决降水强度大及持续时间长引起的积水问题。

3. 有力推动教、学、评一致

理想的表现性评价同时也是一项有效的教学活动。表现性评价具有教学成分,学习和评价能同时执行,并能很好地与教学统整在一起。相对于定量评价而言,定性评价更为多元,不仅评价学生行为表现的结果,也关注学生行为表现的过程。定性评价没有一个统一的标准答案,而只有答案的标准,评价者根据事先设置好的评分规则,依靠自身的经验和智慧来决定学生表现的可接受程度。

例5-2取材于时政热点,以新颁行的《中华人民共和国反食品浪费法》为命题背景,以社会调查构筑命题逻辑主线,旨在引导考生关心与学习国家新颁布的法律,侧重考查学生对已学法律知识的掌握与运用能力,重视培养学生的法治意识等学科核心素养。该题第(3)问则以"认识现象—提出建议—阐述理由"为逻辑线索,在指向解决问题的同时,强调"学新法、反浪费"背后的行动落实,让学生答题的过程成为遵法、学法、守法、用法习惯的养成过程,因而该问也是整道题的归宿与落脚点。该题既呈现较好的测试功能,又兼具正确的价值引领。坚持以评促学,就是倡导以评价促进学习的理念,关注学生真实发生的进步,捕捉、欣赏、尊重学生有创意的、独特的表现,并予以鼓励,不断加深学生的知行体验,引导学生发现自己的潜能,合理运用评价结果改进学习,知行合一。坚持以评促教,就是通过对学生的过程评价和学习结果反馈,促进教师反思并改进教学方式,使教能够更好地服务于学,努力实现"教—学—评"的一致性。

四、表现标准的拟定策略

行为表现是学生在具体任务情境中的活动表现,即学生的行为过程及其结果,如解答、展示、作品等,参考答案要科学、准确、周全、简洁,赋分合理。评分规则制定要采点赋分与采意赋分相结合,提倡分层赋分等。但不同类型试题表现标准拟定策略不同。下面从一般表现标准与多元表现标准两个方面来论述。

1. 一般表现标准的拟定策略

(1) 参考答案的拟定

参考答案就是可供借鉴、利用的答题要点、意思(示意)或示例。阅卷者需要参照参考答案来分析学生答题的符合程度,再根据评分标准给出恰当的分数。

①参考答案的编制要求科学、准确、周全、简洁[1]。

a. 科学:参考答案必须是对试题的正确作答,无政治性、知识性错误,其表述准确、清晰,无逻辑性、技术性错误。

b. 准确:答案与设问相匹配,不能答非所问。所以,编制参考答案时一定要注意与试题的设问保持严密的逻辑关系,不偏离试题指向,不低于也不超出试题的要求。

c. 周全:参考答案应能概括学生答题的多种可能,对试题要求范畴内合理存在的、思考角度比较独特的、非常态的答题思路要有所涉及或给予说明,对不能穷尽的多种答题角度、方式持一种开放的态度,即在保证实质性正确的前提下,赋予其应得的分数。

d. 简洁:参考答案一般只是表述答题要点,语言具有较高的概括性,所以答案要简洁、明晰,要有定论,但最好不要照搬教材上的原话。

②参考答案的拟定策略。首先要站在学生的角度,对试题的答题角度、方式进行可能性分析,罗列出各种不同的答题角度和方式,并归纳分类,然后按几种不同类型的答题思路或方式,一一拟定参考答案(答题要点或示例)。

【例 5-6】(2023·杭州)

【传承创新,书写薪新篇章】

[1]牛学文. 中学社会科考试评价研究[M]. 浙江人民出版社,2018:75-86

建设高标准农田是粮食安全的重要保障。近年来,河南省大力推行土壤有机质提升、高效节水灌溉、灾害早期辨识等农业技术,建成集中连片高标准农田示范区39个,优质粮食作物种植面积不断扩大,粮食总产量位居全国前列。以下是河南省地形图和郑州、信阳两市气候资料。

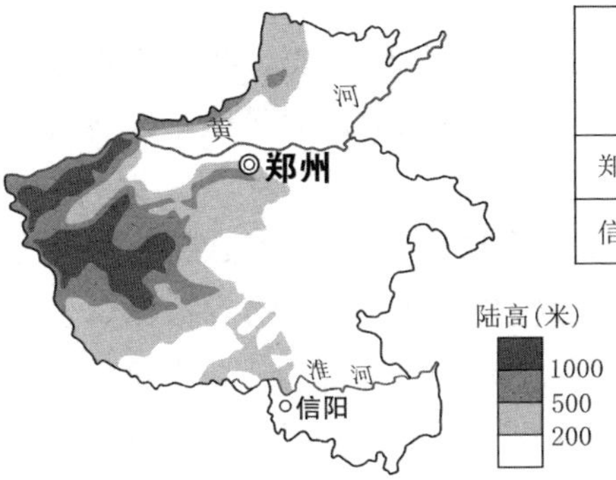

	一月		七月		全年	
	均温(℃)	降水量(毫米)	均温(℃)	降水量(毫米)	均温(℃)	降水量(毫米)
郑州	-0.1	8.7	27.1	146.8	14.2	645.2
信阳	2.5	31	28	213	15.6	1113

(2) 根据材料,简述河南省可借助哪些优势条件发展粮食生产。(4分)

参考答案:(2)平原面积广阔;雨热同期;灌溉便利;政府支持;农业技术先进;品种优良;等等。(每要点1分,共4分。答出4个要点即可)

该题要求学生根据材料简述河南省发展粮食生产的优势条件。从材料中可知,优势条件可分为自然条件与人文条件,自然条件又可从地形、气候、水文等角度分析,人文条件可从政府政策、科技条件、品种等要素分析。分值是4分,可以从四个角度去作答,命题者从6个不同角度拟定了6种不同答案,只要学生从其中的4个角度作答即可得满分。不同的学生会有不同的视角和思维方式,但无论从哪个角度作答都应给分。

(2) 评分规则的拟定

“评分”就是根据成绩评定分数,“规则”就是衡量事物的准则。评分规则就是根据学生答题情况进行赋分或划等的准则,包括赋分或划等、说明等。它既是阅卷赋分的依据,又是考查意图的明示,更是教学把握的尺度。

①评分规则的编制要求。

a. 与试题要求相对应。评分本质上是评价学生对试题要求作出的反应,它是根据学生在应答中表现的特征来评价学生的行为表现的。因此,命题者制订的评分规则应该与试题的要求相一致(特别是要与设问中的行为要求相一致)。有几个问题,就要制订几个与之相对应的评分规则。每个问题有什么具体要求,评分规则都要做出相应说明,既不扩大也不缩小试题的要求,准确体现试题的价值。

b. 与参考答案相一致。评分规则和参考答案都是依据试题设问编制的,评分规则是参考答案的理性说明,参考答案是评分规则的具体范例,两者应保持一致。参考答案由几部分组成,评分规则也应有针对每个部分的详细说明,让阅卷者容易把握,准确赋分。

此外,“赋分”要合情合理,“说明”应具体、明确、全面。我们提倡分层赋分,分层赋分可采用等级量表,更要采用评分规则,即对等级量表各等级的表现或特征加以描述。

②评分规则的编制策略。一般表现标准选择评分赋分策略,在评分方法上有总体评分法和分析评分法之分。总体评分法是阅卷者根据学生应答的总体印象,给一个分数。这种方法一般适合于分值较低、测量行为目标单一的试题;分析评分法是从不同的角度对学生的应答分别进行评分,然后再将结果合成一个总分。分析评分法比较适合于分值较高、测量多个行为目标的试题。从考试实践来看,中学社会科一般采用的是分析评分法,如采点赋分,或采点赋分与采意赋分相结合的方式。所谓采点赋分,是指根据学生答题中符合题目要求的要点数量,赋予相应的分数,常用于答案有多个要点,且相对确定的封闭性试题中。采意赋分,则是依据学生答案符合题目要求的程度,赋予相应的分数,与总体评分法类似,常用于答案具备开放性的试题中。通常情况下,我们更提倡采点与采意相结合的赋分技术。

2. 多元表现标准的拟定策略

(1) 参考答案的拟定

多元表现标准的参考答案拟定与一般表现标准的相似之处是,首先要站在学生的角度,对试题的答题角度、方式进行可能性分析,罗列出各种不同的答题角度和方式,并归纳分类,然后按几种不同类型的答题思路或方式拟定参考答案。同一般表现标准所不同的是,多元表现往往只能拟出若干种不同类型的答案(答题)示例,有的甚至连答案(答题)示例都无法拟出。同样是多元表现,不同类型试题拟定的侧重点有所不同。

①描述型、论述型多元表现参考答案的拟定。如果给出一张五四运动的图片,让学生据图多角度描述图片中的信息,这就属于描述性多元表现。而论述型多元表现考查的是高阶思维,比如历史学科中的观点题要求史论结合等,地理学科中的论证题等。这两种题型在参考答案拟定上有相似之

处，都只能拟出若干种不同类型的答案（答题）示例，而不是答案（答题）要点。而且这些示例往往只是在思维角度、答题方式等方面给出可行性案例，而不提供内容要点或是从内容上进行分类列举。阅卷者并不能仅凭这些答案示例来对照评判学生五花八门的答案，因此命题者需要对所拟出的答案示例进行解说，从试题要求的角度分析每个答案示例的科学性、合理性，为阅卷者提供答题的模型样本。如果有必要，还可以对答案的要素及要素之间的逻辑关系做简要的说明。

【例5-7】（2016·温州）为了解拜城县，某校人文地理学习小组查阅了有关资料。请根据以下资料，完成相关探究。

就拜城县自然保留地（指目前尚未利用的土地，包括荒草地、沙漠等，约占拜城县土地总面积的45%）的利用问题，学习小组内意见不一，主要有以下两种观点。

观点一：拜城县自然保留地面积大，应该大力开发以发展经济。

观点二：环境问题因人类开发所致，因此拜城县自然保留地要保持原貌，不能开发。

（4）请你任选其中一种观点进行评析。（4分）

参考答案示例一：我不认同观点一的看法。拜城县本身自然生态环境比较脆弱，大力开发极易引发环境问题。经济发展不能以牺牲环境为代价，开发资源要与环境保护相协调，走可持续发展之路。参考答案示例二：我不认同观点二的看法。拜城县的自然保留地有近一半为荒地，应开发以促进当地经济发展。但是在发展的过程中要适当开发，注重环境保护，避免出现环境问题。

该题就是一道论述型多元表现题，属于开放题。命题者为该题编制了两个答题示例，展示了两种答题思路。学生无论从哪个角度作答，只要言之有理、持之有据，能自圆其说，都应给分。该题考查学生运用全面的、发展的、辩证的观点分析现实问题的能力，而不仅仅指向具体的知识内容。

②应用型多元表现参考答案的拟定。应用型多元表现试题往往针对复杂任务，重在知识的应用且比较开放，如：用思维导图形式表示、画示意图，写演讲稿、宣讲词等。其参考答案也可以采用示例加解说的形式。编制这类试题的参考答案时，命题者也要站在学生的角度，对各种拓展应用的可能性进行分析，并将其进行分类，然后根据不同的应用类别分别拟出答案，并说明要点。但是，应用型多元表现题的参考答案与论述型多元表

现题的参考答案特征具有明显的差异：论述型多元表现题的学生答案，其答题思维与内容基本上还在题目和文本提供的信息、思路之内，阅卷者基本上可以理解学生答案的思维逻辑与内容，容易作出恰当的评判。而应用型多元表现题的学生答案，其答题思维与内容往往跳出题目和文本提供的信息、思路，与答题者的生活经验、阅读积淀、知识储备密切相关，对此，阅卷者不可能全面了解，难以直接依据学生的答案内容作出恰当的评判。这就要求命题者在编制应用型多元表现题的参考答案时，尽量从应用方式、思维层次的角度来分类拟出答案示例并辅以逻辑清晰的说明，而不能只有具体的答案内容示例。另外，命题者还要对示例所涵盖的类型之外的其他可能出现的答案有所考虑，制订预设答案类型之外的答案的评分办法和操作细则，让阅卷者可以对照给分。

【例 5-8】（2022·绍兴）崇法安社稷，尚德润家风。阅读材料，回答问题。（12分）

<table>
<tr><td>一部法律</td><td>一封家书</td><td>一份期许</td></tr>
<tr><td>《中华人民共和国家庭教育促进法》已由中华人民共和国第十三届全国人民代表大会常务委员会第三十一次会议通过，自 2022 年 1 月 1 日起施行。传统“家事”上升为“国事”。</td><td>宝贝：
时间过得真快，转眼间你就要初中毕业了，在爸妈心中，你永远是最棒的孩子！我们希望你能永远诚实善良、自信坚持，也希望你能珍惜学习机会，通过努力让自己的未来拥有更多的选择。同时，我们也想提醒你，随着年岁的增长，你将承担更多的责任……
永远爱你的爸爸妈妈</td><td>
A. 热爱劳动

B. “光盘行动”</td></tr>
<tr><td colspan="3">法律链接：《中华人民共和国宪法》第四十二条　中华人民共和国公民有劳动的权利和义务。
《中华人民共和国反食品浪费法》第三条　国家厉行节约，反对浪费。</td></tr>
</table>

（1）材料表明家庭教育是怎样由“家事”上升为“国事”的？这体现了哪一治国方略？（4分）

（2）请你从未成年人保护法的角度对父母写家书的行为进行评析。（4分）

（3）回信是成长的诺言。任选一幅漫画，结合“法律链接”及所学知识回应父母的期许。（4分）

（提示：①可以只列提纲；②注意沟通态度；③不得出现考生信息）

参考答案及评分标准：(1)通过全国人大立法。(2分)依法治国。(2分)(2)父母的行为是正确履行法律义务的表现。父母写家书，履行了对未成年人进行家庭保护的职责，有助于未成年人健康成长，营造和谐的家庭氛围。(4分)(3)此题为开放性试题。任选其中一幅漫画，结合所学知识，从道德、法律视角简要表述得3分；综合评判用语文明、态度尊重得1分，共4分。

该题第(3)问是一道应用型多元表现题，要求学生以书信形式作答。由于学生个性不同，命题者无法拟定确切的参考答案，只能为该题提供可能的答题方向示例，从道德与法律两个视角去表述，以便阅卷者参考。回信的形式比较开放，学生可以选择的方式多种多样，语气表达可以个性化。综合评判用语文明、态度尊重得1分，这一评分标准体现了预设答案类型之外的答案的评分办法和操作细则，让阅卷者可以对照给分。

（2）评分规则的拟定

当外显的行为表现（学生完成书写的内容）能够准确地指明预期的学习结果时，量规就是最好的评估方式。评价量规对学习表现有诊断、评估作用。多元表现评分规则的拟定，通过编制表现量规去实现较为理想，编制表现量规的过程主要包括确定标准的分类水平和教师编制的学习目标，并对这些目标进行排序，从而编制在认知过程中进行学习的连续体。主要通过以下几种分类评价法来实现。

①SOLO分类评价法。“SOLO”，是英文“Structure of the Observed Learning Outcome”的缩写，意为：可观察的学习结果的结构。SOLO分类理论是澳大利亚学者彼格斯首创的一种学生学业评价方法，是一种以等级描述为特征的质性评价方法。

根据SOLO分类评价法，彼格斯把学生对某个问题的学习结果由低到高划分为五个层次（如下图），即前结构、单点结构、多点结构、关联结构和抽象拓展结构。前三个层次是基础知识的积累即定量阶段，而后两个层次是理论思维的飞跃即定性阶段。具体含义如下。

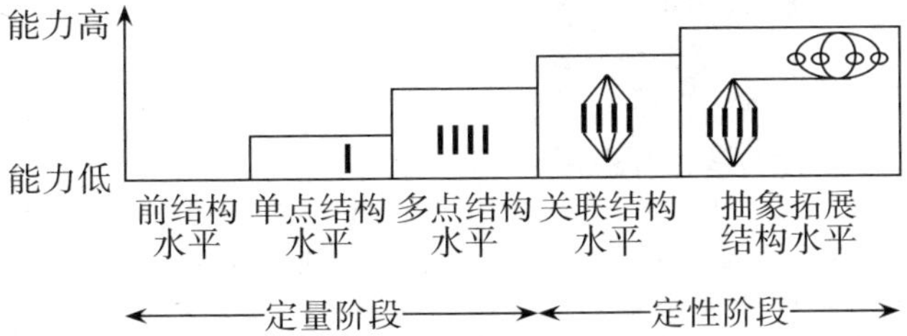

SOLO分类理论划分5种思维结构水平

前结构层次:学生基本上无法理解问题和解决问题,只提供了一些逻辑混乱、没有论据支撑的答案。

单点结构层次:学生找到了一个解决问题的思路,却就此收敛,单凭一点论据就跳到答案上去。

多点结构层次:学生找到了多个解决问题的思路,却未能把这些思路有机地整合起来。

关联结构层次:学生找到了多个解决问题的思路,并且能够把这些思路结合起来思考。

抽象拓展层次:学生能够对问题进行抽象的概括,从理论的高度来分析问题,而且能够深化问题,使问题本身的意义得到拓展。

从上述分层中首先可以看出,SOLO是一个由简单到复杂的层次类型,具体说来就是从点、线、面、立体到系统的发展过程,思维结构越复杂,思维能力的层次也就越高。其次,SOLO分层评价的焦点集中在学生回答问题的"质",而不是回答问题的"量"。虽然没有量的支撑,质是无从体现的,但针对"质"的评价与针对"量"的评价的确大有区别。例如,关于传统中学社会科题目中的主观题评卷,我们就习惯于把答案细分为若干个采分点来打分,这基本上就是一种针对"量"的评价方法。SOLO分层评价不在乎学生答对了多少个与标准答案相近的字眼,更不在乎学生写出了多少字,只是力求从学生的回答中分析出他能够达到哪一思维层次。

【例5-9】(2022·温州)抗疫,为了人民,也必须依靠人民,彰显了现代国家的重要职责。(14分)

【抗疫·贡献中国智慧】

新中国成立后,中国共产党领导中国人民在卫生防疫方面取得了巨大成就。

新中国成立后,党和政府为控制天花流行,有计划地开展全民种痘。20世纪60年代起,中国基本消灭了天花。

2003年,"非典"疫情暴发,国务院随即公布《突发公共卫生事件应急条例》。突发公共卫生事件应急处理纳入法治轨道。

屠呦呦团队受中医记载启发,提取青蒿素用于防治疟疾。因对人类抗疟的杰出贡献,她于2015年荣获诺贝尔奖。

(3) 下列观点任选其一,结合上述材料,以疫病防控为例予以论述。(要求:逻辑严密,表述简洁)(6分)

观点一:历史灾难在造成伤痛的同时,也推动了历史进步。

观点二:以人民为中心,是中国共产党的根本立场。

评分规则:

水平一	围绕选定的观点有简单论述或说明,但未联系材料中的史实	1分
水平二	围绕选定的观点展开论述,运用了材料中的史实,但不充分或不够典型,条理基本清楚	2—3分
水平三	紧扣选定的观点加以论述,运用材料中多则史实,能够做到史论结合,条理清楚	4—5分
水平四	充分运用材料中的史实论证选定的观点,逻辑严密(如在论述中形成有思想深度的理解,可另加1分,但总分不得超过6分)	6分

参考答案示例:

选择观点一:疫病是人类发展的重大威胁,人类文明史某种程度上也是同疫病斗争的历史。19世纪末,工业化、城市化引发的疫病传播,在导致人口和经济损失的同时,也推动了公共卫生事业的发展。抗战时期,面对不断加深的民族危机,党领导根据地积极开展卫生防疫,与“民族敌人”和“健康敌人”共同作战,极大地推动了民族独立事业向前发展。新中国成立以来,面对各种突发性公共卫生事件和人民日益增长的健康需要,党领导中国人民从疫病医疗的历史中寻找答案,研发新药,完善法制,不断提升公共卫生管理能力,稳步推进健康中国建设。

综上,人类在历史灾难的应对、反思和探索中,推动着历史的进步。

选择观点二:历史告诉我们,能否解决好民情、民困,关乎社会永续发展。为人民谋幸福,始终是中国共产党的初心使命。抗战时期,为保障根据地军民身体健康开展的“卫生防疫战”,是民族独立事业不断发展的重要保障。新中国成立以来,从组织疫苗接种,到加强公共卫生法治建设,再到鼓励科研、发展医药民生,党和政府始终坚持人民至上,把人民健康福祉放在第一位,切实维护好、发展好最广大人民的根本利益。

中国共产党领导人民抗击疫情、保护人民健康的历史,充分证明以人民为中心是我们党的根本立场。

从评分规则看,问题(3)采用等级描述,用分层赋分方式体现综合性、开放性设问的要求。本问的分层赋分评价标准设置,依据SOLO评价办法,遵循“以史实为论据,论从史出”的基本要求,从论据的充分性和论证过程的逻辑性两个维度设计分层标准,结合初中学生的认知水平差异,设置了四个水平层次,划分梯度较为合理,标准描述具体可操作,示例规范、科学,条理清晰,可参照。水平一是单点结构,水平二是多点结构,水平三是关联结构,水平四中补充说明“如在论述中形成有思想深度的理解,可另加1分,但总分不得超过6分”,这一分就相当于抽象拓展层次。水平三、水平四是定性阶段,属于质性评分。

②PTA量表法。PTA(Primary Trait Analysis)即“基本要素特征分析法”,也被称为等级量表评价。它是一种评价学生任何一种表现或若干综合表现(如历史论文、试验操作、研究报告等)的评分方法。由美国教师沃尔弗德和安迪生等倡导,几十年来在美国用于全国范围考试,是一种比较成熟的评价方法。其理论假设是:“任何一种行为表现,包括行为的和认知的,都会有一系列基本的要素,这些要素构成学生学习某些知识、技能或行为表现的基本单元,并对学生在这些基本单元上的行为表现作出准确的评定,则学生在完成这些具体任务时的总体特征就可以得到适当的评定。”“要素”指构成一件事物或一项任务的必要因素。“能力”指该项任务完成者所拥有的主观条件和实践技能。简单地说,PTA包括:把某种行为表现分解为若干基本要素;对这些基本要素作出评价;汇总后再评定总体的行为特征。

采用等级量表的方式,可以综合评价答案中的要点数量、逻辑关系和思维层次等,把不同层面的多种要素纳入一道题目的考查范围,准确区分学生的素养水平。

【例5-10】(2023·金华)巍巍长城,筑起民族脊梁。某班同学在历史与社会课上开展“文旅融合·长城”跨学科主题项目化学习,围绕驱动性任务“制作长城旅游宣传册”,各小组分工协作,请你参与完成。(12分)

任务一 【梳理长城修建史】

秦朝、战国、明朝三个历史时期的长城示意图。(图略,图源:2023年金华市历史与社会·道德与法治试卷第22题,原图未标朝代)

(1) 请用序号将上面三幅图所指的朝代,按时间先后进行排序。(2分)

任务二 【讲好长城故事】

素材一

相传秦朝时，和孟姜女新婚三天，范喜良就被征修长城，不久因饥寒劳累而死，尸骨被埋长城脚下。孟姜女得知噩耗，在长城上哭了三天三夜，长城就此坍塌……

——听奶奶讲故事

素材二

长城处于北方游牧地区与农耕地区的连接线上……唐朝末年，北方汉人纷纷避乱，北出长城，带去了中原先进的生产技术和生活方式……北宋与辽、西夏对峙，但相互之间的商业往来一直进行。

——选自人民教育出版社统编历史教科书

(2) 指出以上素材的获取方式，并分析说明两则素材哪则更可信。(4分)

任务三 【撰写长城旅游宣传册卷首语】

宣传画

八路军“狼牙山五壮士”、新四军“刘老庄连”、东北抗联八位女战士、国民党军“八百壮士”等众多英雄群体，就是千千万万抗日将士的杰出代表。中国人民以铮铮铁骨战强敌、以血肉之躯筑长城、以前赴后继赴国难，谱写了惊天地、泣鬼神的雄壮史诗。

——摘自习近平《论中国共产党历史》

(3) 综合运用三项任务的图文资料，自拟主题，为长城旅游宣传册写一段卷首语。(6分)(提示：分层赋分，紧扣主题，逻辑严密，史论结合)

参考答案：

(1) ②①③。(2分)

(2) 素材一：访问调查；素材二：文献调查。(2分)素材一属于民间故事，可能有虚构成分；素材二属于文献资料，比较客观真实。所以素材二更可信。(2分)

(3) 卷首语采用分层赋分，评分标准见评价量表。(6分)

第(3)问的评分规则是：围绕“长城不仅是古代军事工程，也是民族交融的见证，更是中华民族的精神象征”主题，从“战国、秦、明等时期为防御外敌的侵扰先后修筑了长城”“各族人民的交往、交流与交融为中华民族发展注入了新的活力”“在全民族抗战中，中国人民以血肉之躯筑长城，取得了近代以来反抗外敌入侵第一次完全胜利”等角度，阐述长城见证了中华民族多元一体的发展进程，它不仅是中华优秀传统文化的符号，更是中华民族伟大精神的象征。

该题第(3)问卷首语的创作，体现了任务的实践性、开放式、创新性，测评的是学生的综合素养。第(3)问的评分规则主要抓住了三个因素。第一个因素即围绕的主题是前面三项任务中的图文资料，从长城不仅是古代军事工程，也是民族交融的见证，更是中华民族的精神象征任一角度或者三个角度展开。第二个因素是史论结合，论证主题。第三个因素是最后总结提升。但评分规则中缺乏示例与分层打分，可以修改如下：

等级	等级描述	分数解释	分值
3	从长城是古代军事工程、民族交融的见证、中华民族的精神象征中的一个角度展开	结合相关史实论证，但表述较凌乱	1分
2	从长城是古代军事工程、民族交融的见证、中华民族的精神象征中的两个角度展开	结合相关史实论证，且逻辑较完整	3—4分
1	从长城是古代军事工程、民族交融的见证、中华民族的精神象征三个角度展开分析	结合相关史实论证，且逻辑完整	5—6分

③布鲁姆(BLOOM)体系评价。布鲁姆将认知领域目标分为六个层次：记忆(知识)—理解(领会)—应用—分析—评价—创造(如右图)。其中记忆、理解相当于SOLO分层理论中的单点结构，理解与应用(初级)相当于多点结构，应用(高级)相当于关联结构，分析、评价、创造层次相当于抽象拓展结构。应用及以上层次均属于深度学习。

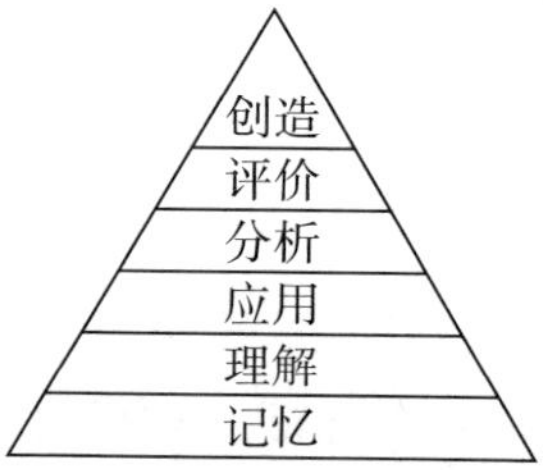

布鲁姆分类法

《义务教育地理课程标准(2022年版)》指出：“应注重将评价渗透到地理教学过程各环节。建议对学生的答问、演讲、演示、绘图、读图与分析、观察与观测、调查、制作等各种活动进行评价，加强评价对教学过程中教与学的实时诊断作用，提高教学效率，增强教学效果。”[1]显然，对这些学生学习行为

[1]中华人民共和国教育部.义务教育地理课程标准(2022年版)[S].北京师范大学出版社，2022:38

的评价，既有“过程”方面的内容，又有“结果”方面的内容。评价方法有不同的适用范围，有各自的优势与不足，可以结合所要培育的核心素养的不同而采用不同的方法。“人地协调观”侧重价值观，“综合思维”和“区域认知”侧重思维方式和能力，地理实践力侧重行动力和意志品质。比如，能体现地理实践力的地理演示、地理观察、地理观测、野外考察、地理实验、社会调查、研学等方法，这几类均需要一定的创造性，反映的是高阶思维，答案也具有一定的开放性，不同的学生呈现出的作品也会不一样。在制定评分标准时要侧重行动力和意志品质。《义务教育历史课程标准(2022年版)》指出：“跨学科主题学习评价需要历史教师与相关课程教师合作，对学生的学习进行评价。评价的主要内容：……二是对学生在语文、道德与法治、地理、艺术等课程的学习过程中表现出来的历史素养进行评价，如时空观念、史料实证、历史解释等。”[1]命题者制定评分规则时要侧重对历史学科核心素养的评价。

【例5-11】(2021·安徽)读图，完成下列探究活动。(12分)

地图：清时期的中国与世界(1840年前)。(图略，图源：2021年安徽省中考历史试卷第19题)

(1) 18世纪60年代开始进行工业革命的国家是图中的________(填字母)，当时中国唯一对外贸易港口是图中的________(填字母)。(4分)

(2) 根据上图，围绕其主题提炼一个观点，并结合所学知识加以论述。(8分)(要求：观点明确，史论结合，表述清晰)

评分规则：

1	观点明确，中外关联，史实正确，史论结合，表述清晰	7—8分
2	观点较明确，能通过史实加以论证说明，表述较清晰	4—6分
3	没有观点或观点不明确，缺少史实或史实错误，逻辑混乱	0—3分

参考答案：

(1) A；D。

(2) 示例：[观点]清前期中西方存在交流与碰撞。[论述]随着工业革命的开展，以英国为代表的西方国家迫切需要开拓市场。封建专制日益强

[1]中华人民共和国教育部. 义务教育历史课程标准(2022年版)[S]. 北京师范大学出版社，2022：63

化的清政府奉行闭关锁国政策,只开放广州一处作为对外通商口岸。中国丝绸、瓷器等手工产品畅销海外,白银大量流入中国。英国派使者来华请求扩大贸易,遭到拒绝,最终英国发动鸦片战争。鸦片输入具有侵略性,鸦片战争实质上是侵略战争。综上,清前期与西方虽有交流,但已落后于世界发展潮流,中国最终被卷入资本主义世界市场。

该题主要考查19世纪以前的中国和世界,包括工业革命及清政府的闭关锁国政策。情境材料取自人民教育出版社、中国地图出版社编著的《中国历史地图册》,以历史地图作为材料呈现,对学生获取信息的能力提出了更高的要求,要求学生在了解历史事实的基础上,根据已学知识对历史进行论证,重点考查学生史料实证和历史解释的素养。第(2)题比较开放,有利于学生创新观点,采用等级评分标准,为具体衡量学生通过答题所表现的核心素养达成度提供了量规和标尺,属于分析、评价、创造层次,学生可以自创观点,然后利用所学史料进行分析、评价,达到最高层级。

第六章　试题的开放性研究

《教育部关于加强初中学业水平考试命题工作的意见》明确要求，中考要“提高探究性、开放性、综合性试题比例，积极探索跨学科命题”。《义务教育课程方案（2022年版）》则进一步强调“优化试题结构，增强试题的探究性、开放性、综合性”。可见，“开放性”已成为当前各类考试命题的重要特征，开放性试题作为素养立意的重要题型而备受关注。

一、试题的开放性

1. 试题开放性的涵义

“开放”一词，在词义上与“封闭、闭塞”相对。“开放”在试题中的表现是多方位的，开放就意味着自主建构。“开放性”的试题，其解决过程必定包含多元建构的思维方式。可见，“开放”是一个既包括内容领域，也包括过程和方法的形容词[1]。

“开放性”是命题者在命制试题过程中赋予试题的一种属性，是相对于“封闭性”而言的一种试题属性。问题是构成试题的基本单元，每个问题包括初始条件、目标状态和途径方法三个基本要素[2]，因此本章对试题开放性的分析也从这三个要素切入。

传统的测评为了确保考试的公正和客观，试题往往只有一个标准答案，为引导学生能得出这个答案，命题者需要在设问中以各种要求限制答题的途径和使用的方法，同时在情境材料中呈现直接指向该答案的信息材料，这就对问题的初始条件、目标状态和途径方法都做出了限制，具有封闭性。

[1]章新其．开放性试题的内涵、表现及设计原则[J]．中学语文教学参考（初中版），2023(7)：72

[2]鲍金琳，刘文川．高考政治开放性试题教学启示[J]．中学政治教学参考，2023(17)：71-73

【例6-1】根据材料,完成任务。

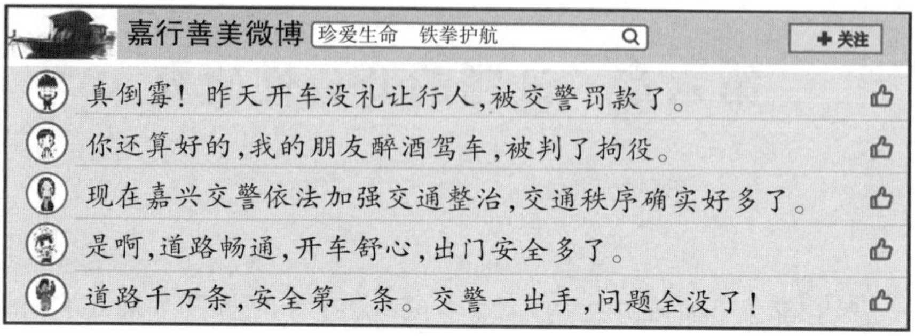

问题一:结合材料,从自由与法治关系的角度,说明嘉兴依法加强交通整治的必要性。

问题二:结合所学,为嘉兴加强交通整治工作的行为写一条微博留言。

如例6-1中问题一要求学生按照既定的答题框架“说明必要性”,对问题的目标状态做出了限制,同时设问要求学生只能运用“自由与法治关系”的相关知识回答问题,也对解决问题的途径方法做了限制。而“开放性”则要求试题呈现丰富而多元的条件、问题解决路径及目标状态。如面对例6-1的问题二时,学生可以自行筛选知识,以个性化的方式作答,因此这一设问在途径方法和目标状态方面都呈现出一定的开放性。

基于上述分析,我们可以明确“开放性”在试题中的涵义是:一道试题在初始条件、途径方法以及目标状态方面的开放程度,也就是试题在情境材料、问题设置和学生作答表现等方面的开放程度。据此定义,可以列表划定试题的开放性程度(见表6-1)。

表6-1 不同开放性程度的试题

试题类型	初始条件	途径方法	目标状态	开放性
1	封闭	封闭	封闭	无
2	封闭	开放	封闭	
3	开放	封闭	封闭	低
4	封闭	封闭	开放	
5	开放	开放	封闭	
6	封闭	开放	开放	中
7	开放	封闭	开放	
8	开放	开放	开放	高

表6-1中类型1的试题因为初始条件、途径方法和目标状态三个要素均不开放，是不具备开放性的试题。相较于类型2至类型4的试题中只有一个要素开放，类型5至类型7的试题因为有两个要素开放，开放性程度更高，而类型8的试题则是所有试题中开放性程度最高的。需要特别指出的是，试题本质上是评估学生学习成果的工具，所以试题强调的开放性并不是毫无限制地开放，是在需确保试题质量和有效性基础上的开放。若试题开放无度，则容易造成学生怎么回答都对或怎么回答都不完整的现象，使得试题失去其测量的价值。

例6-1中的问题一致使该试题封闭的核心原因，是过度限制了任务的目标状态。当前，无论教学还是评价，对于“说明必要性”这一任务均有着模式化的答题框架，换而言之，学生对此类任务有着明确的解决路径。因此，问题二将其改为“为嘉兴加强交通整治工作的行为写一条微博留言”这一没有明确路径指向的任务，同时删除了“从自由与法治关系的角度”这一任务限制，试题在途径方法和目标状态方面呈现出了一定的开放性。

那么，表6-1中的三个要素又与试题情境、设问、答案之间有着怎样的关系？它们的开放在试题中的具体表现是什么？这些都是判断试题是否具有开放性的前置问题。

（1）初始条件开放

试题的初始条件是指在问题提出时就已经给定的、不需要额外推导的条件。这些条件包括有助于理解问题的背景信息、用于解决问题的具体事实及为问题解决提供必要线索的概念或定义。此类信息往往以文本、图表或图形的方式通过材料结构化呈现，共同构成了试题情境。

初始条件的开放，要求试题在给出条件时，不是固定、唯一的。在试题中，其表现形式主要有两种：其一，试题提供不充分的初始条件，如试题材料仅提供背景信息而不提供解决问题的相关材料，引导学生根据已有知识自行补充条件，这就要求试题情境所涵盖的范围和涉及的领域要尽可能宽广，指向情境的开放性。其二，试题给出多样的初始条件，如在试题情境材料中隐含了多条问题解决的路径，引导学生自行根据任务要求甄别和筛选条件，这要求情境任务的解决过程中要涉及多个权重不等的影响因子，指向情境的复杂性。最后，无论是上述哪一种形式，都需要给予学生充分的思考空间和作答的自由度，这指向设问的开放性。

（2）途径方法开放

途径方法开放，是指在解决问题或达成目标时，允许并鼓励学生选择多种不同的途径和方法，充分发挥他们的创造力、灵活性。途径方法开放在试题中具体表现为：首先，试题能提供足够的资源和信息，以便学生能够根据自己的需要选择适当的方法和工具来解答问题，指向试题情境的开放性。其次，试题设问在设置较少限制条件的同时，能引导学生从多角度来解决问题，指向设问的开放性。最后，试题的评分标准应当灵活多样，以适应不同解题方法和途径的应用，指向评分标准的开放性。

（3）目标状态开放

试题目标状态开放是指试题设计允许学生在解答过程中设定并追求自己的个性化目标，而不是仅仅围绕一个固定的标准答案或目标进行。其在试题中的具体表现有：试题的情境和设问能给予学生足够的空间，让他们可以根据自己的兴趣、经验和理解来设定不同的目标，指向情境的开放性和设问的开放性；由于学生可以设定不同的目标，因此评分标准往往具有多元化和包容性，这也指向评分标准的开放性。

【例6-2】（2021·黄冈、孝感、咸宁三市联合）新航路开辟和世界变化。

安安同学在“历史知识进校园”活动中承担了“新航路开辟与世界变化”展板的设计任务，通过搜集资料，摘抄如下：

●原产美洲的辣椒、西红柿、玉米、花生、土豆，明朝中叶之后辗转传入我国。今天，世界的植物类食品中有三分之一的品种来自美洲。新物种的传播与交流，促进了欧洲和亚洲人口的增长和经济的发展。

●据统计，1500—1800年，美洲和大洋洲约有近1亿人死于传染病，印第安人口减少了95%，主要杀手是旧大陆的病菌，天花、麻疹、流行性感冒和斑疹伤寒等。

●各种驯养的动物，猪、马、牛、羊等被引进美洲，为美洲人民提供肉食、奶类、皮毛和畜力。小麦、燕麦、大麦等农作物，橄榄和葡萄等水果也引入美洲。

●新航路开辟后，欧亚之间商品流通量大为增加。美洲的商品如烟草、可可等出现在各国市场。中国的茶叶、东方的香料也大量销往欧洲，仅香料的销售量就扩大了30倍。

●北美印第安人培植了两种主要经济作物：棉花和烟草，以及在现代药物学上占据显著地位的几种药材，比如提取奎宁用的金鸡纳树皮、用于制作镇痛剂的曼陀罗等。

●欧洲殖民者对美洲印第安人的残酷屠杀和传染病的流行，导致印第安人大量死亡，美洲劳动力严重不足。殖民者将目光投向非洲，以黑人为特殊商品的罪恶贸易开始了。

●新航路开辟后，实现了商路和贸易中心的转移，以西欧为中心的世界贸易体系开始形成。

●欧洲白种人和非洲黑种人的大规模迁移，把美洲改变为世界上种族成分最混杂的地区。如今，居住于美洲大陆的是占多数的白种人与明显占少数的黑人、印第安人与白人的混血儿以及黑白混血儿。

●世界贸易格局开始改变。世界贸易不再是旧大陆范围内的东西方贸易，而是欧洲、亚洲，非洲和美洲之间的贸易，是名副其实的"世界贸易"。

请为安安同学提供设计展板的建议，需提炼主题，选取材料，并论证所选材料与主题之间的联系。(可从新航路的开辟与世界范围内的物种交换、人口迁移、贸易格局等方面的关系中任选角度，展开论述)(6分)

例6-2具有高度的开放性。从初始条件看，该题设计了安安承担"新航路开辟与世界变化"展板设计工作的任务情境，具有开放性；试题提供了9则相关资料，涉及物种交换、疾病传播、人口迁移和世界贸易的变化，情境具有复杂性；要求学生为安安提供设计展板的建议，任务具有开放性。从途径方法看，学生在完成任务的时候，借助提供的资料，可从新航路的开辟与世界范围内的物种交换、人口迁移、贸易格局等方面的关系，任选角度，运用相关史实，围绕自拟的主题多角度展开论述。这一过程，体现了解决问题的途径方法的开放性。从目标状态看，试题情境和任务给予了学生足够的空间，让他们可以根据自己的兴趣、经验和理解来选择主题予以论证。在评分方法上本题采用分层评分法，关注学生思维过程的检测，体现了结果的开放性。

【评分标准与参考答案示例】

主题：可从新航路开辟与全球范围内的物种交换、人口迁移、贸易格局等方面的关系中选择角度确定主题，主题要明确，与材料相关联。(2分)

(说明：如学生提炼的主题明确，与材料关联，即使没有开展论述，主题部分也给2分)

论述部分：分三档计分。

档次	要求	分数
第一档	史实运用合理;论述明确,论证充分;逻辑严密,条理清晰;体现于材料之间的关系	4分
第二档	史实运用合理;阐述较明确,论证较充分,有一定的条理;与材料之间有一定的关系	2—3分
第三档	史实运用不准确或不能运用史实;论述不明确,逻辑混乱,条理不清;论证偏离材料。(1分)空白卷0分	0—1分

参考答案示例一:[主题]新航路的开辟加速了世界范围内的物种交换。(2分)[论述]新航路的开辟使孤立分散的世界开始走向整体,也引起了世界范围内的物种大交换。世界的植物类食品中有三分之一来自美洲,如辣椒、西红柿、玉米、花生、大豆等。欧亚的马、牛、羊等动物,小麦、燕麦等农作物和橄榄、葡萄等水果传入美洲,丰富了美洲人的生活。印第安人培植的棉花和烟草则成了世界广泛种植的主要经济作物。这些物种的传播与交流,促进了世界人口的增长和经济的发展。(同时,一些物种交换的加速,比如病菌,也给人类带来了新的挑战)(4分)

参考答案示例二:[主题]新航路的开辟推动了世界范围内的人口迁移。(2分)[论述]新航路的开辟促进了世界各地人们的往来,推动了人口的迁移。随着欧洲人入侵,美洲印第安人人口锐减,导致美洲劳动力严重不足,欧洲殖民者将目光投向非洲,贩卖黑人奴隶到美洲,罪恶的“三角贸易”开始。欧洲白种人和非洲黑人的大规模迁移,使美洲成为世界上族群混合程度很高的地区。新航路开辟后,随着世界各地区间联系加强,全球范围内的人口迁移加速,世界各地区都有族群混合的现象。(4分)

该题在初始条件、途径方法以及目标状态等三方面都呈现出高度的开放性,通过创设贴近学生实际的“历史知识进校园”的任务情境,从物种交换、人口迁徙、贸易格局变化、疾病传播等不同角度呈现相关资料,要求学生从“新航路开辟与世界变化”的大概念中提炼主题,并论证所选资料与主题之间的联系,考查学生发现问题、解释和论证问题的综合素养。同时,分层赋分的质性评分,有利于对学生能力层级水平进行诊断。

2. 试题开放性的表现

从试题初始条件、途径方法和目标状态这三要素指向的开放性中,我们可以归纳出试题开放性的具体表现:开放的试题设问、开放的试题情境、多元的评分标准及聚焦发散性思维的试题立意。下面，我们结合例6-3对试题开放性的具体表现予以说明。

【例6-3】2023年国庆假期，微博话题“多地热门博物馆一票难求”冲上热搜，引发同学们关注，他们就此展开调查和思考，请你一起参与。

【查阅资料】

资料一：1978年以来我国全年国内生产总值和国民人均收入变化情况(略)。

资料二：1990年以来我国国民受教育情况变化(略)。

资料三：某公司发布的《2023博物馆数据报告》显示，参观博物馆的人群，18—30岁的人数占比近50%；观看博物馆相关视频的人群，“00后”相较其他年龄段占比更大。线下打卡展览、线上云逛博物馆成为年轻人的一种休闲、社交、生活方式。

【现场采访】

◎逛博物馆实在是“物美价廉”，大部分场馆都免费开放且文化氛围浓厚。在这里我可以感受古人的生活场景、生活方式，及他们的精神世界。在这里我可以清晰看到中华民族从哪里来，又将往哪里去。 大学生	◎平时工作忙，趁着假期去博物馆，既可游览观光，又可体验文化，一举两得。不过有点小遗憾！假期人太多，排队时间太长，很多展区根本挤不进去，更谈不上细细品味了。 上班族
◎参观博物馆是学校布置的实践性作业，我主要为了陪孩子完成作业，顺便来“打个卡”。孩子约了小伙伴，他们自己会逛，我在休息区刷手机等他们就可以。 家长	◎随着现代社会发展，越来越多的博物馆运用数字化手段，逼真复原馆藏文物，游客还可以在家里“云游”博物馆。目前中国90%以上的博物馆都是免费开放的。也有人认为，向不免费开放过渡，是未来的国际发展趋势。 馆长

“博物馆热”会持续“升温”吗？结合材料和所学知识，谈谈你的看法。(要求：观点明确，论证严密，表述简洁)(6分)

参考答案与评分标准：本题采用分层评价。

水平等级	具体表现	赋分
水平四	通过“会”或“不会”的应答，延展多个论述角度，并能全面辩证分析，层次分明，逻辑严密	5—6分
水平三	通过“会”或“不会”的应答，延展一个论述角度，论证有力，逻辑顺畅	3—4分

续　表

水平等级	具体表现	赋分
水平二	通过“会”或“不会”的应答，延展一个论述角度，论证单薄，缺乏逻辑	1—2分
水平一	没有从“会”或“不会”的应答延展观点	0分

参考答案示例：我认为“博物馆热”会持续升温。

“博物馆热”持续升温，有其内在原因。首先，随着我国经济不断发展，人民生活水平不断提高，人们对精神生活有更高追求。同时，随着国力增强，人民对国家更认同，民族自信心不断增强，探寻中华文化之源的意愿会更强烈。其次，随着我国国民受教育程度不断提高，人文素养提升日益成为国民内在需求。再次，博物馆利用现代科技不断创新改革，极大增强了自身的魅力。

当然“博物馆热”的出现也有其特殊因素。比如疫情管控措施调整后，人们被压抑的游玩意愿“井喷式”爆发；学校教育越来越注重对学生实践力的培养，参观博物馆成了刚需；博物馆的免费政策起了助推作用。另一方面，参观者体验感欠佳、未来收费趋势等因素，使“博物馆热”的发展存在隐忧。

但综合各种因素，从“博物馆热”的内因及社会未来发展看，我认为“博物馆热”会持续升温。

（1）立意开放

所谓试题立意的开放，主要体现在试题指向发散性思维的考查。发散性思维表现为个体在面对问题时，能够产生多种可能的答案或解决方案。具备开放性的试题旨在鼓励学生从不同的角度、不同的层面分析和解决问题，提出多种可能的解决方案，从而检测学生的问题解决能力。这一过程恰与发散性思维的表现相契合，换言之，具备开放性的试题往往能够激发和评估学生的发散性思维能力。试题的开放性立意，聚焦于学生的发散性思维培养，鼓励他们跳出传统框架，以创新的思维方式去解决问题，从而培养他们的创新能力和解决问题的能力。

需要特别指出的是，这与当前课程标准要求的素养立意之间并不冲突，例6-3的任务完成过程既关注了学生对文化重要性、我国改革开放的意义等具体知识的应用，也关注了学生从材料中获取准确信息的能力，更关注学生阐述观点过程中所展现出的思维水平和价值观念。从考查的目标来看，该题指向学生运用所学知识解决真实生活情境中的问题，是典型的素养立意。从考查的重点来看，该题关注学生在解决问题的过程中能否从多个角度和层面提出创造性的解决方案，聚焦于发散性思维的考查。所以说，这是一道在素养立意基础之上，侧重于对发散性思维进行考查的试题。

（2）情境开放

开放的试题设问需要有开放的试题情境。开放的试题情境是指试题所构建的问题背景、场景具有开放性和多元性，允许学生从多个角度、不同层面进行思考和探究，鼓励学生自由发挥、创新思考并提出自己的见解和解决方案。这样的试题情境通常源于现实生活或社会实践，所以兼具一定的真实性和复杂性。例6-3中“博物馆热”恰是当前一种独特的社会现象，而这一现象的成因涉及经济、文化，甚至是科技等多个领域，这就彰显了试题情境的多元性。同时，相比于“疫情管控措施调整后人们有更多出行诉求”来说，“人民物质生活水平的整体提高”是造就“博物馆热”出现的更为深层次的原因，试题情境材料中呈现出不同层次的多种原因，恰恰彰显了试题情境的复杂性。这种源于生活的开放性情境设计有助于激发学生的探究兴趣，有助于检测学生思维的广度。

（3）任务开放

开放的任务是试题开放性的最核心表现，是指在试题任务设计过程中，通过设置具有开放性和多元性的问题，引导学生从多个角度、不同层面进行思考和探究。开放的试题任务不设定固定的答案或解决方案，而是允许学生根据自己的理解、经验和知识，自由发挥，提出不同的观点和解决方案。例6-3要求学生分析当下“博物馆热”是否会继续“升温”，任务没有明确的答案指向，无论“会”还是“不会”，学生只要结合相关材料言之成理即可。论述的理由既可以是试题的情境材料也可以是学生的日常经历，如资料一呈现的经济实力不断增强就可以作为“会”继续升温的有效依据，而学生某次不太好的游览体验则会成为其认定“不会”继续升温的理由。这类问题设计给予学生解构任务以及选择解决问题路径的极大自由度，往往有助于检测学生的思维发散程度，促进学生个性化学习和发展。

（4）表现开放

开放的试题任务指向多元的表现标准。多元的评分标准指在评分时结合多种不同的标准和方式来全面评估学生的能力和表现，它强调从多个维度、多个角度对学生的答案进行评价，旨在更全面地反映学生的综合素质和能力。试题开放的任务和情境决定了其评分的对象不应该是具体的知识点，而应是学生解决问题的行为表现。行为表现的评价维度往往是多角度、多层次的（见表6-2），所以开放的评分标准往往需要对学生在解决问题过程中可能出现的行为表现进行预设，然后根据不同的评断要点从不同维度对学生的行为表现进行水平等级的划分。例6-3的参考答案从试题观点是否明确、论述角度是否多元以及论述逻辑是否严密等维度对学生在试题中可能出现的表现进行分层，并赋予相应的分数。这类开放的评分标准使得抽象的思维过程、方法和态度可评可测，使核心素养的检测成为可能。

表6-2　行为表现的评断要点

评价的维度	评断要点
答案的多样性	评估学生的答案是否具有多样性，是否能够从多个角度和层面思考问题
思维的深度	评分时需要评估学生的答案是否具有深度，是否能够深入分析问题，并给出有深度的见解
观点的创新程度	评分时需要评估学生的答案是否具有创新性，是否能够提出新颖的观点和想法
逻辑性和条理性	评分时需要评估学生的答案是否具有逻辑性和条理性，是否能够清晰地阐述自己的思考过程和结论
……	……

二、开放性试题

1. 开放性试题的概念

既然试题的开放性具体表现在立意开放、情境开放、设问开放和表现开放等方面，那么，我们认为，开放性试题就是完全具备这些开放性表现的典型试题。也就是说，开放性试题是指以素养考查为目的，以发散性思维为考查重点，在试题的立意、情境、设问和学生作答表现及评分标准等诸多方面全方位开放的试题。

2. 开放性试题的主要类型

明确开放性试题的类型，对理解、分析和运用开放性试题有着重要的意义。当前，不同学科也根据命题者对开放性试题设计的习惯、教学理念、解题操作模式等展开分类。

根据试题的结构，我们将试题分为条件开放性试题、过程开放性试题以及结论开放性试题。

（1）条件开放性试题

条件开放性试题是指那些在解题过程中条件不唯一或者不完备的试题。这类试题一般不提供解题条件或提供一个非常复杂的包含许多干扰信息的试题情境，要求学生在问题的引导下，根据自己所学知识补充必要的条件或是从试题情境中筛选出有用的信息，进而找到解决问题的最佳途径。

【例6-4】2021年五一假期，宜昌共接待游客53万人次，旅游收入1.68亿元。旅游业正逐渐成为宜昌的一大产业。两坝一峡已经成为宜昌的精品名牌，其中“三峡人家”与车溪民俗村已经成为国家4A级景区，千年古刹玉泉寺、“小桂林”当阳百宝寨、猇亭古战场、秀丽的清江风光无一不使游客流连忘返。

问题：暑假就要到了，一个新的旅游热潮即将来临。请你为自己设计出一个旅游方案。（内容包括：时间、游览的景点、线路、交通工具、个人用具的准备等）

该题材料虽然已经提供了宜昌的一些著名景点以及宜昌旅游业发展的背景信息，但这些条件对于学生设计一条包括游览线路和交通工具等信息在内的旅游方案来说是不充分，或者说是不完备的，学生需要根据所学知识综合考虑诸如交通出行等条件，才有可能完成任务。学生补充材料的过程，也是其在具体任务驱动下筛选有用信息的过程，这一方面要求学生有着相对宽广的视野以搜寻更多的素材，另一方面还要求学生能够有足够的思维能力去辨析各类素材能否有效转化为解题的条件。因此，条件开放性试题更倾向于检测学生思维的广度和深度。

（2）过程开放性试题

过程开放性试题，是指在解题过程中，存在多种解题策略或方法的试题。过程开放性试题的结论可以是开放的，也可以是封闭的、固定的，但是得出结论的方法与途径一定是开放的。这类试题鼓励考生从多角度思考问题，并自主选择适宜的方法来解决问题。

【例6-5】（2020·温州）回眸百年中国承前启后的历史节点，立足“转型”，积蓄前行的力量。

材料一 1920年，来华访问的美国哲学家杜威在演讲中指出：“(如果)没有一场基于理念转变的社会转型，中国是不可能改变的。”引发中国青年学生的强烈共鸣。同年，英国哲学家罗素也来到中国，他高度赞扬了儒家思想的孝亲观念，并称社会改造问题求之古人，中国老子的思想最有价值。他的演讲并未在中国知识分子中引起太大反响。

——摘编自徐中约《中国近代史：1600—2000中国的奋斗》等

材料二 中国近代社会是一个动态的、新陈代谢迅速的社会，表现为一个又一个变革的浪头，迂回曲折地推陈出新。1920年的中国，前承五四新文化运动，后启中国共产党的诞生与国民革命，折射出近代社会新陈代谢这一总体特征。1920年部分大事记如下。

时间	大事记
1月	中华民国教育部通令全国中小学陆续使用白话文教材
5月	①陈独秀在上海成立马克思主义研究会。 ②孙中山发表演讲，强调国民党“今后应再有一番革命，才能做成一个真中华民国”
8月	中文全译本《共产党宣言》出版；此后，大量马克思、恩格斯、列宁的经典著作被翻译出版
8月至次年春	上海、北京、武汉等地共产党早期组织先后建立；《劳动界》《劳动者》《劳动音》《工人周刊》等通俗读物纷纷创刊
11月	在共产党早期组织的领导下，上海机器工会、上海印刷工会相继成立

问题：为什么说1920年折射出中国近代社会新陈代谢的总体特征？结合材料一、材料二，联系相关史实予以阐释。(6分)(要求：逻辑严密，表述简洁)

例6-5要求学生通过回眸百年中国承前启后的历史节点，体察1920年对五四新文化运动的继承发展、对中国共产党诞生与国民革命的铺叙奠基等相关史事，阐释“1920年折射出中国近代社会新陈代谢的总体特征”这一观点。作为观点论证，其结论是固定的，即试题要求阐释的观点。但是，论证过程中的方法和途径确实是不固定、不唯一的，而是多角度、多路径、多方法的。从情境材料看，该题以1920年不同时段的史实建构大事年表呈现纵向联系，史实涉及政治领域的变动、知识分子的探求、中国近代文明的进步等多个领域。多领域的史事，为学生作答提供了多种方法和途径。学生需按照一定标准对这些史事进行概括分类、理解特征，运用高阶思维建构多个史事、概念间的关系，再现某个时段历史过程的发展全貌。任务的完成需要学生具备从材料中概括、提取有效的历史信息，对信息进行理解与辨识、组织与运用，认识历史事物的性质与特点、影响与意义，将历史事物置于特定的历史环境中进行考察等多种历史学科能力。

具体而言，学生可以从时序性的角度构建逻辑，如1920年的中国，前承五四新文化运动，后启中国共产党的诞生与国民革命，这体现了思想文化近代化的深入发展；也可以从史事的因果关联去构建逻辑，如探寻中国共产党诞生的历史原因；还可以从空间（领域）构建逻辑：1920年中国的社会变革体现在思想、文化、教育和政治等诸领域。基于方法和途径的开放性，命题者设置了开放而多元的评分标准。

	单角度阐述	多角度阐述
水平一（1—2分）	仅依据一个史实（变化）就直接得出结论。如，新文化运动倡导使用白话文，在1920年得到持续推广，由此印证“1920年的中国折射出近代社会新陈代谢的总体特征”	
水平二（3—4分）	围绕着一个史实，联系所学知识，描述其发展变化，建立因果逻辑	结合材料，联系多个史实，多角度描述1920年的社会变化及其联系，树立全面观点
水平三（5—6分）	在水平二的基础上，归纳“近代中国的新陈代谢”不断深入的特点，表述简约严谨，逻辑性强	在水平二的基础上，归纳“近代中国的新陈代谢”变革力量多的特点，表述简约严谨，逻辑性强

答案示例：［以“马克思主义的传播”为例］经过五四运动的洗礼，越来越多的进步知识分子接受了马克思主义。1920年，随着马克思主义的进一步传播，马克思主义研究团体和共产党早期组织纷纷成立。他们积极到工人中宣传马克思主义，领导工人成立工会组织。这为中国共产党的创立奠定了基础。由此可见，近代中国的新陈代谢是一个持续发展、不断深化的过程。

1920年的中国，历经五四新文化运动的洗礼，多种变革力量持续发力。有人坚持思想启蒙，提倡思想领域的社会转型；有人逐渐认同马克思主义，并开展研究、宣传和实践等活动；政府支持白话文运动，白话文教材和出版物的流行，使民众接受新知识、新思想的能力大大提升。以上变化都折射出近代中国新陈代谢的总体特征。

（3）结论开放性试题

结论开放性试题一般指材料是明确的，但试题的结论是不固定的，它的特点在于学生可以根据自己的理解和分析，得出自己的结论或观点。

结论开放性试题只是结论形式上的开放，而结论背后的思维模式应该聚焦于核心素养与能力。因此，结论开放性的试题一定是有限制条件的，因为只有通过这些限定的条件，才能真正将考查的目标外显化，才能做到不是毫无目的的开放。

【例6-6】（2021·嘉兴、舟山）思维导图可以用来揭示历史现象之间的逻辑关系，下图是某历史老师在进行“俄国1861年改革”教学时制作的思维导图。

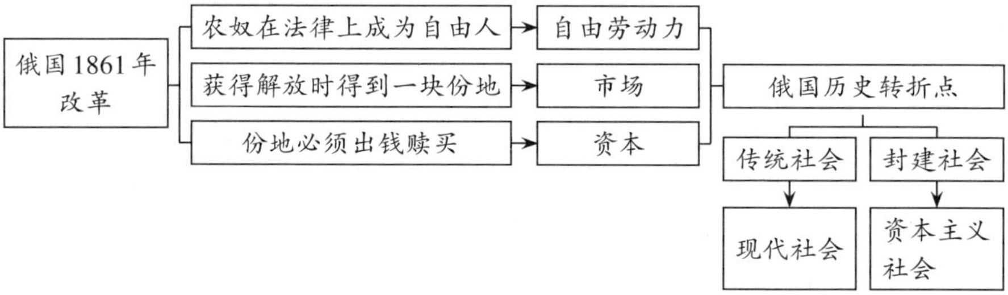

问题：据思维导图揭示的逻辑关系，帮助老师设计两个课堂教学问题。

该题要求学生根据思维导图设计课堂教学问题，该题在参考答案中也特意提及“言之成理的问题，均可给分”。这也就意味着学生从任意视角切入，只要答案合理，论据充分即可。同时也应看到，试题答案并不是毫无限制条件的。学生的答案纵使有极大差异，但都得符合题干中“据思维导图揭示的逻辑关系”这一要求。学生精准地从思维导图中捕捉到内在的逻辑关联，然后将这些关联通过自己的语言进行组织表达，这种隐藏于情境背后的思维模式才是结论开放性试题真正的评分依据。

从试题的条件、过程和结论三个要素的开放程度，我们还可以将试题分为限制性开放性试题和完全开放性试题。上述三种类型的开放性试题，都属于限制性开放。试题只有同时做到了条件开放、方法开放和结论开放，才能被称为完全开放性的试题。这类试题最接近生活中真实的问题状态，但在纸笔测试中并不常见。

【例 6-7】(2023·温州)人工智能:机遇与挑战。

作为一款人工智能(即AI)机器人,ChatGPT上知天文、下知地理,能写文章,甚至能通情达理地给出情感建议。有网友调侃说:“只有你想不到,没有ChatGPT办不成的。”在享受AI技术带来便利的同时,人们不免担忧:未来,AI会和人类抢“饭碗”吗?

知识链接:在经济全球化时代,科学技术突飞猛进,社会分工逐渐细化,引起传统职业的变革和新兴职业的兴起。

未来,AI会和人类抢“饭碗”吗?结合相关史实,从创新的角度发表你的观点。(6分)(要求:观点明确,论证严密,表述简洁)

例6-7针对人工智能发展对人类职业的影响,要求学生自由表达观点,做到了结论开放;学生运用知识论证观点,逻辑自洽即可,体现了方法和途径的多样性,做到了过程开放;但设问限制了条件,要求学生必须“运用相关史实和创新的知识”,没有做到条件的开放。如果此题的设问改为“未来,AI会和人类抢‘饭碗’吗?请发表你的观点。(要求:观点明确,逻辑自洽)”,则可视为完全开放性试题。

3. 开放性试题的命制

从试题要素看,开放性试题与其他类型的试题一样,包括立意、情境、任务和表现标准四个基本要素。因此,命制开放性试题的步骤与其他类型的试题也基本相同,即确定科学的试题立意,设计试题开放性任务,创设试题开放性情境,拟定开放性评分标准,让学生运用学科知识完成情境中的学科任务,通过考查任务的完成质量来推断其素养发展水平。下面,我们结合例6-8阐述开放性试题的命制策略。

【例 6-8】(2018·温州)通过区域综合治理,H乡成为远近闻名的生态美、经济强、社会和谐的美丽乡镇。

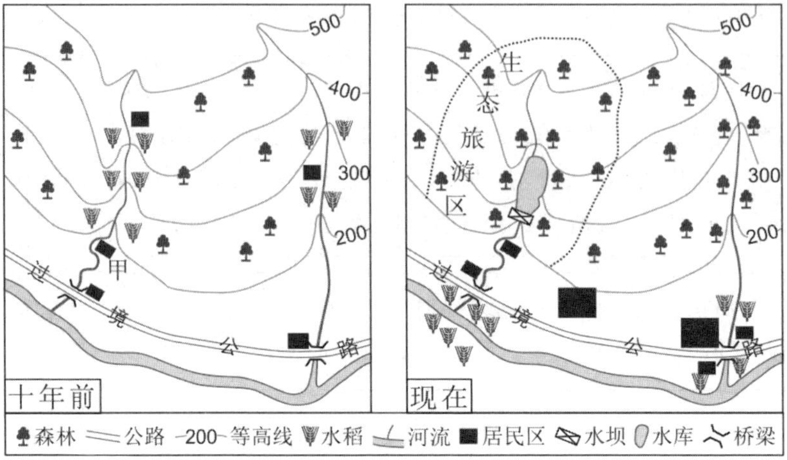

H乡的变化

问题：与十年前相比，H乡发生了许多变化。请在上图中找出一个变化，并从可持续发展的角度予以评析。(6分)(评析要求：逻辑严密，表述简洁)

(1) 确立科学的试题立意

开放性试题的命制旨在检测学生核心素养的达成水平并推进核心素养落地。因此，开放性试题命制的第一步就需要对标核心素养的明确要求，确定素养导向的评价目标。《义务教育地理课程标准(2022年版)》中对“人地协调观”这一素养提出了“面对人口、资源、环境和发展问题，做出初步的分析和评价，初步树立人与自然和谐共生的观念”这一目标要求，由此，命题者确定了“结合相关资料，对某一人类行为展开点评与分析，初步树立人与自然和谐共生的观念(人地协调观)”这一评价目标。

开放性试题强调对学生思维的发散性的检测，因此命题者将评价目标进一步调整为“结合相关资料，从不同的角度对某一人类行为展开点评与分析，初步树立人与自然和谐共生的观念(人地协调观)”。

(2) 创设开放的试题情境

开放性试题要求情境兼具一定的开放性和复杂性，进而考查学生的综合思维能力和问题解决能力。为了契合这一要求，试题的情境应该包含多元且复杂的信息。例6-8的情境通过两幅示意图展示了H乡十年间产生的多种变化，这些变化背后反映了不同的人类行为，如植树造林、易地搬迁、修建水坝等，而这一系列的人类行为往往指向不同的目的，这就为学生多角度、多层面思考与解决问题提供了可能。针对这一试题情境，试题任务的表述也调整为“找出一项变化，并从可持续发展的角度加以评析”。

（3）设计开放的试题任务

为了使评价目标具体化和可操作化，命题者需要借助相关的知识作为载体将评价目标转换为试题任务。“可持续发展指的是既满足当代人的需求，又不对后代人满足其需求的能力构成危害的发展”，学生对“可持续发展”这一理念的运用能直接反映出其对评价目标中“人与自然和谐共生的观念”的理解。同时，因为可持续发展涵盖环境保护、社会公正、经济繁荣、文化传承等多个维度的要素，涉及多个学科领域的知识体系和实践要求，本身就具备多元性，契合开放性试题的要求。因此，命题者以可持续发展理念为载体，将评价目标转换为“从可持续发展的角度对人类的某一行为进行评析”这一开放的试题任务。

（4）拟定开放的评分标准

开放性试题评分要素的确定需要考虑两部分内容：首先，要考虑试题任务的要求，可持续发展包括生态可持续发展、经济可持续发展和社会可持续发展三个方面，所以评分标准应该聚焦这个三个方面。接着，要考虑开放性试题的要求，开放性试题尤其强调学生答案的多元性，即答案是否能呈现出解决问题的多个视角。综合考量，例6-8中以可持续发展三个方面呈现的数量作为评分要素，制定了分层的评价量表，突出对发散性思维的考查。以下是例6-8的参考答案与评分标准。

变化：实现退耕还林；山区的居民区搬迁至平原地区；修建水利设施；由单纯依靠农业生产转变为农业和旅游业共同发展。（其他符合题意的答案亦可，写出一点即可，2分）

评析示例：（以“实现退耕还林”为例）。

H乡实施退耕还林后，首先，减少了当地的水土流失，有效保护了生态环境；其次，改善后的生态环境为当地发展旅游业提供了丰富的资源，促进了经济发展；再次，生态环境和经济状况的改善，提高了当地居民的生活水平，有利于促进社会和谐。由此可见，H乡的这一变化既满足了当代人的需求，又不对后代人满足其需求的能力构成危害，促进了生态、经济和社会三者的可持续发展。

评析的评分标准：采用分层评价。(4分)

水平一	可持续发展包括生态持续发展、经济持续发展、社会持续发展三个方面，能从其中的一个方面对所列举的变化进行评析，且言之有理，逻辑清晰	1分
水平二	能从可持续发展的两个方面对所列举的变化进行评析，且言之有理，逻辑清晰	2分
水平三	能从可持续发展的三个方面对所列举的变化进行评析，且言之有理，逻辑清晰	3—4分
水平四	在水平三的基础上概括可持续发展的内容特征，且形成较为严密的表述逻辑	5分

此外，学生还可以从人口、资源、环境和发展四者关系的角度去评析材料所呈现的变化。其基本逻辑思路是：发展带来的环境和资源问题(PRED问题)—人类改变与自然的相处模式(由人地冲突到人地协调)—变化带来的效益(生态环境改善、经济效益增加、社会和谐发展)。参考答案与评分标准如下。

参考答案示例：(以“山区的居民区搬迁至平原地区”为例)。

随着山区人口的增加，人类活动给当地的森林资源和生态环境造成了一定程度的压力，如森林面积减少等。山区居民区搬迁到平原地区后，通过植树造林提高了森林覆盖率，有利于山区生态环境的改善。同时，居民区搬迁至基础设施的较为完善的平原地区，有利于改善当地居民的生活。由此可见，H乡的这一变化能有效地协调当地人口、资源、环境和发展之间的关系，有利于实现经济社会可持续发展。

评分标准：

水平一	能从PRED的角度对该变化发生之前存在的问题进行描述，且言之有理，逻辑清晰	1分
水平二	能从一个角度对该变化进行评析，且言之有理，逻辑清晰	2分
水平三	能从多个角度对该变化进行评析，且言之有理，逻辑清晰	3—4分
水平四	在水平三的基础上概括三者协调发展对经济社会可持续发展的意义，且形成较为严密的表述逻辑	5分

总之，开放性试题在评分上，不再采用单向封闭的采点计分法，也不事先拟定多个学生可能会出现的答题思路，而是从思维能力的角度划分水平，着重考查学生信息获取—逻辑推演—严谨表述的综合思维过程。

在社会科期末检测卷、单元检测卷中，指向素养考查的开放性试题也比较常见。比如例6-9就出自某校的期末试卷。

【例6-9】经过一学期的历史课学习，同学们策划了"绵延不绝的中华文明(从史前到南北朝)"云展览，请你积极参与。(10分)

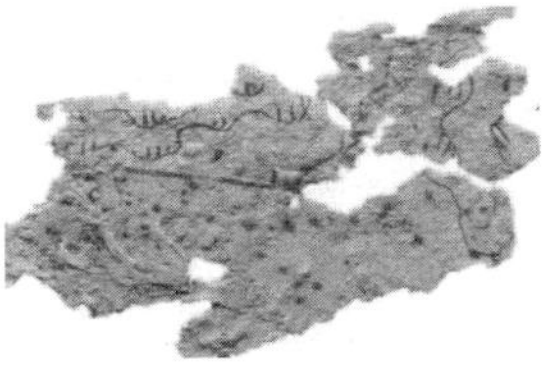		
A. 纸本地图 (甘肃·天水放马滩出土)	B. 人面鱼纹彩陶盆 (陕西·半坡遗址出土)	C. 商鞅铜方量 (陕西·蒲城县出土)
		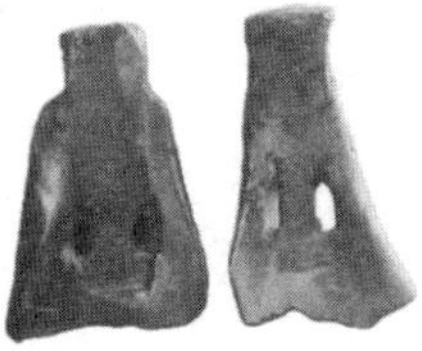
D. 南朝青瓷莲花尊 (江苏·南京市南朝墓出土)	E. 汉并天下瓦当 (陕西·汉长安城遗址出土)	F. 骨耜 (浙江·河姆渡遗址出土)

(1) 透过文物看历史。请选择一件展品进行讲解。(3分)

(2) 文物布展讲类别。仿照示例，请将上述展品归入不同的主题展厅并说明理由。(3分)

展厅名称	选择的文物(填字母)	理由
手工业发展	B、D	两者都反映了我国陶瓷技艺的发展

(3) 云上办展谈感悟。结合本次布展活动，请以"绵延不绝的中华文明"为主题，写下你的感悟。(4分)(要求：结合材料与所学知识，言之成理，言简意赅)

绵延不绝的中华文明

世界古代文明中，唯有中华文明一脉相承，绵延至今。通过本次布展活动，我对此有了更深刻的认识：________________________________

____

参考答案与评分标准：

（1）讲解能描述文物反映的具体史事，说明其历史价值即可。（2分）

示例一，人面鱼纹彩陶盆：这件出土于半坡遗址的彩陶，说明彩陶器是半坡先民的主要生活用具，其纹饰体现了半坡先民的审美意识。

示例二，商鞅铜方量：这件文物是商鞅变法的历史见证。商鞅统一了度量衡，促进了秦国的经济发展，为秦的统一奠定了基础。

（2）从历史时期、内容主题、出土地点等方面对文物进行分类，言之成理均可。（3分）

展厅主题	选择的文物（填字母）	理由
陕西文明	B、C、E	都出土于陕西，展现了陕西作为中华文明起源地绵延不绝的文明传承
中央集权	C、E	两者都见证了中央集权的加强（统一多民族国家的形成与发展）
史前时期	B、F	都属于史前时期的中华文明，见证了中华文明多元一体的起源

（3）结合相关史料并运用所学知识，从生产工具、经济发展、制度演变、文化艺术等领域阐述中华文明的传承和发展即可。（一点2分，共4分）

例6-9以“绵延不绝的中华文明（从史前到南北朝）”云展览策划为试题任务，情境真实开放，贴近学生的学习生活。试题材料来自中国历史七上教科书，对学生而言是熟悉的学习情境。围绕着核心任务，该题设置了“透过文物看历史”“文物布展讲类别”“云上办展谈感悟”三个布展任务，分别要求学生选择展品进行解说，对展品进行分类并说明理由，以“绵延不绝的中华文明”为主题撰写历史感悟，指向历史解释、史料实证和家国情怀等历史课程核心素养的考查。第（1）、第（2）题，学生可从材料提供的展品中做选择，第（3）题，学生只需结合中国历史七年级上册的学习内容畅谈感悟，言之成理即可。试题任务开放有度。从评分要求看，该题不仅提供了多个示例作为参考，还特别强调：第（1）题讲解能描述文物反映的具体史事、说明其历史价值即可；第（2）题按照历史时期、内容主题、出土地点等方面对文物进行分类，言之成理均可；第（3）题结合相关史料并运用所学知识，从生产工具、经济发展、制度演变、文化艺术等领域阐述中华文明的传承和发展即可给分。评分标准体现了开放性，给学生自由作答提供了思维空间。

三、典型试题评析

【典型试题一】阅读图文材料，回答问题。(7分)

薰衣草原产于地中海沿岸，1964年引进到伊犁河谷。现在伊犁薰衣草种植面积已达2万多亩，给当地人们带来了良好的经济效益，伊犁河谷已经成为世界三大薰衣草产区之一。

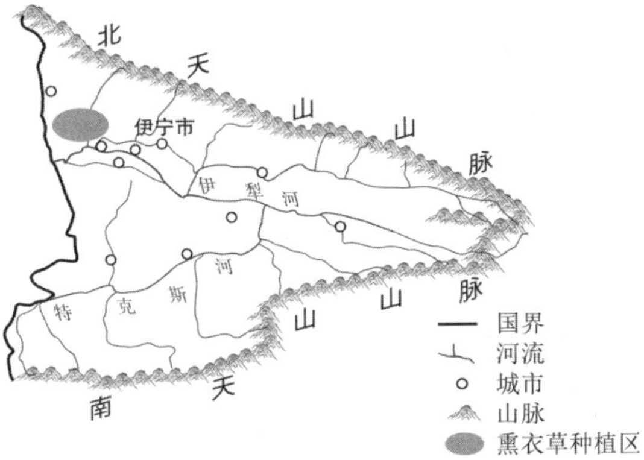

伊犁河谷薰衣草种植分布示意图

薰衣草名片 习性：喜阳光、耐旱、耐瘠薄，忌雨水。 价值：具有杀菌、止痛等功效，兼具观赏、药用价值。

(1) 据图描述伊犁河谷薰衣草种植区的具体位置。(2分)

(2) 有人提出将伊犁河谷薰衣草的种植面积扩大至现在的两倍，甚至更多，你是否赞同？请说明理由。(5分)

参考答案与评分标准：

(1) 伊犁河沿岸；东经81°北纬44°附近。(其他答案，言之成理即可)

(2) 本小题采用分层评价。

水平一	仅提出观点，没有阐述理由	1分
水平二	观点明确，能够从人口、资源、环境、发展中任意一个角度阐述理由	2分
水平三	观点明确，能够从人口、资源、环境、发展中任意两个角度阐述理由，逻辑清晰	3—4分
水平四	观点明确，能够从人口、资源、环境、发展中任意两个角度阐述理由，逻辑清晰，同时体现出协调发展的理念	5分

参考答案示例一，观点：赞同。

扩大薰衣草种植面积能够充分发挥当地环境资源的优势，同时薰衣草种植带来的良好经济效益，能更好地促进当地经济发展，进一步提高人民生活水平。但要注意的是，薰衣草种植不能无序扩张，需要在伊犁河谷地区的环境承载能力范围内。

参考答案示例二，观点：不赞同。

该地区生态环境脆弱，环境承载能力有限；扩大薰衣草种植面积容易造成土地荒漠化等环境问题，进而导致薰衣草产业效益下滑，影响人们的生活水平。伊犁河谷地区的经济发展不能以牺牲环境为代价，需要在资源开发与环境保护相协调的前提下进行。

评析：试题第(1)问关注对学生解读图表能力的检测，第二问则能直观反映出学生是否能够综合各类因素，阐述对人地关系的理解。因此，从立意的角度看，该题关注地理实践力、人地协调观、综合思维等多元核心素养的考查，是典型的素养立意试题。该题的第(2)问尤其强调学生能够从多个角度解释和分析问题，彰显出对发散性思维的考查。

从情境角度看，伊犁河谷薰衣草种植面积的扩大是一个真实、复杂的情境，学生既可以从试题材料中提取相关信息解决问题，也能运用所学知识完成任务，反映了试题情境的开放性；从任务角度看，无论是对地理位置的描述，还是对是否扩大种植面积的辨析阐述，其答案指向都不唯一，学生可以用不同的方式来描述区域的位置，也可以持不同的观点，从不同维度、以不同方式来阐述自己对区域开发原则的理解，体现任务的开放；从评价角度看，给出的答案有多重观点，言之有理即可，体现评价的多元，而分层评价的设置也指向培养学生的高阶思维和发散性思维。

【典型试题二】(2018·福建)14—15世纪上半叶，欧洲大部分地区趋于衰落。与此同时，人类文明在欧洲社会文化艺术、自然科学等方面爆发了一场令人惊叹的文艺复兴运动。思想家们通过各种方式揭露了贵族和教会的专横、残暴，表达了他们对非教会世俗思想的推崇。一旦人文主义思想进入个人和民族的头脑，就没有什么比它更难以控制的了。这一伟大变革，造就了一批颇有建树的自然科学家，如哥白尼、伽利略等，驱使了航海家们开辟新航路。同时，也对资本主义其他领域产生了重大影响。

——摘编自舍曼《世界文明史》等

阅读以上材料，提炼一个观点，结合材料和世界近现代史相关知识加以论述。(8分)(要求：观点明确，体现材料主题；史论结合，论述条理清楚)

参考答案与评分标准：

本题从观点（2分）、论述（4分）、逻辑关系（2分）三个维度评分，具体评分标准如下。

SOLO层次	能力要求	观点（2分）	论述（4分）	逻辑关系（2分）
单点结构水平	材料信息以某个知识单元为主，涉及的知识内容较为单一，只要求学生正确掌握一个知识点即可解答问题	观点仅体现一则材料主题	紧扣观点，根据材料和世界近现代史知识，列举一则史实，没有史论结合论证	—
多点结构水平	以某个知识单元为主，围绕该主题进行问题设计，材料信息量适中，要求学生只要挖掘多个知识点即可答题，且知识点之间联系较少	观点仅部分体现材料主题	根据材料和世界近现代史知识，列举多则史实，没有史论结合论证；或紧扣观点，根据材料和世界近现代史知识，仅用一则史实论证，史论结合	观点仅部分体现材料主题，但结论能围绕观点和论述内容提升
关联结构水平	给出新的问题情境，要求学生从材料中获取有效信息，并与所学的相关知识构建联系，解决较为复杂的问题	体现材料主题且观点明确	紧扣观点，根据材料和世界近现代史知识，用多则史实论证，史论结合	逻辑较严密，结论能围绕观点和论述内容，但没有提升，如照抄观点
抽象拓展结构水平	学生超越问题本身所涉及的知识点，能够从已知的结论推广到未经历的情境中，得到更抽象的结论，具有一定的开放性	体现材料主题且观点明确、新颖，有创造性	—	逻辑严密，结论能围绕观点和论述内容，并对观点进行提升

参考答案示例一，观点：先进的思想是社会发展的重要条件。

论述：文艺复兴时期，人文主义思想的传播，解放了人的思想，冲破了欧洲封建制度、宗教神学思想对人的束缚，助推了新航路的开辟，促进了欧洲资本主义的产生和发展。人文主义思想的发展，推动了欧洲资本主义制度的确立。马克思列宁主义思想指导了俄国十月革命，俄国建立了世界上第一个无产阶级专政的国家，推动了国际社会主义运动的发展。

结论：综上所述，先进思想指导社会实践，是社会发展的先导，推动了社会的发展。

参考答案示例二,观点:人文主义思想推动了欧洲社会的发展。

论述:文艺复兴时期,人文主义精神鼓舞了航海家开辟新航路,欧洲国家开始了世界范围的殖民掠夺和殖民扩张,促进了欧洲资本主义的产生和发展。人文主义思想成为反封建斗争的理论武器,资产阶级通过革命,确立了资本主义制度。人文主义精神推动了欧洲科学家们对自然科学的研究,产生了近代科学,成为工业革命发生的重要条件。

结论:综上所述,文艺复兴时期的思想解放运动,推动了欧洲社会政治、经济、科学技术等领域的发展,人文主义是欧洲社会发展的思想渊源。

该题为开放性的材料论述题,属于应用水平的能力要求。

从试题立意的角度来看,该题要求学生根据材料提炼观点并加以论证,聚焦历史解释和史料实证的核心素养,是典型的素养立意。同时,该题指向学生对于材料的多元解读,论证过程则强调学生在理解的基础上筛选知识以用于解决新材料呈现的问题,评析那些教材之外的事件、现象,指向发散性思维的考查。

在情境创设上,该题引用的史料来自美国史学家丹尼斯•舍曼的代表作《世界文明史》,既不拘泥于教材内容,也不脱离课程标准,属于整合化的学科情境。对学生而言,舍曼对欧洲文艺复兴的这段描述是新颖而未见的,但是材料信息所体现的欧洲文艺复兴的背景、主张和意义,却是课程标准规定的教学内容,也是教材内容。该题在严格遵循课程标准要求的基础上创设了一个相对开放的试题情境。

在问题设置上,该题要求学生“阅读以上材料,提炼一个观点,结合材料和世界近现代史知识加以论述”,设问具有一定的开放性,突出考查学生的理解、解释和论证能力。一方面,史料解读要求学生根据所学世界近现代史的相关知识对命题者提供的材料作出合理、正确的解释,重在阐述“史实”,强调其客观性、真实性;另一方面,欧洲文艺复兴的基本史实是不变的,历史的认识评价却是多元的。两者有机统一,解读有据,开放有度。

从答案设置看,该题答案多元,既鼓励学生从不同视角认识和评价欧洲文艺复兴对欧洲乃至世界历史的影响,又制定详细的评分细则和答案示例,从而将开放性与标准性有机融合。这样的试题有助于提高考试目标的准确性,使考试目标清晰化,也有利于提高中考的公平性,还将为教师指导学生解答此类试题提供典型的示范和明确的导向。

【典型试题三】(2023·舟山)践行党的二十大精神,"小岛你好"海岛共富你我共行动。下面是舟山某校学生以此为主题开展的短视频制作活动,请参与完成。(10分)

【分组拍摄】下面是各组拍摄的内容(片段)。

•REC

第一组

标题:________________。

小记者:"小岛你好。"海岛共富行动实施以来,你们的生活有什么变化?

普陀区葫芦岛居民:原来我们喝的是坑道井水。现在,我们家家户户都装上了自来水,在家门口就能喝到干净的水了。

定海区东岠岛居民:过去,我们岛手机信号不好、有线电视频道少。现在,我们装上了宽带,电视频道增加了,用手机看视频也很方便。

•REC

第二组

标题:代表跑小岛,民意即时通。

小记者:"代表跑小岛"作为一项制度已在舟山全市实行。那么人大代表是如何助力海岛共富的呢?

人大代表夏××:人大代表主动下偏远小岛,针对岛上居民普遍反映的问题进行调研,收集意见后,以建议的形式提交同级人大常委会,再转交相关政府部门进行办理;最后由人大代表将办理情况反馈给小岛群众,保证"民意即时通",从而助力海岛共富。

•REC

第三组

标题:走绿色发展道路需法律护航,更需你我自觉行动。

小记者:今年我市出台的地方性法规——《舟山市国家级海洋特别保护区海钓管理办法》有什么具体规定?

市司法局工作人员:办法规定,保护区按照保护优先的原则,采取禁钓区、禁钓期、禁钓鱼种、渔获物标准、渔获物限额等措施;海钓者应持有海钓许可证,禁止使用可能对海洋生态环境造成危害的生物饵料、集鱼诱鱼工具和药剂……

【剪辑制作】

（1）请根据第一组的拍摄内容为该组的短视频取一个合适的标题。(2分)

（2）第二组在制作时根据拍摄内容增绘了一张"人大代表助力海岛共富"示意图(下图)，但不小心漏绘了第一环节。请写出该环节内容，并从政治制度的角度简述人大代表做好此环节的理由。(4分)

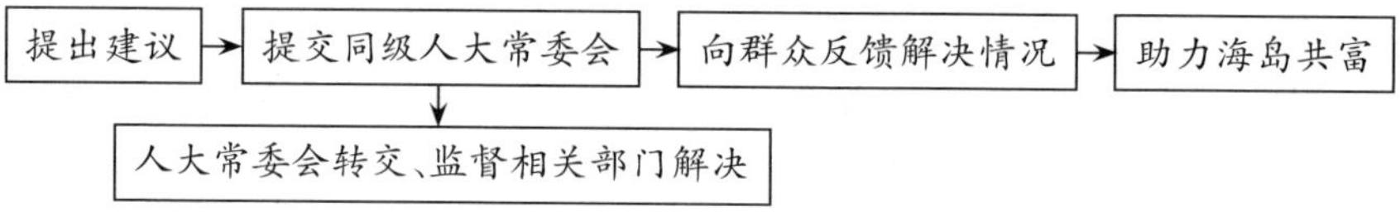

人大代表助力海岛共富示意图

【评论配音】

（3）第三组要为短视频增加一段评论配音。请根据该组的拍摄标题，替他们撰写一篇评论文章。(4分)(要求：知识运用得当，层次清晰，逻辑严密)

参考答案与评分标准：

（1）只要与第一组拍摄内容相符即可。如"共建共享，幸福小岛""'小岛你好'促海岛共富""走全体人民共同富裕的现代化道路"等。

（2）下岛调研收集群众意见。理由：人民代表大会制度是我国的根本政治制度，人大代表代表人民行使国家权力。人大代表必须密切联系人民群众，听取和反映人民群众的意见和要求，努力为人民服务，对人民负责。

（3）本小题采用分层评价。

水平一	只是单方面进行评论，如只从走绿色发展道路角度或法治角度或公民个人角度进行评论	1分
水平二	能从上述的任意两个角度进行评论，且能建立起关联	2分
水平三	能从三个角度进行评论，且三者建立起关联，层次清晰，逻辑严密	3—4分

参考答案示例：走绿色发展道路，建设生态文明，实现可持续发展，已成为当代中国的发展共识。坚持绿色发展道路，要处理好经济发展与生态环境保护的关系，保护生态环境就是保护生产力。该管理办法规定了保护海洋生态环境的原则和措施，规范了海钓行为，有利于舟山市海洋生态环境的保护、海洋资源的可持续利用，为舟山市坚持走绿色发展道路提供了法律保障。走绿色发展道路不仅需要法律护航，更需要市民的自觉行动。

每个海钓者都要树立绿色发展理念，自觉遵守管理办法，规范自身的海钓行为，让环保、文明海钓成为每个海钓者的自觉行动。

评析：该题立足舟山乡情，主题接洽社会热点，构思巧妙，情境真实，语言亲切，以"'小岛您好'海岛共富你我共行动"为明线，以法治教育、国情教育为暗线，以学生喜闻乐见的方式，将所考查的知识与学生生活实际相结合，赋予了鲜活的时代气息，体现了道德与法治课程的现实关怀和人文温度。

从立意看，该题指向真实问题的解决，体现开放性。该题以"践行党的二十大精神，'小岛你好'海岛共富你我共行动"为线索，以拍摄视频项目化活动为载体，以分组拍摄—剪辑制作—评论配音为主任务，立意高、任务真，将学生置于真实的生活情境中，考查学生解决现实社会问题的能力，对学生的知识应用能力提出了较高要求，同时也有利于培养学生的公共参与意识和责任意识。该题将地方性本土素材作为探究情境的切入口，有利于提升学生对当地乃至国家共同富裕政策的理解，认同党的二十大精神并转化成热爱家乡、热爱祖国的情感，激发以主人翁意识和负责任的态度投入建设家乡、建设祖国的行动中去，最终落实政治认同、法治观念的核心素养。

从情境看，该题指向现实生活，突显开放性。试题情境材料呈现的形式活泼，有时下兴盛的短视频分组分角色拍摄内容片段的采访对话文本框、思维导图等，与短视频拍摄任务浑然一体，仿真度高，时代性与人文性兼具，有利于引导学生关注社会，激发热爱生活的情感。该题以"分小组拍摄—剪辑制作—评论配音"的思路架构材料和设问，真实再现了短视频制作活动的过程，巧妙地将情境与主题任务紧密结合起来，融知识、情境、素养于一体，把核心素养培育与项目化主题实践活动相结合，课内学习与课外实践相结合。

从设问看，该题任务强化开放性。该题以活泼的形式、精练的语言，以学生采访并制作短视频为命题形式，既贴近学生的生活，又自然流畅地借助考查问题的形式将考查知识串联起来，引导学生层层思考，在思维的螺旋上升中倡导深度学习，激发探究兴趣。问题(1)借助短视频标题的拟定，考查学生阅读材料，概括材料，提取重要信息的能力。问题(2)借助学生漏绘环节，引导学生思考并解答人大代表做好此环节的原因。问题(3)借助为短视频配音的方式，考查学生对何为绿色发展道路、经济发展与环境保护的关系、走绿色发展道路应如何落到实处等关键问题的理解。通过这一开放性试题的呈现，有利于提升学生解决实际问题的能力，并拓宽思维的广度和深度。三个小问题环环相扣，水到渠成，回归生活、回归实践，综合性、实践性、开放性兼具。

从评分标准看，问题(3)采用等级描述、分层赋分方式，体现开放性。本问的分层赋分评价标准设置，依据SOLO评价办法，从走绿色发展道路、法治、公民个人三个角度综合考量论据的充分性、论证过程的逻辑性，设计三个层级的评分标准，划分梯度较为合理，标准描述具体可操作，示例规范、科学，条理清晰。

第七章　试题的探究性研究

《基础教育课程改革纲要（试行）》倡导学生主动参与、乐于探究、勤于动手，培养学生搜集和处理信息的能力、获取新知识的能力、分析和解决问题的能力，以及交流与合作的能力。21世纪以来，基础教育课程改革提倡自主、探究和合作的学习方式，促进学生创新意识和实践能力的发展[1]。《义务教育课程方案（2022年版）》明确要求“提高自主、合作和探究学习能力”“增强试题的探究性、开放性、综合性”[2]。由此，探究性成为考试试题的核心特征，探究性试题成为近年考试命题的重要题型。

一、试题的探究性

1. 试题探究性的内涵

什么是试题的探究性？这是展开探究性试题研究的前置性问题。“探究性”是一个形容词，源于“探究”，通常用来描述具有探索和研究性质的事物、活动或学习方式。从这一维度出发，试题的探究性应该指代试题能否有效引发学生的探究行为。由此，可以赋予试题的探究性这样的定义，即“试题驱动学生自主探究行为的程度”。

那么，探究性的内涵究竟是什么？这就得从“探究”一词在教育领域的内涵展开。

第一，探究是一种主动的学习。“探究”在《现代汉语词典》（第7版）中被解释为“探索研究”。具体来说，探究指的是通过提问与质疑，运用搜寻资

[1]钟启泉，崔允漷，张华.《为了中华民族的复兴　为了每位学生的发展　基础教育课程改革纲要（试行）》解读[M].华东师范大学出版社，2001:247

[2]中华人民共和国教育部.义务教育课程方案（2022年版）[S].北京师范大学出版社，2022:14-15

料、设计方案、检验真伪等方式进行学习或研究问题的方式。不同于传统的接受式学习,探究更加强调学生主动对未知事物或问题展开研究与分析,可以说是一种内驱型的学习方式。

第二,探究是一种指向深度思维的学习。所谓深度思维,就是指学生自主“分析、评价、创造”的思维,是发生在较高认知水平层次上的心智活动或较高层次的认知能力。从定义上我们不难得出这样的结论:具有深度思维的学生在知识信息加工、概念的理解与运用等方面有着更深刻的见解,能够更加主动地建构知识体系,并把所拥有的知识迁移应用到真实情境中,用以解决生活中所遇到的复杂问题,并最终促进学习目标的全面达成。深度思维强调思维逻辑链的完整严谨,在杂乱的信息流中保持思维能力,灵活切换思考视角的换位思考。

第三,探究是一种指向实践创新的学习。创造性学习不仅要求学生掌握知识,更要求他们能够灵活运用知识,通过创新的方式解决问题。而在探究过程中,学生通过尝试不同的方法和思路,能够发现新的知识和观点,这往往能够激发学生的创造力和想象力。同样,探究过程中,学生需要了解探究的主题或问题,收集和分析数据,形成解释或解决方案,并对其进行评估和交流。这就需要学生深入思考、理解知识,并能够将所学知识应用到实际生活中,实现知识的迁移和转化。可以说,探究过程中往往伴随着创新性学习和深度学习,而这两个学习过程都明确指向对于学生思维深度的训练。

通过对探究一词的深入分析,我们可以明确试题探究性的两大指向:主动探究、深度思维。具有探究性的试题往往能激发考生主动探究的欲望,促使他们运用深度思维进行分析和研究,最终产生个性化的成果。

【例 7-1】

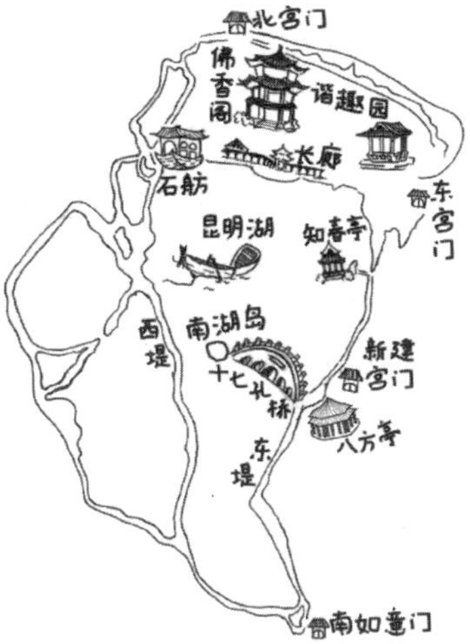

图一　颐和园手绘游览图

图二　小明游览途中拍摄的照片

小明前往颐和园踏青赏景，拍摄了许多景观照片。结合图一判断，图二中的照片最有可能的拍摄地点是　　（　　）

A. 南湖岛　　B. 东堤　　C. 长廊　　D. 谐趣园

例 7-1 要求学生根据颐和园的手绘游览图推测图二照片拍摄的地点。学生需要抓取不同图片中间的细节，将实景照片和平面游览图相互转化才能够确定具体方位。该题驱使学生将判别方向的方法迁移运用至实际解决问题的过程中，是典型的考查学生深度思维的探究性试题。

2. 试题探究性的表现

通过对试题探究性内涵的剖析，我们可以明确试题探究性的具体表现：不良结构的试题情境、具有挑战的试题任务、彰显分层评价的评分标准及指向深度思维的试题立意。结构关系如下图。

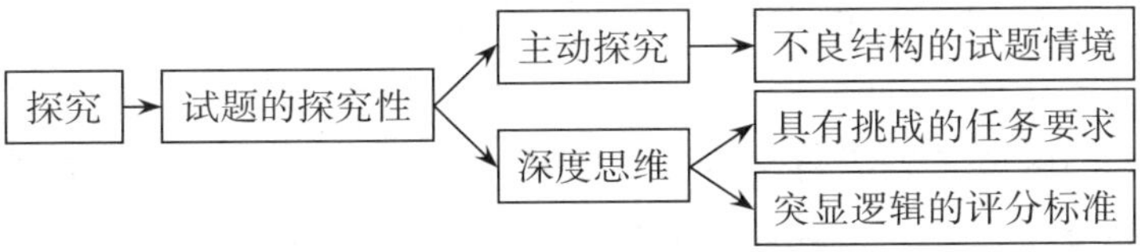

探究性在试题中的指向及表现

下面，我们以例 7-2 为例，阐述试题探究性的主要表现。

【例 7-2】（2018·绍兴）为什么历史上田纳西河流域从森林密布、物产丰富的富庶之地变成了不适合农耕的贫困之地？请结合相关链接，用图示来

回答这一问题并把它画在下图空框中。(6分)

【相关链接】18世纪下半叶,田纳西河流域森林密布,物产丰富。独立战争后,移民不断涌入田纳西河流域,他们砍伐森林,开垦耕地,在河谷和山坡上种植玉米、棉花和马铃薯等,有的则将河谷、山坡开发成牧场。开始时,收获是鼓舞人心的,于是人们更努力地开垦耕作。但是,情况不久就改变了。许多终年清澈的河流,水量减少了,有的甚至消失了。大雨时,很多小河变成了黄色的洪流。土层越来越薄,再加上不注重养护,收成大大减少,生活一下子变得艰难,许多人选择了放弃,重新寻找土地。20世纪30年代,田纳西河流域越来越不适合农耕,成为美国最贫困落后的地区之一。

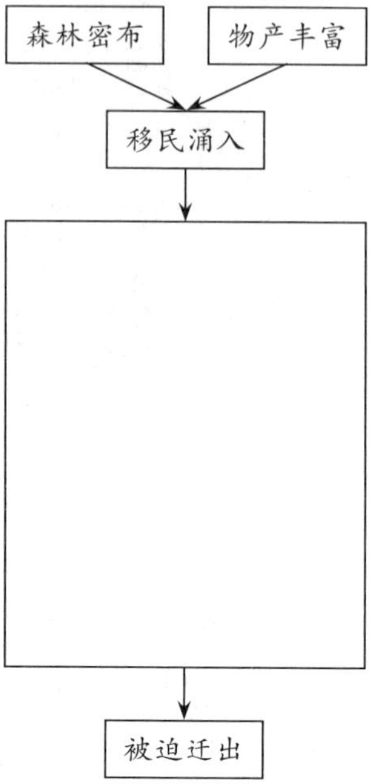

评分标准:

层次	要求	赋分
第一层次	能用相关链接中的现象,揭示人口、资源、环境、发展这四要素中的1—2对关系说明原因,且逻辑顺畅	1—2分
第二层次	能用相关链接中的现象,揭示人口、资源、环境、发展这四要素中的3—4对关系说明原因,且逻辑顺畅	3—4分
第三层次	能用相关链接中的现象,揭示人口、资源、环境、发展这四要素中的5对及以上的关系说明原因,且逻辑顺畅	5—6分

(1)立意:指向深度思维的考查

在试题立意上,探究性表现主要体现在指向深度思维的考查。深度思维强调对问题或主题进行深入分析和理解,追求对事物本质和内在联系的把握。具备探究性的试题通常需要学生超越表面的理解,深入挖掘问题的本质和内在逻辑,提出独特的见解和解决方案。可以说,具备探究性的试题不仅关注学生运用所学知识和技能解决问题的能力,更关注学生在此过程中展现出的思维能力。

指向深度思维的试题立意本质上就是素养立意。在例7-2的任务解决过程中，学生首先要根据材料找出该区域产生的多种变化，然后挖掘这些变化背后的本质即PRED问题，接着要结合情境梳理人口、资源、环境、发展几个要素内在的逻辑关系，最终通过图示的方式呈现自己的观点与见解。这不仅要求学生掌握扎实的理论知识，更要求他们在面对陌生任务时能够深入发现问题的本质和内在联系，明确指向了对学生深度思维的考查。可以说，该试题在素养立意的基础之上，侧重于对学生深度思维能力的考查。

（2）情境：呈现真实完整的不良结构

不良结构的试题情境也叫劣构情境。试题的探究性强调学生能够主动参与到研究过程中来，而这部分内在的驱动力往往来自于学生对任务的兴趣、好奇心和自我价值感等因素。不良结构的情境往往是不完整、不确定的，这种不确定性能够激发学生的好奇心和求知欲，促使他们主动进行探究。另外，不良结构的情境通常涉及多种影响因素和变量，且这些变量之间可能存在复杂的相互作用，这使得学生不能简单地应用已有知识或方法，进而驱使他们进行深入分析和思考。

例7–2呈现了田纳西河流域原本是物产丰富的富饶之地，但在人口大量迁入后却变成了不宜居住的贫瘠之地的变化。这一实际生活中发生的变化对于学生来说是极具冲击力的。而在学生原有的认知思维中，这一变化产生的路径是不清晰的，因此能够驱使学生主动探索其背后的原因。同时，该题情境材料中呈现了人口、资源、环境等多个因素的变化，它们彼此之间相互联系，共同影响着田纳西河流域的发展。学生只有深入分析，精准梳理这些因素内在的联系和作用，才能有效解决问题，这就使得探究行为能够真正发生。

（3）任务：强化具有挑战性的探究

任务探究指试题任务能够驱动学生的深度探究，进而检测其在解决问题过程中呈现出的思维水平。这主要表现在试题任务具有一定的挑战性。这类任务要求学生在面对问题时，不仅要运用已有的知识和技能，还要进行深入分析、综合、评价和创造，以寻找解决问题的有效策略。同时，任务也要给予学生一定的探究空间，即为学生提供自由发挥、探索和创新的余地，只有给予他们在解决问题过程中更多的自主性，才有可能呈现更具创造性的探究结果。需要特别指出的是，挑战性任务并不等同于高难度的任务，任务对标的素养要求必须落在学生的最近发展区内，在满足考生“跳一跳能够摘得到桃”的情况下，任务的设置才是有效的。

例7-2要求学生以图示的方式呈现田纳西河流域发展陷入困境的过程，对于学生来说，这一任务是陌生的，缺乏明确的解题路径，因此是富有挑战性的。但任务与课程标准中“人地协调观”的素养目标是相契合的，因此并不是完全脱离学生的实际，而是精准落在学生最近发展区内。同时，该题并没有对答题的路径进行过多的限制，学生既可以从人口与环境之间的关系加以解释，也可以从人口和资源的角度进行说明，有充分的探究空间。

（4）表现：突显逻辑自洽的评分标准

试题的探究性旨在检测学生在问题解决过程中呈现出的思维深度和逻辑严密程度。为了全面、准确地评估学生在解题过程中的深度思维，命题者需要制定区分不同思维水平和逻辑自洽度的评价标准。具有探究性的试题需要给予学生相应的探究空间，因此，其评分标准在设计上应该允许多种答案出现。在此基础上，命题者需要从答案的组织结构、条理清晰度、逻辑严密性等方面将考查的思维能力量化为可见的行为，进而评价学生答案的质量和水平。这就是评分标准的层级化，即评分标准的分层。

例7-2关注的是学生人地协调观念的内化程度，在试题情境中具体表现为从PRED的角度对田纳西河发展过程的显性梳理，正如评价量表所展示的，能利用5对以上的要素关系进行说明的学生，其关于人地协调观的理解程度显然会高于只能确立1—2对关系的学生，对应的，其思维能力也会更为突出。当然，为了彰显出对思维评价的科学性，试题答案中还特意明确了“逻辑顺畅”这一要求。

【例7-3】（2020·温州）棉花，将不同大陆连在一起，创造了一个关于劳动力、生产和销售的全球故事。（12分）

材料一　全球棉花贸易市场的空间变化。

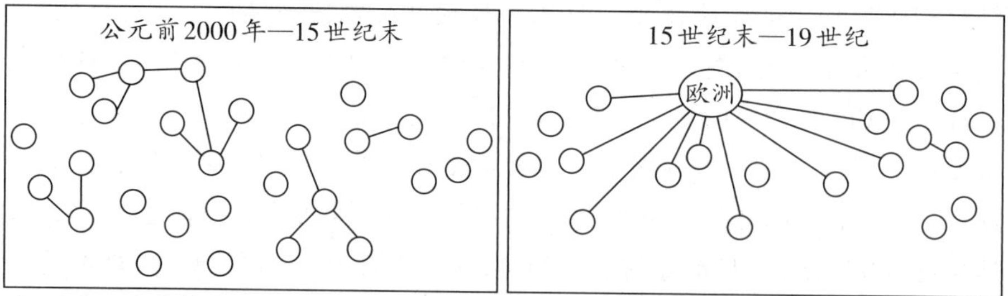

注：图中○代表棉花生产、消费中心

（1）根据材料一，概括全球棉花贸易市场的空间变化，并指出15世纪末产生这种变化的主要原因。（4分）

材料二 18世纪60年代，英国商人、发明家及制造商为降低劳动成本，促成了珍妮纺纱机、水力纺纱机等一系列纺织工具的发明。1780年后的20年中，英国棉纺织品出口增长了近200倍，至1815年，凭借这些出口，英国几乎在全球棉纱和棉布贸易中击败所有竞争对手。棉纺织业的发展也使得其他工业领域的发展成为可能。

（2）根据材料二，分析棉纺织业发展对英国产生的历史影响。（4分）

材料三 1861年，棉纺织业已成为世界上最重要的制造业，为欧洲商人带来巨大财富，也使美国因棉花出口而跃入世界经济的中心舞台。但是，美国南方棉花种植独特的经济体制与北方工业化和刚刚出现的自由劳动相冲突，给这个新生国家带来危机。以致英国商人担忧，全球棉花市场的最大原料供应链可能被切断。

——材料二、材料三摘编自斯文·贝克特《棉花帝国——一部资本主义的全球史》

（3）结合材料三，运用史实说明英国商人担忧供应链被切断的理由。（4分）

参考答案：

（1）棉花贸易从多极、分散逐渐向欧洲集中，世界联系日益紧密；（2分）主要原因是新航路开辟。（2分）

（2）英国棉纺织业新技术、新工具的发明提高了生产力水平，使其在全球棉花贸易竞争中获得优势，并推动了工业革命的发展。英国最终成为世界上第一个工业国家。（4分）

（3）美国南北方因奴隶制存废长期存在矛盾，最终爆发内战。英国商人担忧一旦解放奴隶，将对欧洲棉纺织业发展造成冲击。（4分）

例7-3是一道探究性比较突出的历史试题。该题以全球棉花产业为载体，通过对多元时空下各地区互动的统合考察，为学生理解资本主义的兴起与发展提供了一个新的视角。该题营造的历史事件和历史学习情境，侧重考查学生在不同情境下运用必备知识和关键能力处理信息的素养，指向深度思维的考查，体现了立意、情境、任务的探究性，答案的逻辑性。

具体而言，第（1）小题，通过呈现15世纪末前后全球棉花贸易市场的空间变化，含纳了“概括”和“解释”两个能力层级的设问。“概括空间变化”考查学生基于历史地图的信息加工和语言表达能力;“解释空间变化”考查学生基本的时序意识和对史实之间关联性的认识。第(2)小题,聚焦棉花制造帝国的诞生,这与发端于英国的工业革命密不可分。试题要求学生将其对史料有效信息的解读与已有历史知识(工业革命)进行综合,以构建新的历史认知(棉纺织业→工业革命→英国资本主义发展),针对具体问题(棉纺织业对英国的历史影响)有效调用结构化的核心知识予以解答。第(3)小题,跳出欧洲看欧洲,选取历史发展的重要转折点,通过纵横联系引导学生对美国内战爆发和棉花制造帝国陷入危机进行关联性分析,较好地考查了学生对历史事件之间的因果关系作出解释的素养。

二、探究性试题

1. 探究性试题的概念

既然试题的探究性主要表现在立意上指向深度思维、情境上呈现劣构性、任务具有挑战性、表现强调逻辑性等诸方面,那么,我们认为,探究性试题就是完全具备这些探究性表现的典型试题。也就是说,探究性试题就是以素养考查为目的,以深度思维为考查重点,在试题的立意、情境、任务和学生作答表现及评分规则等诸多方面均指向探索研究的试题。

2. 探究性试题的主要类型

明确探究性试题的类型,对理解、分析和运用探究性试题有着重要的意义。当前,不同的研究者从试题设计的习惯、解题操作模式等角度,对探究性试题进行了分类。通过探究事物的起因、经过及结果,我们可以系统地分析事物发展的全过程,理解事物发展的内在逻辑和关键因素。参照这一思维模式,我们可以将探究性试题划分为原因探究型、过程探究型、结果探究型、原理(规则)探究型四种类型。

(1) 原因探究型

原因探究型试题,是指在试题情境和设问中,给学生提供事物发展的过程或结果,但隐去事物产生的原因,要求学生根据过程或结果推测出事物产生的原因的试题。如下面这道例题。

【例 7–4】阅读材料，回答问题。(6分)

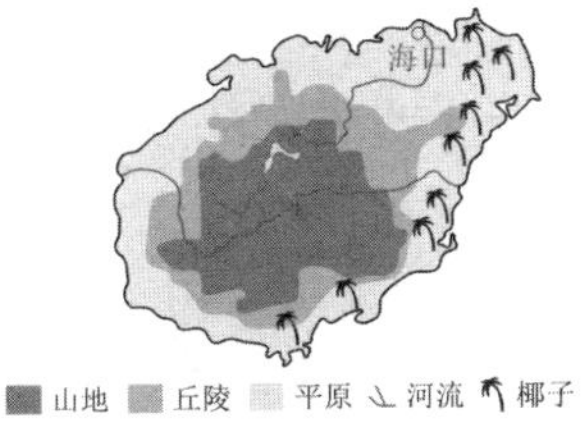

图一　海南岛地形图

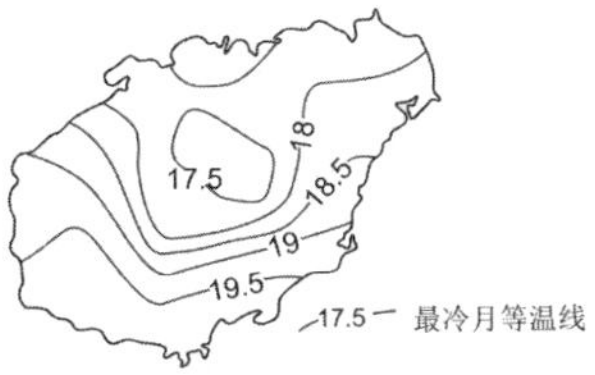

图二　海南岛最冷月等温线分布图

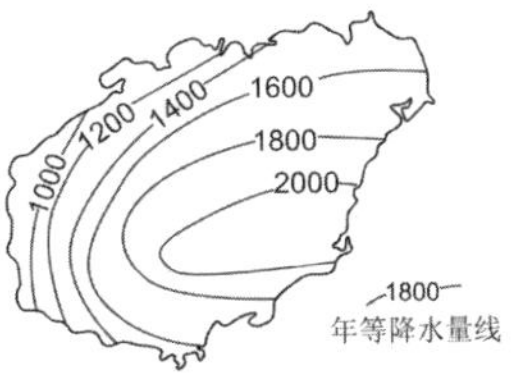

图三　海南岛年降水量分布图

例7–4以海南岛椰树种植为试题情境，其中图一直观呈现了海南椰树分布的规模及主要范围，这是海南岛椰树广泛种植的结果。该题要求学生结合三张图表，分别从地形和气候两个角度推测适合椰子生长的自然条件，实质上是要求学生能够从事物发展结果的角度出发，结合所学的农业区位因素以及读图技能，分析海南岛东部沿海能广泛种植椰子的原因，强调对原因的探究。

(2) 过程探究型

过程探究型试题，是指在试题情境和设问中，给学生提供事物产生和发展的原因及结果，但隐去事物发展的过程，要求学生根据原因和结果推测事物产生过程的试题。例7–5就是一道典型的过程探究型试题。该题以某地PRED问题为情境，要求学生选出示意图中“甲”和“乙”分别代表的内容，示意图中分别交代了它们产生的原因以及其带来的结果，学生需要在准确把握原因、过程与结果的内在关系的基础之上，调用PRED相关知识进行作答，强调对过程的探究。

【例 7–5】(2020·温州)下图中甲、乙代表的内容分别是　　　(　　)

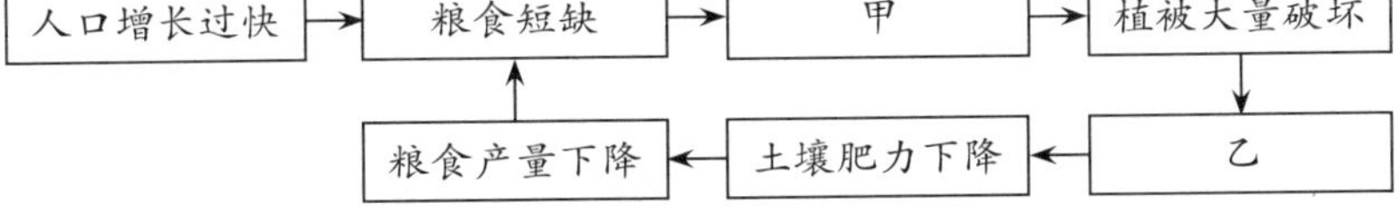

某地“PRED问题”示意图

A. 过度开垦土地，环境污染严重

B. 过度开垦土地，水土流失加剧

C. 改进生产技术，环境污染严重

D. 改进生产技术，水土流失加剧

（3）结果探究型

结果探究型试题，是指在试题情境和设问中，向学生提供事物产生和发展的原因和过程，但隐去事物发展的结果，要求学生根据原因和过程推测事物产生的结果或影响的试题。

【例 7-6】阅读材料，回答问题。

文明旅游，你我有责。如何对不文明游览行为进行劝阻一直是景区管理工作的难点，某景区针对游客不文明游览现象，招募了一群穿着古代盔甲的"武士"。他们列队巡逻，看见不文明游客，便上前作揖并用古汉语予以劝阻。如"好汉，大庭广众之下，切莫在此吞云吐雾！""好汉，众目睽睽之下，请提履穿之！"此举引得大家纷纷点赞。

问题：景区的举措能否有效解决游客不文明游览的问题？结合所学知识加以分析。

该题以景区创新文明劝阻措施为试题情境，该题的情境材料交代了景区创新劝阻方式的原因和具体做法，要求学生思考景区的行为能否有效减少不文明游览现象，实质上是引导学生在明确原因和过程的基础之上推测该做法可能会带来的影响，强调对事物发展结果的探究。

（4）原理（规则）探究型

原理（规则）探究型试题是指在清晰呈现事件发展过程的基础之上，要求学生运用所学的知识和方法，揭示其背后的原理或规律的试题。

【例 7-7】（2021·嘉兴）"小""大"不期来相逢，人文关怀情意浓。阅读材料，回答问题。（5分）

材料一　小鸿沟"迎来"大政策。

微报道	为让老年人更好地共享信息化发展成果，针对老人群体面临的"数字鸿沟"问题，2020年11月15日，国务院办公厅印发《关于切实解决老年人运用智能技术困难的实施方案的通知》。其中规定：完善金融科技标准规则体系……平台企业要提供技术措施，保障老年人网上支付安全
微评论	数字时代下的"尊"老有了国家的政策、制度保障

材料二　大飞机"等候"小朋友。

微报道	2021年4月30日，新疆和田机场最后一班飞往乌鲁木齐的航班准备起飞时，被拦了下来。原来，当地一名7岁男孩因手臂被拖拉机绞断，需紧急前往乌鲁木齐进行手术，错过时间将无法治疗。接到请求后，经多方协调，南航向该机组下达了"滑回廊桥，二次开门"的指令。航行中，乘务组安排专人照看男孩，一名医生旅客主动协助，机组还捐款给男孩应急。这被称作一场"生命"速递
微评论	在生命道义面前，航空规则的"让步"让出了人性之暖

设问：从平等角度阐释两则微评论所折射的道理。(5分)

参考答案：平等是人类的崇高理想，是社会发展的永恒主题。每个人都有平等的生存权利、发展权利和追求幸福的权利，我们要平等地对待所有成员，尊重他们的合法权益。但不同情况要差别对待，如老人、儿童等在特殊情况下应获得优先权，得到特殊关照。

例7–7的情境材料分别呈现了两则新闻报道以及对应的新闻评论，要求学生从平等的角度阐释两则新闻评论折射出的道理，两则新闻较为清晰地呈现了事件发展的主要过程，学生需要以新闻评论的视角切入，结合具体事件过程来探索平等这一概念在不同情境中的内涵，指向对原理或规律的探究。

3. 探究性试题的命制

从试题要素看，探究性试题与其他性质的试题一样，包括立意、情境、任务和表现标准四个基本要素。因此，探究性试题命制的基本步骤也与其他类型的试题大体相同，即确定探究性立意，创设探究性情境，设计探究性任务，拟定逻辑性作答表现及评分规则，通过学生在情境中的学科任务完成情况推断其素养发展水平。下面，我们结合例7–8来阐述探究性试题的命题策略。

【例7–8】(2021·湖州)百年党史，风雷激荡。某校学生以展板形式呈现了中国共产党波澜壮阔的奋斗历程。

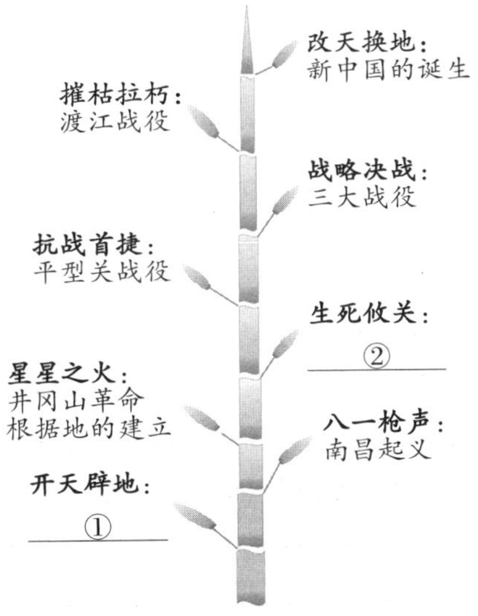

主题：没有共产党就没有新中国

展板一

主题：③

展板二

学习摘记

中国共产党紧紧依靠人民，跨过一道又一道沟坎，取得一个又一个胜利，为中华民族做出了伟大历史贡献。

——摘自习近平《论中国共产党历史》

展板三

问题：选择展板一或展板二中的一则史实，对展板三中的观点加以分析。(6分)(本小题采用分层评分，须紧扣观点，分析全面，逻辑严密)

参考答案与评分标准：

回答该题需从所选史实的历史背景、主要过程、影响等方面展开；分析应体现学习摘记(观点)中依靠人民、跨过沟坎、历史贡献三个层次。

水平一	只选择史实，无任何分析或分析完全错误	0分
水平二	选择一则史实，能围绕观点中某一层次加以分析	1—2分
水平三	选择一则恰当的史实，能围绕观点中的两个层次加以分析，并能建立两者的逻辑联系	3—4分
水平四	选择一则恰当的史实，能围绕观点中的三个层次加以分析，并能建立起三个层次间的逻辑联系，分析全面	5—6分

示例：井冈山革命根据地的建立。1927年大革命失败，9月，毛泽东发动秋收起义，因敌人力量过强，起义军损失较大。毛泽东率部转战达井冈山，建立第一个农村革命根据地。在井冈山革命根据地创建过程中，中国共产党在人民的支持下，开展了土地革命和武装斗争，走上了农村包围城市的道路，中国特色革命道路逐渐形成。(6分)

(1) 确定探究性立意

确定探究性立意，即根据试题指向学科素养与深度思维的立意要求，确定具体的考查目标。前文已经述及，探究性试题的立意被赋予两层内涵：一是指向核心素养，二是侧重于深度思维的考查。试题立意以试题评价目标的方式呈现。探究性试题考查目标的确定往往按照如下步骤展开：

首先，对标课程标准确定核心素养导向的评价目标。《义务教育历史课程标准(2022年版)》针对“历史解释”这一核心素养提出了“能够客观叙述和分析历史，有理有据地表达自己的看法”这一目标要求，综合“通过学习近代历史，知道民族民主革命的艰巨性，认识没有共产党就没有新中国(历史解释）”[1]及“能够了解中国现代史发展的基本线索和重要事件、人物、现象；能够理解中国走社会主义道路的历史必然性和探索这条道路的艰巨性和曲折性（唯物史观、时空观念、历史解释）”[2]这两条学业要求，例7-8的命题者确定了“结合中国近现代发展的重要历史事件，理解中国民族民主革命及探索社会主义道路的艰巨性，探究中国共产党在此过程中做出的重要贡献（唯物史观、历史解释）”这一考查目标。

其次，根据深度思维的要求对命题目标进一步调整。深度思维既要求学生对信息进行深度分析和对比，深入挖掘材料的内在逻辑、关联性和价值，还要求学生将历史事件置入具体时空框架中以揭示其独特性和重要性。基于这些要求，例7-8的命题者将考查目标调整为“能筛选合理的历史事件，结合具体的时代背景，探究中国共产党在领导人民取得民族民主革命胜利及探索社会主义道路的过程中发挥的重要作用（唯物史观、时空观念、历史解释）”。

（2）创设探究性情境

为了驱使学生在考试过程中能够主动探究，命题者需要构建激发学生探究欲望的、不良结构的试题情境。具体的操作路径如下：

首先，要针对试题的任务要求筛选并编排情境材料。试题要引导学生筛选出最为典型的史实，例7-8情境材料中呈现了民族民主革命和探索社会主义道路过程中的相关事件，彰显了对思维的考查。同时，这些事件的典型性要有所区别。针对探究性试题的要求，试题情境材料的编排要驱使考生主动探究。例7-8从学生的视角切入，以项目化学习的方式编排情境材料，情境形式比较活泼，能有效激发学生的探究欲望。

其次，要依托情境材料完善试题任务。试题任务题干过长，要素过多，对于学生来说理解和操作起来会比较困难，因此命题者可以适当将任务内容和要求呈现于情境材料中，以简化试题任务的表述。例7-8将“在领导人民取得民族民主革命胜利及探索社会主义道路的过程中”这一任务内容蕴藏于展板一和展板二中，将“从多个层面分析中国共产党发挥的作用”这一任务的要求具象化为展板三中一个明确的观点，通过这样的方式，试题的

[1] 中华人民共和国教育部．义务教育历史课程标准（2022年版）[S]．北京师范大学出版社，2022：21

[2] 中华人民共和国教育部．义务教育历史课程标准（2022年版）[S]．北京师范大学出版社，2022：25

任务就简化为“选择展板一或展板二中的一则史实对展板三中的观点加以分析”。

（3）设计探究性任务

试题的考查目标是否达成，需要通过学生探究性任务的解决过程和结果来检验。因此，探究性试题的命制最为关键的一步是设计具有探究性的任务。具体操作分为两步：

首先，将评价目标中相对抽象的表述转变为具象的、可操作的任务要求。这往往需要考量考试的性质以及考生的学情，以例7-8为例分析，考查目标中“筛选合理的历史事件”这一行为条件涉及的知识面过大，不适应当前闭卷的纸笔测试，因此需要缩小筛选史实的范围。再如考查目标中的“探究”这一行为要求指向过于宽泛，需要将其调整为更为明确的行为。由此，得以明确例7-8的试题任务表述为“从材料中选取合理的史实，结合具体时代的背景，分析中国共产党在领导人民取得民族民主革命胜利及探索社会主义道路的过程中发挥出的重要作用”。

其次，需要结合思维深度的要求对其任务表述进行调整。学生筛选史实的典型性直接反应了其对设问和史实价值的理解程度，但若任务要求学生筛选多种史实，思维发散性的介入就会对思维深度的精准考查产生干扰。因此，试题任务要聚焦学生选取一个最典型的史实，并引导学生从多个层次有逻辑地展开分析，进而精准考查学生的思维深度。由此，例7-8试题任务的表述调整为“从材料中选取一则史实，结合具体时代背景，从多个层面分析中国共产党在领导人民取得民族民主革命胜利及探索社会主义道路的过程中发挥出的重要作用”。

（4）拟定逻辑性作答表现及评分规则

为了区分学生在探究性过程中表现出的不同思维深度，命题者需要预设具有逻辑性的作答表现（即答案），并制定出区分不同思维层次和逻辑要求的评分标准。这主要包括两个步骤：

首先，根据试题任务确定评分要素，即解决根据哪些要点对学生的行为水平进行划分这一问题。例7-8的试题任务要求学生选择一则史实并展开对观点的分析，观点中又包含依靠人民、跨过沟坎、历史贡献三个层次。因此，命题者可以将史实的选择及论述过程中是否分层作为评分要素。

其次，根据思维深度划定不同水平，即根据思维层次的要求，对不同要素的表现的行为表现进行等级划分。因为试题观点中包括“依靠人民、跨过沟坎、历史贡献”三个层次，但试题情境中呈现的史实并不一定都包含这三部分内容，因此史实选择的恰当与否能直接反映出其思维水平。同时，学生在论述过程中呈现出的层次数量以及内在的逻辑关联能直观地反映其对于任务本质的理解。由此，命题者制定出区分思维层次和逻辑要求的评价量表。

【例7-9】（2023·温州）探店生乱象，规范促发展。（12分）

探店乱象

网络新词：探店，指消费者前往商家消费时，对商家环境、提供的产品和服务有所了解后，以图文或视频方式在网络社交平台上分享消费体验。

专家观点：探店经济顺应时代潮流，有利于刺激消费，拉动经济，既为现实所需，又有广阔前景。但由于探店人员素质良莠不齐，网络平台缺乏规则约束，相关法律尚不完善，导致乱象频生。

（1）你如何看待某些探店人员随意“夸大”的行为？（2分）

（2）被“抹黑”的商家的哪一权利受到侵犯？其应如何维权？（4分）

（3）为规范探店行业发展，请你向探店人员、网络平台、国家机关提出建议并说明理由。（6分）（任选两个主体作答）

参考答案与评分标准：

（1）这种行为扭曲了事实，是不诚信的。（其他答案言之有理亦可，2分）

（2）人格尊严权或名誉权（2分）；要求“抹黑者”公开道歉。（其他合理维权行为亦可，2分）

（3）从探店人员、网络平台、国家机关等主体中任选两个作答，建议准确有效，理由科学合理。（示例）探店人员：加强自律，树立敬业意识。只有脚踏实地、勤勤恳恳才能成就一番事业，实现自己的人生价值。网络平台：制定探店规则，加强监管。制定探店规则能够划定探店行为的边界，保障行业有序发展。立法机关：完善相关法律。法律的完善能够进一步规范探店行为，保护行业相关人士的合法权益。

该题聚焦“为什么要规范探店行为”以及“如何规范探店行为”这两个核心任务，具有较强的探究性。

从试题立意看，该题依据学业质量标准中“了解习近平法治思想，具有宪法法律至上的观念，能够正确认识和行使公民权利、履行公民义务，运用实际案例说明与生活相关的法律规定”要求命制，旨在考查学生法治观念、责任意识、道德修养等核心素养的达成情况，面向学生可能会面临的现实问题及解决方案，以满足学生成长发展的需要，体现考试促进学生发展的功能。

在情境的创设上，该题选择以数字经济下的产物“探店经济”为切入点，关注时代发展下的新现象，用时政漫画的形式呈现，情境真实而完整，属于不良结构。

在任务设计上，该题以“认识现象—评价行为—解决问题—提出建议”为逻辑设计问题。该题在指向问题解决的同时，引导学生认识到良好的社会秩序需要各方共同维护，主动承担责任、恪守道德和法律。具体而言，第(1)问“如何看待随意夸大的行为”，要求学生能明辨是非善恶，做出正确的价值认知和判断，考查学生看待社会问题的基本能力和价值判断，同时也有效测评“道德修养”素养中个人品德、社会公德、职业道德的认知发展程度。第(2)问要求学生能够运用法律知识对“抹黑”行为进行分析，并思考被“抹黑”的商家该如何维权，考查学生解决问题依靠法律的思维习惯、行为方式以及依法参与社会生活的能力水平。第(3)问邀请学生为“规范探店行业发展”提建议，试题设问具有开放性，学生可以从探店人员、网络平台和国家机关等主体中任选两个作答，提出建议并说明理由。该题要求学生建议合理，且有理有据。该题在引导学生解决这一复杂的现实问题的过程中，考查其多角度、多层次分析问题、解决问题的能力，并引导其学会生活，学会思考，学以致用。

在学生作答表现及评分标准的拟定上，该题不拘泥于对知识的简单阐述，更突出对知识的理解与运用、思维习惯与方式、学科关键能力的测量要求。如第(2)小题预设的答案体现了对知识运用、解决问题能力以及法治观念的考查要求，学生能针对“被抹黑”这一侵权行为提出合理合法的维权途径即可，如要求“抹黑者”公开道歉、可以向网络平台投诉、收集证据到人民法院进行起诉等合理维权行为。第(3)小题预设的作答表现，突显学生观点表达、问题解决、逻辑思维的水平发展情况，要求学生任选两个主体，建议准确有效，理由科学合理。

三、典型试题评析

【典型试题一】(2022·衢州)建设四省边际中心城市,衢州在奋进。阅读材料,回答问题。(12分)

材料一 衢州市位置示意图

衢州市位置示意图

材料二

> **加快建设四省边际中心城市**
>
> 来源:2021年10月11日《浙江日报》
>
> 2018年,中共中央、国务院发布《关于建立更加有效的区域协调发展新机制的意见》指出,要加强省际交界地区合作。
>
> ……
>
> 边际中心城市是承载省际交界地区发展要素的主要空间载体。选取区位优势明显、位于强省一侧的城市打造边际中心,能够为区域合作搭建桥梁。

材料三 衢州森林覆盖率高达71.5%,风光秀丽,是全国首批"绿水青山就是金山银山"实践创新基地之一。此外,"孔子"和"棋子"文化,为这座江南古城塑造了独特的精神内核和文化气质。近几年来,浙江大学、电子科技大学等高校来衢开展联合办学,为四省边际中心城市的建设注入了新的活力。

(1) 据衢州市位置示意图描述衢州市的相对位置。(2分)

(2) 根据材料一、材料二,分析衢州打造"四省边际中心城市"的合理性。(4分)

(3) 综合材料,阐述衢州应如何加快建设"四省边际中心城市"。(6分)

参考答案与评分标准:

(1) 位于浙江省西南部;(1分)位于浙闽赣皖交界处。(1分)

(2) 贯彻执行中央加强区域协调发展的政策;衢州是四省边际的交通枢纽,交通区位优势明显;衢州隶属经济强省浙江,能依托浙江带动周边发展,实现共同富裕。(写出两点,4分)

(3) 坚持中国共产党的领导,发挥党的领导核心作用;发挥区位优势,完善交通网络,促进区域间交流与发展;利用良好的生态环境优势,走绿色发展道路;弘扬“棋子”和“孔子”文化,为打造“四省边际中心城市”提供不竭精神动力;继续与知名高校开展合作,落实科教兴国和人才强国战略,以创新驱动发展。(三点5分,四点6分,言之有理即可酌情给分)

评析:该题以衢州打造四省边际中心城市为背景,引导学生围绕“衢州为什么成为四省边际中心城市”“衢州应该如何加快建设四省边际中心城市”展开探究。

从立意看,该题引导学生立体感知地理位置,掌握区域特征,分析区域关联,引导学生运用区域比较、区域综合分析的方式理解区域人地关系,并由点及面地开展对“建设四省边际中心城市”举措的认知,落实了区域认知、综合思维的核心素养。在地理、道德与法治的学科融合中,进一步引导学生关心和重视衢州发展,为构建生机勃勃、青山绿水、产城人文的衢州贡献自己的一份力量。该题旨在引导学生运用所学的知识解决新的复杂情境中的新问题,驱使思维高通路迁移的发生,考查了学生思维的严密性与深度。从情境看,该题在加快构建以国内大循环为主体、国内国际双循环相互促进的新发展格局的蓝图下,以浙江共同富裕示范区建设为背景,以“衢州建设四省边际中心城市”这一战略定位为主题,引导学生开展深度探究活动。情境呈现在富有逻辑性的同时贴近学生的日常生活,有效激发了学生主动探究的积极性。从任务设计看,该题以“四省通衢”的衢州如何把握历史机遇,加快现代化建设为落脚点,遵循了“是什么”“为什么”“怎么办”三个维度的思维逻辑,设置了由浅入深、螺旋上升的三个小问。问题(2)探究“衢州建设四省边际中心城市”的原因,情境与设问依存度很高,从地理视角转化到道德与法治的视角,拓展了学生的思维,有利于培养学生分析问题、解决问题的能力。问题(3)综合所有情境,引导学生思考如何将“衢州建设四省边际中心城市”落到实处。这一相对开放的设问,没有明确的解决路径,因此给学生留下了相对宽广的探究空间,进而为其创新性思维和深度思维的外显创造了必要条件。

比较遗憾的是,该题最后一问的参考答案中呈现出的不同答案都是并列结构的,其内在的思维层次是一致的,该题评分过程仅仅根据不同要素答案呈现的数量赋予分值,很难直观检测学生思维的不同程度即思维的深度。若是试题能够将最后一问调整为“你认为在衢州四省边际城市的建设中着重应该关注哪个领域的发展?说明你的理由”,教师就可以根据学生在不同领域措施的比较和解释过程中直观检测其思维的层次与深度。

【典型试题二】(2023·温州)不同视野下的人口迁徙,映射出人类文明多姿多彩的丰富界面。(12分)

【文化交融视野下的人口迁徙】

中国人口的大量迁徙,三千年从未停止。东北森林和北方草原地区的居民,不断进入中原;原居住在中原的北方人口不断南迁,搅入南方的原住居民,使其融入中国多元族群之中。

——摘编自许倬云《历史大脉络》

(1) 根据材料,指出中国古代人口迁徙对中华民族发展的贡献。(2分)

【殖民扩张视野下的人口迁徙】

◇16—18世纪,约100万欧洲人移民美洲,带来了先进的科学技术和以基督教为核心的欧洲文化。

◇在被“发现”的100年间,90%—95%的印第安人死于屠杀、奴役和外来疾病。

◇随移民船运入新大陆的还有马、牛、鸡等家养禽畜,谷物和果树种子,以及建立居民点必备的各类建筑材料和工具。

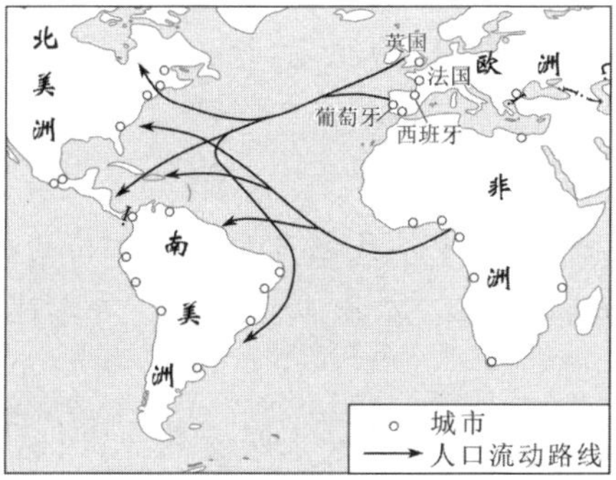

新航路开辟后主要大洲人口迁徙示意图

◇北大西洋移民体系带动了沿岸港口的商业贸易,伦敦、里斯本等城市兴起。

◇1783—1793年,英国利物浦在以贩卖黑奴为中心的三角贸易中净赚1200万英镑。

◇黑奴贸易使非洲失去了约1亿人口,传统手工业瓦解。

◇19世纪末,非洲90%以上的领土已被殖民者占领。欧洲移民成为当地上层阶层,控制了丰富的自然资源。

(2) 新航路开辟后的人口迁徙对美洲、欧洲、非洲产生深远影响。请任选一个大洲,结合材料予以分析。(4分)

【民族复兴视野下的人口迁徙】

纵观20世纪中国历史,人口大迁徙反映了中华文明由危机到复兴的历程。

20世纪中国三次人口大迁徙

时期	人口迁徙	特征
抗战时期	华北、华东等地城乡人民在日本侵略者的逼迫下向西南、西北迁徙。其中，由沿海向西南地区转移人数高达6000多万	以躲避战乱为主的人口迁徙；大批民族工业与高校、研究机构随迁
新中国成立初期	从上海等核心城市向边疆地区迁徙。1957—1960年，仅苏皖鄂三省迁入新疆的移民就超过了80万	出于国家安全和经济建设的需要，由政府推动的人口迁徙
改革开放后	以务工劳动力迁徙为主，由农村流向城市、由内陆人口大省流向沿海城市和工矿地区。1999年流动人数达到6683万人	受市场规律影响的自发迁徙；加速了中国的城市化进程

——整理自葛剑雄、安介生《20世纪中国移民史的阶段性特征》等

（3）以“中华民族伟大复兴”为主题，评论20世纪中国的三次人口大迁徙。（6分）

参考答案与评分标准：

（1）增进民族交融，加快中华民族多元一体格局的形成。（2分）

（2）任选一个大洲作答，答出两点即可。（其他答案言之有理亦可，4分）

美洲：印第安人数量锐减，印第安文明受到冲击；欧洲人和非洲黑人大量迁入，为美洲的发展提供了劳动力；科学技术与欧洲文化的传入，促进了美洲的发展；大量农作物与牲畜的流入，丰富了当地的物种类型。

非洲：非洲劳动力严重流失，改变了非洲的人口结构；殖民者对资源的控制掠夺，严重阻碍了非洲的社会发展。

欧洲：殖民者掠夺新大陆，客观上有助于欧洲国家资本原始积累；人口流动带动贸易发展，促进了大西洋沿岸城市的繁荣。

（3）抗战时期，中国人民的迁徙是全民族团结抗战的具体表现，展现了古老中国凤凰涅槃、浴火重生的新征程，促进了民族觉醒，成为中华民族走向复兴的转折点。新中国成立初期，为了发展边疆而推动的人口大迁徙，巩固了新生的人民政权，推进了社会主义建设。改革开放之后，大规模的劳动力流动为经济发展提供强有力支撑，为中华民族伟大复兴注入了强劲动力。在20世纪的历次迁徙中，中华文明于困境中创新，因融合而发展，反映了中华民族由衰及盛的复兴历程。（6分）

评析:不同时空背景下,人口在空间上的迁移流动,导致了人类文明的横向交流和纵向传承。该题分别从“文化交融”“殖民扩张”“民族复兴”三个视野探究人口迁移及其影响,呈现出在人口迁徙过程中折射出的人类社会发展史。

从立意上看,该题聚焦历史解释这一核心素养,综合考查唯物史观、时空观念、史料实证和家国情怀等历史课程素养。在这一考查目标的引领下,命题者设置了不同探究程度的试题任务:任务一聚焦古代中国的人口迁徙的宏伟场面,考查中国古代史统一多民族国家形成与发展的板块主题,彰显中华民族多元一体的历史进程;任务二再现新航路开辟后移民活动影响下的欧洲、美洲及非洲的社会状况,重点考查新航路开辟的世界意义;任务三以20世纪三次人口大迁移展现中华民族由危机到强盛的复兴历程,学生需综合抗日战争、新中国成立初期新生政权的巩固、改革开放时期社会主义建设等宏大叙事,概括比较、分析提炼,才能形成自己的历史解释。

该题让学生多角度获取史料,厘清历史脉络,最大程度上理解和认识历史真相,作出合理选择和阐释的综合素养。可以说,该题是典型的素养立意试题,指向逻辑链条长、思维层次高的历史思维的考查。

就探究性而言,该题最为突出的是第(3)小题,试题要求学生“以‘中华民族伟大复兴’为主题,评论20世纪中国的三次人口大迁徙”。设问给予考生充分的探究空间,与此同时,该题情境材料基于时序,阶梯式呈现了20世纪中国人口的大迁徙,再现了抗战时期、新中国成立初期、改革开放时期历史过程的发展面貌。学生回答此题需要运用高阶思维建构多个史事、概念间的关系,完成这种建构需要时空观念、史料实证、历史解释等核心素养,必然指向复杂、真实情境下的高通路迁移。

学生需在新的情境下多角度地解释或评价20世纪中国的三次人口大迁徙,从历史的角度理解现实问题,作出合理的历史解释。本题评分可以采用SOLO分层评分法。这一评分方法也能有效展现学生在解决问题过程中的思维深度。评分标准如下:

等级	材料运用与论述	得分
水平一	结合20世纪中国的一次人口大迁徙及其影响,论述其对中华民族伟大复兴的重要意义,言之成理,逻辑清晰	1分

续 表

等级	材料运用与论述	得分
水平二	结合20世纪中国的两次人口大迁徙及其影响,论述其对中华民族伟大复兴的重要意义,言之成理,逻辑清晰	2—3分
水平三	结合20世纪中国的三次人口大迁徙及其影响,论述其对中华民族伟大复兴的重要意义,言之成理,逻辑清晰	4分
水平四	在水平三的基础上,正确理解中华民族伟大复兴的文化基因、民族基因,形成逻辑严密的表述	5—6分

第八章　试题的综合性研究

随着科技与社会的发展，人类知识呈现出指数级增长的特点，社会任务的复杂度亦急速提高。在这种社会环境下，“教育应赋予学习者适应未来社会生活、解决真实问题的素养”已逐渐成为基础教育界的共识。《义务教育课程方案（2022年版）》进一步强调，课程改革要注重培养学生在真实情境中综合运用知识解决问题的能力，强化学科内的知识整合，开展跨学科主题教学，强化课程的协同育人功能。这一要求落实在考试评价当中，就是不断强化试题的综合性。《教育部关于加强初中学业水平考试命题工作的意见》明确要求，中考要“提高探究性、开放性、综合性试题比例，积极探索跨学科命题”。《义务教育课程方案（2022年版）》则进一步强调，要“优化试题结构，增强试题的探究性、开放性、综合性”。

一、试题的综合性

1. 试题综合性的涵义

何谓“综合”？一般是指把不同的对象、部分、属性联结成一个统一的整体加以考察的方法。辩证逻辑把分析与综合看作是认识过程中相互联系的两个方面，并将它们作为一种统一的思维方法。综合不是关于事物各个构成要素认识的简单相加，而是基于内在结构和复杂关联的整体性新认知，具有整体性、系统性。

在当前的教育改革中，“综合”是一个高频词汇，如综合课程、综合性学习、综合思维、综合能力、综合素养等。《义务教育课程方案（2022年版）》明确要求“加强课程综合，注重关联”“积极开展主题化、项目化学习等综合性教学活动，促进学生举一反三、融会贯通，加强知识的内在关联，促进知识结构化”。良好的综合素质表现在学生面对复杂问题情境时，可以综合运用科学的思维方法，整合相关知识和能力高质量地解决问题。

综合性是社会科最核心的特征。道德与法治作为义务教育阶段学生的思政课，是具有政治性、思想性和综合性、实践性的综合课程。其综合性主要体现在一体化的课程结构、综合性的课程内容、教师主导与学生主体相结合的课程实施、多元化的课程评价[1]。作为义务教育阶段公民教育的综合课程，历史与社会课程注重知识的关联性、整体性，对相关人文社会科学知识进行综合，借助历史的眼光观照今天的社会，运用综合的观点纵向认识人类历史进程，横向关注人们的社会生活及生活环境，包括时空观念、多元联系和融通创新。“时空观念”指在特定的时间和空间联系中对事物进行观察、分析的意识和思维方式，“多元联系”指对古今、中外、时空、理论知识与现实社会的关联或整合，“融通创新”指在对相关知识融会贯通的基础上，提出问题并找到解决问题的办法[2]。

作为社会科试题特征的“综合性”，不仅针对学科内容，也包括学科间知识、能力的融合，还要求以多项相互关联的活动组成的复杂情境作为试题载体，以复杂问题解决考查学生高阶认知的需要。因此，试题不只是学科知识、能力的简单拼凑，而是以情境为载体来展现学生对知识的理解和迁移、技能的整合和运用。在参考答案与评分标准的研制上，“综合性”要求学生观点的创造性和论证的逻辑性、充分性，关注反思迁移的真实发生。简而言之，试题的“综合性”考查的不仅是学生对学科内及学科间知识、技能的融会贯通，也反映了学生面对复杂情境时的思维过程。

【例8-1】(2022·绍兴)某校学生以“绍兴交通”为主题开展跨学科项目化学习。阅读各小组收集的材料，回答问题。(14分)

第一组：交通·地理

浙东唐诗之路是绍兴交通史上的华彩篇章。学者一般认为，西兴是浙东唐诗之路的起点。李白《梦游天姥吟留别》中的诗句反映了浙东唐诗之路绍兴段的主线路。

[1]韩震，万俊人.《义务教育道德与法治课程标准(2022年版)》解读[M].北京师范大学出版社，2022:46-75

[2]牛学文.优质试卷的几个维度——以浙江省中学社会科为例[J].基础教育课程，2018(11):54-59

《梦游天姥吟留别》(节选)

[唐]李白

我欲因之梦吴越,一夜飞度镜湖[1]月。湖月照我影,送我至剡溪……脚著谢公屐,身登青云梯[2]。

【注释】①镜湖:古代对鉴湖的别称。②青云梯:指天姥山高峻的山路。

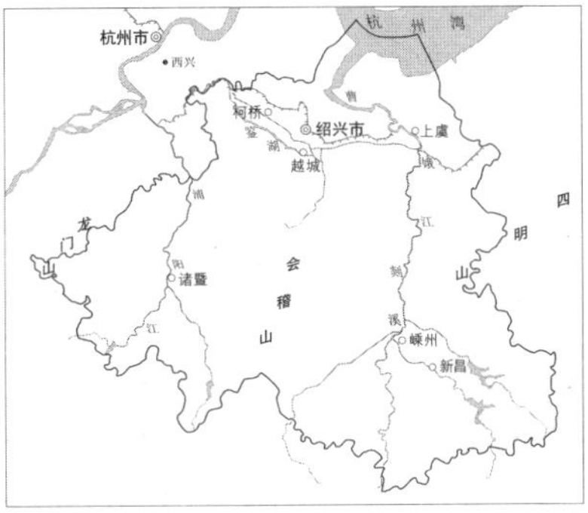

绍兴地区主要山脉水系示意图

(1) 根据上图,描述绍兴地区的地势特点并简要说明判断依据。结合图文信息,在答题卷对应的图中画出浙东唐诗之路的主线路。(5分)

第二组:交通·历史

萧甬线(萧山至宁波)是经过绍兴地区的第一条铁路,1937年初步建成,同年12月,为堵阻日军南侵,萧甬线钢轨全部拆除。1953年7月,铁道部开始重建萧甬线,1957年萧甬线全线贯通。

——摘编自《绍兴市志》

(2) 运用所学知识,分别指出萧甬线"拆除"和"重建"的历史背景,并用一句话写出你从中得到的感悟。(5分)

第三组:交通·发展

2022年4月,绍兴喜迎交通新时代。绍兴地铁1号线主线通车,将绍兴、杭州两地的商圈、景区等紧密联系在一起。两地人们跨市地铁换乘,可享受"一次购票、一轮安检、一站换乘、一票通行"的便利,西湖边瞻仰岳飞,鉴湖畔怀念陆游……共享文化之旅。

(3) 根据材料,分析绍兴地铁1号线主线的开通对区域发展的意义。(4分)

参考答案:

(1) 地势特点:南高北低。 判断依据:绍兴地区的主要河流自南向北流。(其他答案言之成理亦可) 主线路:大致经过古鉴湖、剡溪到达天姥山即可。(5分)

(2) 背景:1937年,日本发动全面侵华战争;1953年至1957年,新中国实施"一五"计划。感悟:开放性设问,凡能结合本题材料和主旨即可,例如,萧甬线的拆除和重建是近现代中国命运的一个缩影。(5分)

（3）有利于加强区域之间的联系，促进经济社会发展；有利于方便人们生活，共享发展成果；有利于传承优秀传统文化，守望我们共同的精神家园。（4分）

例8-1充分体现了综合性的命题要求。首先是内容的综合，第（1）小题聚焦浙东唐诗之路，考查绍兴的地势特点及其影响；第（2）小题聚焦萧甬线“拆除”和“重建”，考查抗日战争和“一五”计划等重要史事及其影响；第（3）小题聚焦绍兴发展，考查区域经济发展，分别指向地理、历史和道德与法治课程的核心主干知识。其次是能力的综合，该题不仅涉及概括、分析、综合、评价等共通性能力，还突显了理解地理要素之间的相互联系等地理学科能力、将历史事物置于特定的历史环境中进行考察等历史学科能力。再次是任务的综合，围绕着绍兴交通这一主题设置了三个层次的任务。既具有综合性，又体现了合理的任务梯度。实际上这是一个综合性任务的分解，最终指向对绍兴历史上的水陆交通的整体认识，培育家国情怀。试题的综合性还特别强调：以复杂情境为载体来展现学生对知识的理解和迁移、技能的整合和运用。该题为学生提供了李白《梦游天姥吟留别》、绍兴地区主要山脉水系示意图、萧甬线的“拆除”和“重建”、绍兴地铁1号线主线通车等情境材料，体现了古今关联和跨学科综合。从参考答案的设置看，该题关注学生反思迁移的真实发生，强调了学生作答的逻辑性。

2. 试题综合性的表现

试题的综合性表现在学科知识、能力的融会贯通，学科间知识、能力的触类旁通，真实复杂情境下的问题解决，尤其表现在处理复杂问题时，能否对不同领域、不同层面的知识、能力、素养进行横向、纵向的融会贯通。显然，综合性增加了试题考查的复杂程度，试题从知识、思维和素养等多维度的“综合性”考量，有利于考查学生发现“无联系的联系”的思维习惯，涵养学生的整体思维、创新思维和科学精神。社会科试题综合性主要表现为立意综合、情境综合、任务综合和表现综合。

（1）立意综合

试题的综合性首先表现为立意的综合，也就是在试题的考查目标上突显知识、能力、情感态度价值观的综合，即通过真实情境下完整任务的解决，考查学生知识的融会贯通、技能的迁移应用以及应对复杂问题的综合素养。

试题立意的建构，可按照考查范围的不同，分别依据课程标准所规定的"内容要求""学业要求""学业质量标准"来确定。单元检测和期末检测的试题,主要依据"内容要求"与"学业要求"建构试题立意,突显学科内综合。内容要求是学生应该学习的内容及其程度,规定了具体学习内容和认识要求,也是基于专题(单元)的综合性试题的命题依据。学业要求是对学习某主题相关知识后学生应达成的学习表现,即能做什么的描述,关注的是知识、能力输出及评价标准,便于对具体的行为进行评价,是基于主题(板块)的综合性试题命制的重要依据。比如,"三国两晋南北朝时期"这一单元,我们需紧扣"认识这一时期民族交往交流交融的历史特点及其对中华民族发展的意义"内容要求,提炼单元主题:大分裂时期的民族交融。例8-2就是一道基于这一单元主题建构试题立意的单元检测题。

【例8-2】农学鸿篇巨制,展现民族交融。(10分)

材料一 《齐民要术》所涉及的汉民族以外农业生产技术统计略表。

卷次	篇目	性质
卷二	胡麻第十三	少数民族经济作物
卷三	种蒜第十九	少数民族种植的蔬菜类作物
	种胡荽第二十四	
	种兰香第二十五	
	种姜第二十七	
卷四	安石榴第四十一	当时外族所种林果类
	种椒第四十三	
卷六	养牛、马、驴第五十六相牛、马及诸病方法	畜类养殖及畜病防治、少数民族乳制品制作技术
	养羊第五十七毡及酥酪、干酪法,收驴马驹、羔、犊法,羊病诸方,并附	
卷十	五谷果蓏菜茹非中国物产者	多数为南方植物

资料来源:根据《齐民要术》相关内容整理

(1) 材料一反映了怎样的历史现象?运用史实,分析出现这一现象的原因。(6分)

材料二 伴随着胡族入居中原,背景广阔的异质文化汇入汉族社会,在对传统文化造成剧烈冲击的同时，也为其带来了新鲜而有活力的因素。……每一个阶段，中国都要面对别的人群及其缔造的文化，经过不断接触与交换，或迎或拒，终于改变了自己，也改变了那些族群的文化……使中国文化不断成长，也占有更大的地理空间。

——摘编自许倬云《万古江河》

（2）结合上述材料，分析魏晋南北朝时期民族交融对中国历史发展的影响。（4分）

该题以农学鸿篇巨制《齐民要术》的内容为材料展现这一时期的民族交融，视角较为独特，考查较为综合。首先是突显了文化与政治、经济的关联。《齐民要术》兼具农牧、横跨南北的内容，反映了这一时期民族交融不断加强；而这一现象出现的原因既有人口流动所带来的文化融合，也有少数民族政权汉化举措的推进作用。将这一现象置于历史长河之中，突显了这一大分裂时期的民族交融对于统一多民族国家发展的重要意义。从短时段看，这一时期的民族交融促进了当地经济发展和社会繁荣，为隋唐时期统一多民族国家的繁荣与发展奠定了基础；从长时段看，多民族的文化交融，为中华民族的发展注入了新的活力，形成了中华文化多元格局。从能力上看，该题综合考查了从材料中获取历史信息，运用史料进行实证和解释历史，运用比较、分析、概括、综合等方法认识历史等历史学科能力。在考查目标上，指向了史料实证、历史解释和家国情怀等核心素养。

学业水平考试的试题，主要依据“学业质量标准”建构试题立意，突显素养大综合。学业质量标准依据学习内容的不同层次，综合考查学生面对真实情境，在完成相应的学习任务过程中表现出的提出问题、分析问题、解决问题的态度和能力，由此体现学科核心素养的达成情况以及课程目标的实现程度。比如，《义务教育历史课程标准（2022年版）》提出的学业质量标准就包括掌握历史发展过程中的重要史事、了解历史发展过程中的各种联系、认识历史发展的基本规律和大趋势三个维度。这反映的是学生通过历史课程的学习，在这三个方面获得提升的综合水平，从而考查学生历史课程核心素养的发展水平和课程目标的实现程度。第六章所举例6-5，以发生在1920年的一系列社会变革为试题情境，考查新文化运动、五四运动、中国共产党的诞生、国民革命等近代中国重要史事，引导学生从因果关联的角度构建史事之间的内在逻辑，体察1920年对五四新文化运动的继承发展、对中国共产党诞生与国民革命的铺叙奠基。从共时性的角度看，学生需关注1920年各个领域的社会变革;从历时性的角度看,学生需将每个史事置于时间的序列中思考,以寻求史事之间的联系,并确定该史事在历史脉络中的位置和意义。在分析的基础上,深刻理解近代中国的总体特征,认同中国共产党的诞生是近代历史选择的必然结果。

近年来,以“跨学科主题”建构立意,追求跨学科综合的试题也频频出现,尤其在学业水平考试中。例8-1从课程综合的角度,打破了地理、历史、道德与法治学科知识领域的相互割裂,用主题任务群进行统领,进行融合考查。跨学科是通过综合垂直的深度层面和水平的广度层面来完成的,广度意味着基于多个变量和观点的方法的综合,深度意味着在相关学科、专业方面的能力的综合[1]。跨学科综合要促进不同学科视角、知识和能力的整合,不同学科不是简单地围绕一个主题排列,更不是随意杂乱地堆在一起。学生需要基于对多个学科的知识分析,在不同学科的视野中寻找关联、冲突,形成富有创造性的新见解。

(2)情境综合

所谓情境综合,是指试题情境真实而完整,与学生的现实生活相一致,是不良结构。试题综合性要求试题情境真实而完整,贴近学生的生活,能够赋予学生当事人的角色,具有参与性、启发性,确保在真实境况、真实场景下考查知识与能力的掌握水平。真实性问题具有现实意义、复杂的情境脉络和开放性的学习环境。源自现实生活的真实问题,要求学生形成能应用于现实世界的解决方案,在现实生活中可以应用或操作。真实而完整的任务情境,将带动不同学科知识和技能的融入,带来多元的视角、观点和解决问题的路径。越具有真实性的问题越需要学生综合运用知识、技能、素养的跨学科理解。

第六章所举例6-7,是一道以“创新”的方式考查“创新”的跨学科综合性题,以时下热议的一款人工智能(即AI)机器人——ChatGPT为话题,聚焦经济全球化时代的社会分工与职业变迁,极具时代性。ChatGPT上知天文、下知地理,能写文章,甚至能通情达理地给出情感建议,人们在享受AI技术带来便利的同时也不免担忧AI会抢夺人类“饭碗”,让学生置身其中,有代入感,引导学生关心社会热点的同时也思考如何规划人生,迎接时代

[1]夏雪梅.跨学科学习:一种基于学科的设计、实施与评价[M].教育科学出版社,2023:9

的挑战。

（3）任务综合

任务综合，是指试题任务过程完整。学生作题的过程，是发现真实的问题—界定理解问题—整合知识（含不同学科知识）解决问题—形成成果的过程。因此，试题的综合性，要求试题任务更加突显问题解决的思维过程，考查学生知识理解、能力应用的结构化水平。试题呈现问题、过程与结果的多样、开放、不确定性特点，让学生在真实的问题解决、任务完成中形成创新能力。问题的解决，更加关注知识、能力的融通、内化状况，考查学生对思想、原理、方法的掌握水平；更加关注思想、原理、方法的积淀状况，考查学生思维方式与行为方式的形成水平。

例6-7设置了论证类的复杂学科任务。要求学生综合运用相关史实和创新的知识，对“未来，AI会和人类抢饭碗吗”这一时代之问发表自己的观点，具有高度的开放性与综合性。鼓励学生运用不同素材，对这一问题进行辩证思考，引导学生以史为鉴，客观看待社会发展带来的机遇与挑战，以积极的态度面对并拥抱未来的不确定性，在人生道路上不断主动加快知识更新，提高自己各方面的素养，增强本领，才能在未来赢得主动，赢得优势。

（4）表现综合

表现综合，是指试题作答角度多元、形式多样，能够反映学生的思维水平和核心素养发展程度。综合性试题强调评分标准由“单向封闭”走向“交互联系”，尤其在着重考查解释、反思与评价等高阶思维的开放性设问的评分上，更加突显逻辑思辨与综合表述。从作答形式看，呈现出由答案走向作品的趋势，比如小论文、文物策展、辩论、产品说明、研学方案等。在评分方法上，以分类、分层描述为特征开展质性评价在综合性试题命制中颇受青睐。比如，SOLO评分方法制定结构化的分类评价量表（即评分细则），对学生作答进行分层赋分，判断学生思维发展状态。

例6-7运用多维分层评价的方式，将等级描述分为观点表达、史实运用、论述三个维度，每个维度分为三个水平等级，并提供了具有参考意义的示例。该题评分细则维度清晰可见，等级符合学情，为衡量学生核心素养达成度、思维发展水平提供了合理的评价量规，有利于客观评价和体现不同学生的素养发展水平。具体评分标准和参考答案如下。

评分要素			水平等级（赋分）
观点表达	观点论述	史实运用	
全面	通过创新知识延展多个论述角度，逻辑完整	多角度结合具体史实，有效佐证观点	水平三（各2分）
明确	通过创新知识延展一个论述角度，逻辑顺畅	结合单一史实，有效佐证观点	水平二（各1分）
没有	没有结合创新知识延展观点	没有结合史实	水平一（0分）
备注：形成有思想深度的理解，可另加1分，但总分不超过6分。			

参考答案示例：人工智能对人类的影响取决于我们迎接未来的方式。人工智能的确会对就业造成一定冲击。创新改变人们生活方式，回顾科技史，第二次工业革命发明汽车后，人们的出行方式逐渐改变，传统马车行业遭受冲击。但人工智能也可以创造更多的产值与工作机会。创新会推动生产力的发展，内燃机的发明就带动了新兴行业的发展。所以，人工智能技术只是人类智慧创造的一种新型工具，只要我们志存高远，脚踏实地，就能在不断变化的时代浪潮中破浪前行。

二、综合性试题

当前，我国的基础教育已进入素养时代。核心素养的作用发挥具有整合性，这就要求学生在面对复杂的、不确定的现实生活情境时，能够综合运用学科知识、思维模式和探究技能来解决问题。如果情境是非常复杂的、跨学科的，就会需要学生整合相关领域的各学科知识、观念或方法[1]。在试题命制过程中，命题者要避免学生从孤立的、碎片化的学科知识角度思考学科内容，要强调跨学科内容的关联性和结构性，突出思想方法和技能的运用。因此，综合性试题应成为社会科考试中体现素养考查、突显问题解决的常见题型。

1. 综合性试题的概念

那么，什么是综合性试题呢？顾名思义，即重点考查学生综合思维水

[1]杨向东．关于核心素养若干概念和命题的辨析[J]．华东师范大学学报（教育科学版），2020(10)：48-59

平，立意、情境、任务和学生作答表现各要素均具有典型综合性的试题。具体说，综合性试题就是基于新课程理念命制的立意（目标）综合、情境综合、任务综合、表现综合的考试题目。综合性试题一般围绕一个主题展开，用一个问题或者用同一个情境下的一组有逻辑关联的问题，把分散在不同章节、不同学科的知识和能力联系起来重新组合，考查学生对学科或跨学科内容的整体认识和掌握情况[1]。它不仅强调学科之间相互贯通，更考查学生对知识的深度理解、整合相关知识解决真实问题的综合能力与创新意识。

2. 社会科综合性试题的主要类型

从试题的考查的知识、能力和素养的综合程度，我们讲社会科综合性试题分为以下几类。

（1）基于学科知识内在关联的试题

社会科试题强调学科内知识的综合，常见的形式是基于同一主题情境同一设问的知识性综合。如历史学科综合性试题通常表现为历史知识体系的内在联系，强调古今中外不同史事的相互交叉与渗透，要求学生能够触类旁通、举一反三。道德与法治综合性试题通常表现为同一学习主题内容的内在关联和结构化认知。

【例 8-3】（2023·温州）在柬埔寨的传统节日“御耕节”里，人们祭祀天神，祈求风调雨顺。右图揭示了该风俗与当地自然环境的关系。用下列选项将该图补充完整，其中②处应填入（　　）

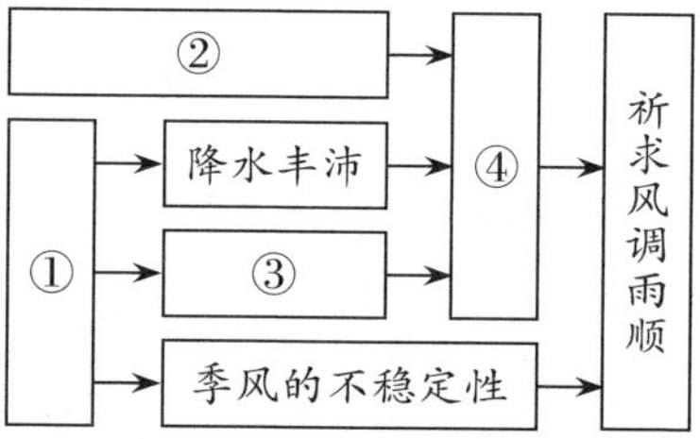

A. 热带季风气候　　B. 热量充足

C. 广泛种植水稻　　D. 地势平坦

该题突显了“御耕节”这一风俗背后的自然逻辑与人文情怀。任何地理事物和现象都不是孤立存在的，都同其他事物和现象处于一定的相互联系中。“御耕节”反映了当地农民祈求风调雨顺的愿望，也客观反映了季风性气候的不稳定性对水稻生产的影响。该题题干以思维导图的形式，呈现了湄公河平原自然环境与水稻种植、水稻种植与当地民俗之间的逻辑关

[1]陆璟.考试要有效体现对学生成长有价值的内容——“双减”背景下提高中考命题科学化水平的思考[J].人民教育，2022(09)：39-41

系，引导学生运用已有知识，构建逻辑链条，逐一推导出图中的各空缺项，在落实区域地理要素结构化要求的同时，也突显了学生的思维逻辑，指向区域认知的思维能力，落实了人地协调观的正确价值取向。

（2）基于学科思维逻辑的综合试题

学科思维的逻辑综合，是指学生在感知主题情境的基础上，通过一系列的思维活动对主题情境、情境问题展开逻辑推导，最终通过考试作答等行为表现外化的思维过程和思维方式。学生的思维逻辑和思维方式会影响其对历史与社会现象的内部本质联系和规律性的把握。严密的逻辑性是高阶思维的重要特征。运用获取的信息，联系学科核心知识，通过合理的逻辑推演，最终高质量地解决问题，才表现为高阶思维能力的综合考查。

第六章所举例6-8，从区域位置判断、自然灾害成因分析、区域发展评析三个维度考查学生的地理思维，突显逻辑综合。综合思维是地理课程的核心素养之一，要求学生能够运用系统思维、辩证思维去看待地理现象。当我们分析某区域时，首要的任务就是借助地图等地理工具确定该区域的地理位置，分析地理位置与该区域热量、水分空间分布的关联性，然后对该区域的地形、气候、人口、产业等地理要素进行认识与辨析。因此，区域地理的考查，一要归纳该区域自然环境的特征；二要确定该区域人文环境的主要特征及其与自然环境的联系，形成一个统一的整体；三要关注区域发展，基于区域要素综合角度分析区域变化的原因，基于人地协调观探寻区域发展所带来的人地关系的变化（改善还是恶化）。区域地理要素的逻辑结构见图8-1。

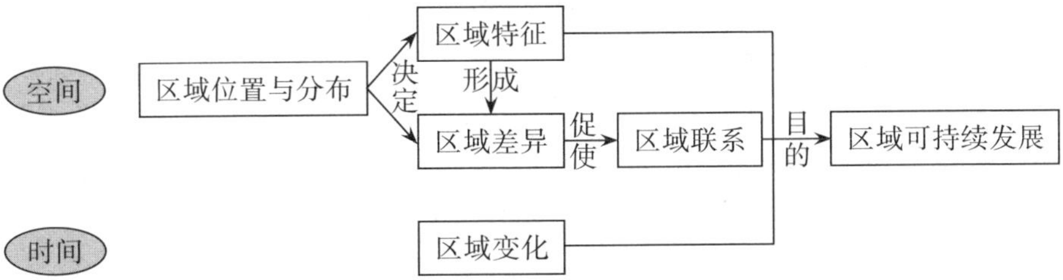

图8-1　区域地理要素的逻辑结构

具体而言，例6-8第（1）小题，依据H乡的气温与降水推断其大致的地理位置，要求学生分析区域气候特征并判断其与地理位置的关系。第（2）小题，据图分析甲居民区夏季易发洪涝灾害的成因，要求学生从降水特点、泄洪能力、水土保持等角度寻找联系，考查学生解释、说明区域地理现象的能力。第(3)小题,关注区域发展,与十年前相比,H乡发生了哪些变化?引导学生从时间角度认识区域发展。第(2)、第(3)小题分别从自然要素联系和区域变化的角度探究人地关系,强化了人地之间的时空联系。第(3)小题要求学生从可持续发展的角度评析H乡的变化,引导学生通过对H乡变化的解读,理解只有人口、资源与环境三者协调发展才能实现经济社会的可持续发展。对于H乡而言,十年后甲居民区易发洪涝灾害的自然因素并没有消除,该地居住规模反而有所扩大,这说明通过山区植树造林、兴修水利工程等措施,洪涝灾害可以得到有效控制。可以说,这是一道基于地理学科思维逻辑综合的综合性试题。

(3) 基于学科任务接续的综合试题

学科任务的设计是命题的关键。如何从考查目标出发,设计不同层次的学科任务来检测学生的变化?如何构建针对不同考核目标的学科任务构架?综合性试题指向综合思维的考查,强调复杂问题的解决,包括思维过程和探究能力。学生素养作为内在于自我的不可直接观测的内隐变量,如何外显为可视化的关键行为表现?这是社会科考试评价必须解决的难题。陈友芳教授主张通过学科任务诱发出预期的关键行为表现,即通过可观测的、外显的行为及其结果的表现特征加以推断。在第四章中,我们已经详细阐述了道德与法治课程认知操作行为划分为“辨识与判断、阐释与论证、探究与建构”三大类。在历史、人文地理学科领域,学科任务一般分为获取和解读信息、调动和运用知识、叙述和解释事物、论证和探究问题等四个不同层次。因此,在进行社会科综合性试题的任务设计时,命题者要充分考虑学科任务的接续综合,体现合理的难度梯度。

【例8-4】(2017·湖州)湖州作为全国首个地市级生态文明先行示范区,近年来打响了“乡村旅游第一市”品牌。为宣传这一品牌,某校九年级兴趣小组编撰了如下手抄报。(12分)

发展篇	创新篇	践行篇
湖州市以美丽乡村为载体，鼓励村民依托当地资源，因地制宜，大力发展农家乐、渔家乐。乡村旅游已成为湖州的一张金名片，吸引了来自四面八方的游客。	湖州市以新技术助力乡村旅游，推广使用太阳能生活污水处理池、纯电动公交、农村垃圾智能回收平台等，乡村面貌焕然一新，游客越来越多，村民生活更加富裕。	村民们都说，过去靠上山砍柴、下河捕鱼为生，现在尝到了“绿水青山就是金山银山”的甜头，所以大家应该提升素质、保护环境、文明服务，让更多游客慕名而来。

(1) 发展篇中提到的“农家乐、渔家乐”属于哪种所有制经济？简述国家对这种所有制经济的政策。(4分)

(2) 根据创新篇，谈谈科技在发展湖州乡村旅游中的重要性。(4分)

(3) 从权利和义务关系的角度，分析践行篇中村民们说法的正确性。(4分)

该题将对不同概念、原理(观点)的考查渗透于学科任务中，利用学生在解决学科任务中的表现来推断他们的思维水平。第(1)问的任务要求属于“辨识与判断”，要求学生对“农家乐、渔家乐”的性质进行归类，并描述国家对这种所有制经济的政策。考查的是对个体经济和对国家经济政策的了解。它要求学生回答“是什么”的问题。第(2)问则属于“阐释与论证”，它要求学生运用所学理论知识，结合湖州市以科技推进乡村旅游的实证材料，来验证科技的重要性，考查对“科技是第一生产力”这一观点的理解。它要求学生回答“为什么”的问题。第(3)问则是“探究与建构”，要求学生结合“践行篇”中的社会生活情境，运用权利与义务关系原理，对村民的观点与行为进行分析，在考查学生对权利与义务关系的理解的同时，也蕴含了对学生承担保护环境、服务社会等正确行为的考查。它要求学生解决“怎样办”的问题。同一主题情境三问递进，指向不同学科任务，思维层次螺旋上升，考查目标既具综合性，又体现层次性。

(4) 基于学科素养立体的综合试题

杨向东认为，综合性是素养的基本属性，是个体在与现实世界的特定任务或需求互动过程中所蕴含的各种能力、个性特征、价值观念或动机意志等的整合[1]。学科核心素养是在学生发展核心素养框架下，根据具体学科的特征和育人的特殊功能确定的，是学生通过学科学习而逐渐形成的正确价值观念、必备品质和关键能力。各学科核心素养并非彼此孤立，而是相互影响、紧密联系的。因此，社会科试题命制要全面理解和把握学科核心素养，突出检测学生在解决真实情境问题的过程中所表现出的价值观念、综合品质和关键能力，实现素养考查的立体综合。

比如，地理课程所要培养的核心素养主要包括人地协调观、综合思维、区域认知和地理实践力等，它们是一个相互联系的有机整体[2]。贯穿地理课程的主线是人地关系，所以，人地协调观居于地理核心素养的核心位置。综合思维和区域认知是学生分析与理解地理事物和现象、人地关系的思维方式和能力。地理实践力则是学生在解决现实中的人地关系问题时所表现出来的学科能力与意志品质。地理课程的四个核心素养是相互交集的，并非排他性关系。综合思维强调时空综合，与区域认知有交集；区域认知强调对区域特征的分析，与综合思维有交集；人地协调观是建立在人地关系的分析与理解之上的，与综合思维和区域认知有交集。而地理实践的过程，从收集信息到活动与实施，都离不开综合思维、区域认知方法。因此，在考试评价中，切不可机械、僵化地考查某一核心素养，而是应该根据考查目标，融合、灵活地加以体现。

【例8-5】（2022·温州）千年农区新发展，昨日粮库变种仓。（8分）

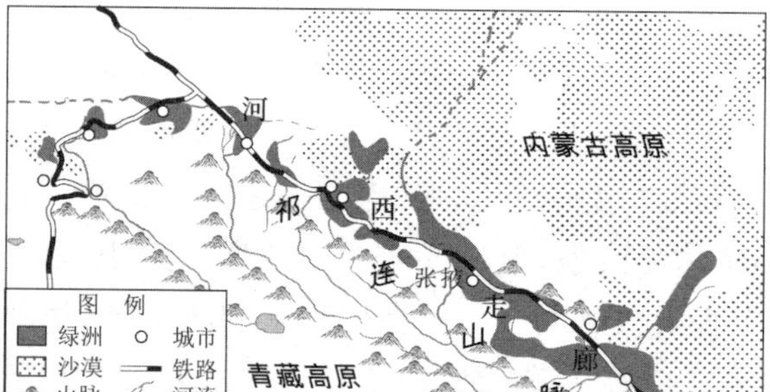

图一　河西走廊简图

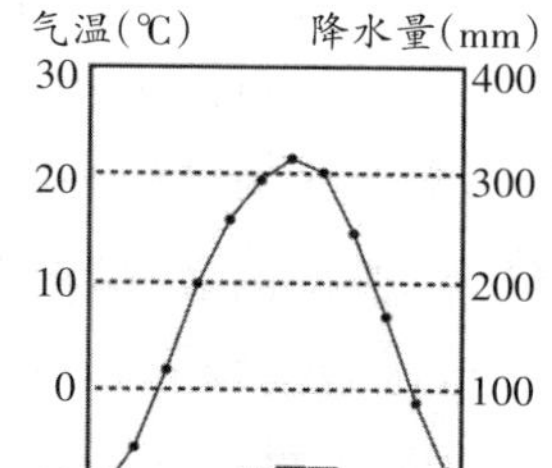

图二　张掖的气温与降水

[1]杨向东：关于核心素养若干概念和命题的辨析[J]. 华东师范大学学报(教育科学版)，2020(10)：49

[2]中华人民共和国教育部. 义务教育地理课程标准(2022年版)[S]. 北京师范大学出版社，2022：4-6

河西走廊主要农业产业的比较

	小麦种植	玉米制种①
收益(元/公顷)	7905	24606
作物蒸腾系数②	450—600	250—300
注:①制种,即生产已经培育成功的作物种子。②蒸腾系数越高,作物生长需水越多。		

(1) 根据图一、图二,说明河西走廊农业发展的优越条件。(4分)

(2) 随着作物制种面积的增加,河西走廊逐渐从国家级商品粮基地转变为“种子繁育黄金走廊”。结合上述材料,从可持续发展的角度分析这一转变的必要性。(4分)

该题内容既涉及自然地理,又关注人文地理。该题利用图表充分展示了河西走廊农业发展的优势与不足,考查学生运用地理学科必备知识和原理规律对地理现象进行综合分析的能力,揭示了自然环境要素之间、自然环境与人类活动之间的复杂关系,突显了人地协调观、综合思维和区域认知等核心素养的综合考查。第(1)小题,基于图表信息解读以及自然条件的影响分析考查区域的优势区位。第(2)小题,通过考查“河西走廊”作为历史悠久的农业发展区的转型轨迹再次聚焦了人地协调的话题,与第(1)小题相互配合,立体式考查了河西走廊农业发展的优势与劣势,思考区域协调发展和可持续发展。重在通过学生表达的条理和层次,考查其分析问题、解决问题的思维过程。

(5) 基于跨学科贯通的综合试题

作为本轮课程改革的亮点之一,跨学科主题学习成为推进课程综合、强化课程育人的重要载体。社会科课程提供了一系列从分科课程中精选出来的系统的学科内容,主要涉及历史、人文地理、道德与法治等课程,旨在培养学生对社会现象、人类行为和社会关系的理解和分析能力。通过社会科学习,学生能够获得广泛的知识和技能,以应对日益复杂和多元化的社会挑战。因此,社会科综合性试题时常呈现跨学科知识、能力和素养的贯通综合。比如,综合运用不同学科的知识、理论和方法,从不同角度、不同层次观察、思考历史事物,发现问题、分析问题和解决问题;具体时空条件下认识生活的区域和生活的变化,合理解释地理条件对文明多样性的作用及人类活动对自然环境的影响;合理把握历史和现实的联系,从历史的角度理解现实问题,作出正确的判断或决策;等等。

那么,在一道试题中,如何做到不同学科知识的整合、不同学科能力的贯通和不同学科素养的融通呢？主题是重要载体，可以起到不同学科黏合剂的作用。依据主题命题，不仅可以把若干孤立的知识内容按照一定的分类方法组合在一起，更能突显试题的价值引领。如果我们把孤立的学科知识视为单一的点，那么学科知识组合在一起就构成了二维的面，不同学科知识的组合就构成了三维的立体结构，而主题所赋予的价值意义，恰恰是这个三维结构的核心所在。

【例8-6】(2016·绍兴)故乡是人生的根，乡愁是血脉的情。根据材料，回答问题。(14分)

一出门，便望见月下的平桥内泊着一只白篷的航船，大家跳下船……最惹眼的是屹立在庄外临河的空地上的一座戏台……不多时，在台上显出人物来，红红绿绿的动，近台的河里一望乌黑的是看戏的人家的船篷。

——鲁迅《社戏》

(1) 思念，是对故土的眷恋。阅读材料，分别从自然和人文角度概括鲁迅记忆中的"绍兴印象"。(4分)

除去努力预备革命，实现共产革命外，实无法可解。 ——周恩来 (周恩来1920年赴欧洲留学)	我们的第一要著，是在改变他们的精神。 ——鲁迅 (鲁迅1902年赴日本留学)

(2) 别离，是对梦想的追索。鲁迅、周恩来背井离乡、远涉重洋的共同目标是什么？请指出他们在回国后为实现这一目标所作的不同努力。(6分)

(3) 传承，是对家园的守望。综合以上信息，谈谈我们加强乡土文化建设的意义。(4分)

例8-6开篇即点明主题——"故乡是人生的根，乡愁是血脉的情"，贯穿着深邃的人文情怀，落实家国情怀的考查。"思念，是对故乡的眷恋"，所以人们时常梦见故乡风情。第(1)小题，考查故乡绍兴的水乡风情及自然特征;“别离,是对梦想的追索”,所以远涉重洋的游子有着胸怀天下、拯救苍生的抱负;“传承,是对家园的守望”,所以在社会主义现代化建设中,我们要始终守护乡土文化的根。从学科知识的角度看,三问分别指向区域特征(地理)、杰出人物(历史)和文化建设(道德与法治)。从学科能力看,第(1)小题考查从材料中“概括”有效信息,属于“获取信息”;第(2)小题,指向原因和结果的分析,属于“解释现象”;第(3)小题,探寻乡土文化建设的意义,属于“意义建构,论证问题”,三问既有所侧重,又体现合理的梯度,逻辑严密。从学科核心素养的角度看,本题突显了家国情怀、区域认知、历史解释和政治认同等素养的综合考查。总之,该题基于鲜明主题,创设真实完整的问题情境,考查知识、能力和素养突显了政史地的贯通综合,试题结构清晰严谨,指向真实任务的解决,体现素养立意。

3. 综合性试题的命制

从试题要素看,综合性试题与其他性质的试题一样,包括立意、情境、任务和表现四个基本要素。因此,综合性试题命制的基本步骤也基本相同,即基于主题,明确多层次的考查目标、构建多样态的问题情境、设置综合性问题,通过(跨)学科知识的整合、(跨)学科思维的运用来推断学生多领域的素养发展程度和思维水平,形成超越具体事实的理解世界、思考问题的独特方式。

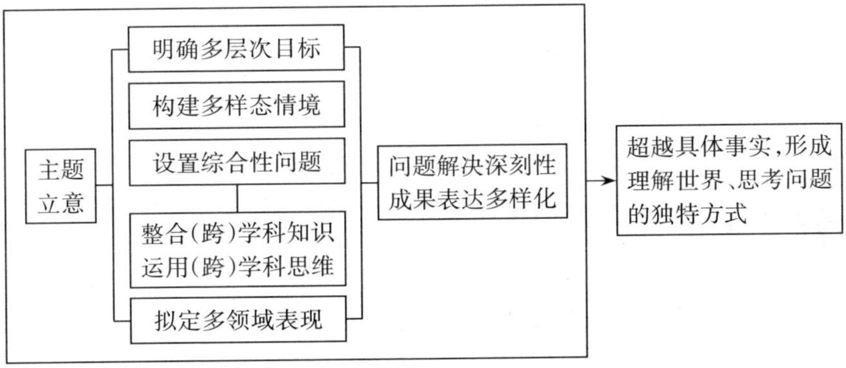

图8-2　社会科综合性试题的命制策略

下面,我们结合【例8-7】阐述社会科综合性试题的命制策略。

【例8-7】(2023·温州)崇实、创新、重商:温州崛起的文化基因。(12分)

【源:永嘉学派的勃兴】

永嘉学派是南宋时期盛行于温州的一个儒家学派。叶适是集大成者，主张“通商惠工，以国家之力扶持商贾”。

温州多低山丘陵，耕地少，有优良的天然港口。南宋时期，人口迅速增加，谋生不易。于是，大量温州人从事商业贸易，“其货纤靡，其人多贾”。朝廷在此设置市舶务，鼓励海外贸易。

——整理自陈丽霞《温州人地关系研究：960—1840》

（1）结合温州地域特点，说明永嘉学派重商思想形成的原因。（4分）

【流：近代士人的转型】

1876年，温州开埠通商。在时代潮流的推动下，孙诒让等温州传统知识分子秉持经世致用的永嘉之学，走出书斋，投身社会，传播西学，倡办时务。

近代温州士人的社会改良（部分）

人物	改良举措
孙诒让	兴办矿务公司、轮船公司等；参与创办各类新式学校300余所，提倡职业教育、普及教育
陈　虬	戒缠足，改礼俗，办医院；受《时务报》影响，创办《经世报》等报刊

——整理自徐佳贵《晚清温州府士人与地方知识转型》

（2）联系时代背景，分析近代温州士人进行社会改良的意义。（4分）

【汇：“四千精神”的赓续】

“四千精神”是崇实创新的永嘉之学的时代升华。1985年5月12日，《解放日报》报道温州改革实践，认为催生温州模式的就是“走遍千山万水，想尽千方百计，说尽千言万语，吃尽千辛万苦”的精神。2023年4月，为适应转型升级发展，浙江提炼了以“千方百计提升品牌，千方百计拓展市场，千方百计自主创新，千方百计改善管理”为内涵的“新四千精神”。

（3）从文化自信的角度，阐述赓续“四千精神”的时代价值。（4分）

参考答案与评分标准：

（1）温州耕地资源匮乏，南宋时期人口的迅速增加，进一步激化人地矛盾，因此大量温州人转而从事商业贸易。温州的港口优势与政府鼓励海外贸易的政策，进一步促进了温州商业贸易的繁荣。这成为永嘉学派重商思想的现实基础。（4分）

（2）兴办新式企业，促进了温州地区民族资本主义的发展；发展地方文教事业，为温州近代发展培养新式人才；创办报刊，传播维新思想，启发温州民众的思想觉醒；发展医疗等民生事业，促进温州社会生活的转变。（4分，答出两点即可）

（3）“永嘉之学”“四千精神”“新四千精神”一脉相承，不断推动优秀传统文化创造性转化、创新性发展，有助于增强文化自信。“四千精神”不断丰富的时代内涵，为新时代社会主义现代化建设提供了不竭的精神动力。（4分）

（1）明确多层次的考查目标

综合性试题突显学科知识、能力的融会贯通，学科间知识、能力的触类旁通，指向跨学科素养的贯通。因此，在制定命题规划时，命题者就要依据学业质量标准和学业要求，明确多维度、多层次的考查目标。例8-7是基于跨学科主题的综合性试题，分别从人地关系、历史传承和时代精神的角度对温州崛起的文化因素进行综合考查。该题以“温州崛起的文化基因”为主题，考查“四千精神”的历史传承和现实延伸，引导学生在真实的情境中主动思考“四千精神”的文化价值，从而使其在做题过程中增强对温州文化的认同感与自信心，激起对家乡的热爱。该题综合考查了人地协调观、综合思维等地理课程核心素养，时空观念、历史解释、史料实证、家国情怀等历史课程核心素养，政治认同、责任意识等道德与法治课程核心素养，体现了跨学科素养的贯通。从问题解决的关键能力看，该题重点考查了信息获取、说明解释等基础能力和逻辑推导、应用评价等高阶能力，体现了能力的触类旁通。从知识的维度看，该题涉及区域发展的自然环境、宋元时期的社会变化、晚清时期的内忧外患与救亡图存、中华优秀传统文化、坚定文化自信等核心主干知识，体现了知识的纵横联系。总之，该题既体现了知识的综合，更强调了能力与方法的综合。

（2）构建多样态的试题情境

高质量完成试题任务，必须借助试题的情境材料。越是复杂的探究性问题，就越需要丰富的情境来驱动问题解决，并为问题解决提供充足的。因此，综合性试题需要构建多样态的试题情境。例8-7分别呈现了三组不同类型的情境材料。基于南宋时期温州人地冲突的考查需要，提供了温州自然环境与南宋工商业发展、永嘉学派重商务实思想的材料；基于近代中国社会变革及影响的考查需要，创设了晚清时期温州开埠后传统士人转型的历史场景；基于赓续传统文化的考查需要，呈现了由永嘉学派到改革开放时期“四千精神”再到新时代“新四千精神”的学统承继。试题情境较为丰富，涉及自然环境、人地矛盾、社会变革、时代精神等诸方面。

（3）设置综合性的试题任务

综合性试题指向复杂情境下的问题解决，因此，试题任务具有较强的探究性。探究性问题的解决，需要（跨）学科的整合和（跨）学科思维的运用。例8-7任务一借助材料解释南宋时期温州的商业发展的原因，强调区域发展的关联性和整体性。任务二借助材料阐述殖民侵略、洋务运动、戊戌变法对近代温州知识分子的影响，强调史事关联，展现时代特征。任务三借助材料阐述“四千精神”的时代价值，突显价值引领和文化自信。

（4）拟定多领域的作答表现

基于学生表现及评分标准与试题设问、情境材料、考查目标四者关系一致的原则，综合性试题应拟定的学生作答表现也应是多维度、多领域、多层次的。

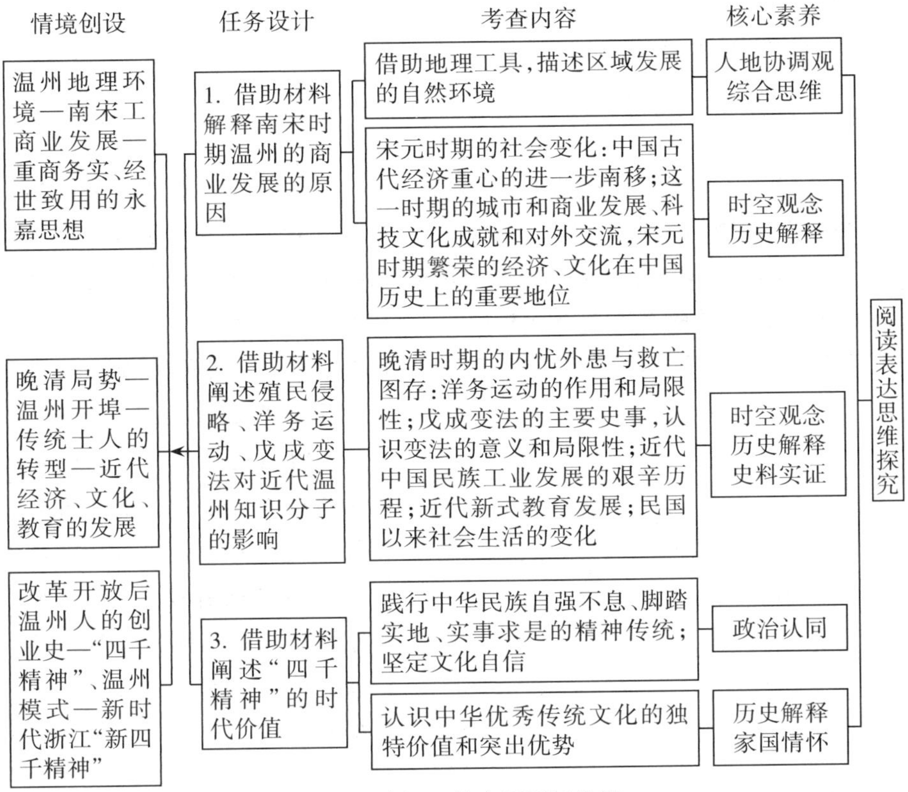

图8-3　例8-7的命题框架分析

综上分析，例8-7采取多维度的设问方式，让不同水平的学生都有合理的发挥空间。

第(1)小题，通过呈现温州的地理环境特点，以新颖的视角引导学生深层次理解永嘉学派产生的地域因素及其内在逻辑关系，培养学生建立人地协调观，正确认识地理环境对人类活动的影响，实现不同学科知识的有效迁移，发展共通性素养，促进学生的全面发展。第(2)小题，再现近代时期温州士人的社会改良举措，拓展地方素材，引导学生从改良举措中获取历史信息，加深学生对民族觉醒与近代中国转型困难的理解，培养学生历史解释、史料实证、家国情怀的历史素养。第(3)小题，从历史回到现实，基于时序阶梯式呈现“四千精神”的现实延伸，与前置材料组合形成了“永嘉之学”“四千精神”“新四千精神”一脉相承的温州文化。通过阐述赓续“四千精神”的时代价值，赋予中华优秀传统文化新的时代内涵和现代表达形式，促进创造性转化和创新性发展，使其成为涵养社会主义核心价值观的重要源泉。

三、典型试题评析

【典型试题一】(2021·温州)铺展戈壁通衢,奏响发展凯歌。(10分)

材料一 2021年5月20日,随着京新高速公路梧桐大泉至木垒段最后一车沥青铺设到位,这条总里程约2768千米的进出新疆的大通道全线贯通。

京新高速公路示意图
(图略,图源:2021年温州市中考历史与社会·道德与法治第23题)

材料二 在梧桐大泉到木垒段施工中,为不影响沿线地区野生动物迁徙,施工方修筑了30余座动物通道;工程完工后,施工方在沿线地区繁育植被,实现"复绿"。

材料三 白疙瘩到明水段的通车,改变了甘肃马鬃山镇交通不便的局面。该镇围绕公路吸引投资,利用独特的环境发展加工业和旅游业,彻底撕掉了遍地荒凉的贫困标签。

(1) 京新高速公路横跨了我国四大地理区域中的________地区和________地区。(2分)

(2) 京新高速公路因沿途自然景观多样,被称为"绝色景观大道"。据上图,从自然环境角度分析其成因。(4分)

(3) 京新高速公路的修建与通车是我国新发展理念的重要实践。请结合材料予以阐释。(4分)

参考答案与评分标准:

(1) 西北、北方。(2分)

(2) 沿线地区地形种类多样,地势起伏大;沿线地区降水量变化明显,对地貌和植被有较大影响。(4分)

(3) 京新高速公路修建过程中对野生动物和生态环境的保护,践行了绿色发展理念;京新高速公路的通车改善了贫困地区人民的生活,践行了共享发展理念。(结合材料,从创新发展、协调发展、开放发展的角度阐释,其他答案,言之有理也可给分,4分)

评析:综合性是地理课程的基本特征之一。地理课程的综合思维,是指人们综合地认识地理环境和人地关系的思维方式和能力,包括系统观念、整体意识和时空观念。该题带领学生“行走”中国绝色景观大道——京新高速,从区位、地形、气候、人文等角度,设计了自然要素相互作用和相互影响的情境,内容既涉及自然地理,又关注人文地理,强调考查学生运用地理学科必备知识和原理、规律对地理现象进行综合分析的能力,揭示了自然环境要素之间、自然环境与人类活动之间的复杂关系。

第(1)小题,依据图中“北京”“乌鲁木齐”“黄河”等重要地理信息,要求学生根据行政区划和地理事物的相对空间位置进行定位,判读京新高速跨越的中国地理区域。第(2)小题,基于空间关系原理考查地理联系,通过把空间关系原理涉及的必备知识恰当地呈现在地图中,服务于地理联系的考查需求。本小题探讨京新高速“绝色景观大道”美誉的由来,实际上涉及地形、气候等地理要素的相互关系,要求学生从知识本源层面把握地理联系,在突显综合思维能力的同时,也改进了以往试题中的浅层性考查。第(2)小题指向地理联系,与第(1)小题京新高速跨越地理区域之广密切相关,递进式的设问体现了地理要素之间的整体性特点。第(3)小题,展现京新高速建设与发展过程的真实案例,体现了对人文地理和道德与法治知识的跨学科考查。意在引导学生从新发展理念的角度,拓展对地理学科中“可持续发展”这一理念的理解。重在通过学生表达的条理和层次,考查其分析问题、解决问题的思维过程。

【典型试题二】(2021·山西)中西方文化交相辉映,从不同领域折射出人类对真善美的追求。根据下面图文信息,回答相关问题。(10分)

(1)【思想智慧】道德教育体现先贤智慧。分别概括下面两位思想家的主张。(4分)

·为政以德,譬如北辰,居其所而众星拱之。 ·学而不思则罔,思而不学则殆。 ——孔子	·知识即美德。 ·求得知识最好的方法是有系统地问和答。 ——苏格拉底

(2)【绘画鉴赏】艺术作品反映社会现实。请从社会风貌和艺术价值两方面分别解读下列名画。(4分)

图一　宋代张择端所作清明上河图(局部)

图二　意大利拉斐尔所作椅中圣母像

(3)【建筑魅力】建筑工程承载历史价值。下面两个建筑工程有何共同的历史价值?(2分)

图三　四川都江堰

图四　美国田纳西水利工程

参考答案:

(1) 孔子:强调统治者实行德政,以道德教化天下,有利于弘扬正气;(1分)主张学思结合。(1分)苏格拉底:主张把道德和知识合二为一,人必须具有知识才能达到善,善即是美德;只有获取知识才能具有美德;(1分)主张通过提问获得知识。(1分)

(2) 图一:社会风貌:展现了北宋东京汴河两岸的繁华景象;城市人口众多、商业繁荣;店铺林立,商贩往来不绝;市民阶层生活丰富多样等。艺术价值:画面上的人物、街市、村野、车船等安排得错落有致,是美术史上的不朽之作等。

图二:社会风貌:反映了当时人文主义者反对教会的黑暗统治,倡导以人为中心而不是以神为中心的生活哲学;提倡发扬人的个性,追求享受现世生活等。艺术价值:画中母亲和孩子组成了和谐的圆形构图,流露出母亲对孩子浓浓的爱,歌颂了女性的自然美,体现了人文主义精神等。

评分说明:每幅图分别从两个角度,答出符合上述意思的任意一点得1

分，共4分。

(3) 都推动了国家经济的发展；都因地制宜，造福后人，至今仍在发挥作用；都凝聚了劳动人民的智慧；都体现了人与自然的和谐等。

评分说明：答出符合上述意思的任意一点得1分，共2分。

评析：该题集探究性、开放性和综合性试题于一体，三者有机融合，较好地考查了高阶能力，渗透了情感态度价值观。

该题以“中西方文化交相辉映，从不同领域折射出人类对真善美的追求”为主题，从思想、艺术与水利工程三个维度，将主题细化为“思想智慧”“绘画鉴赏”“建筑魅力”，分别选取多种类型的材料创设情境，设计问题。试题情境由大题主题、每小题主题和历史材料构成。大题情境采用文字形式，叙述主题内涵，提出大题任务。主题内涵引出该题三道小题的内容，大题任务具体化为三道小题的设问。试题结构主次清晰，逻辑性强。

具体而言，第(1)小题，从“思想智慧”切入，以“道德教育体现先贤智慧”为引导语，节选《论语》和苏格拉底语录创设试题情境。依据这一情境设计的问题，要求学生概括两位思想家的主张。学生理解和概括孔子、苏格拉底思想主张的过程，就是在感悟“先贤智慧”。设问、情境、参考答案、解题过程相互照应，融会贯通。第(2)小题，从“绘画鉴赏”切入，以“艺术作品反映社会现实”为引导语，运用《清明上河图》《椅中圣母像》两幅名画创设试题情境。依据这一情境设计的问题，是从社会风貌和艺术价值两方面分别解读名画。设问有利于学生展示自己的个性特长，情境、问题和答案都具有一定开放性。学生回答问题，就是鉴赏名画。本题跳出简答题的一般范畴，大大拓展了简答题考查功能。第(3)小题，从“建筑魅力”切入，以“建筑工程承载历史价值”为引导语，选取都江堰和田纳西两大水利工程图片创设试题情境。依据这一情境设计的问题，是归纳两大工程的共同历史价值。学生解决这一问题，实际上是在感受建筑工程的魅力。

综上，该题涉及中国古代史中的孔子思想、战国时期的水利工程、宋代艺术成果与社会风貌等内容，世界史中的苏格拉底思想、文艺复兴和罗斯福新政等核心知识，内容具有综合性。命题者摘录了《论语》内容和苏格拉底语录，清明上河图和椅中圣母像两幅画作，都江堰和田纳西水利工程两幅照片，材料具有综合性。该题以高阶能力为考查内容，除考查从材料中提取有效的历史信息，根据历史事实进行历史叙述等基础能力外，重点考查将历史事物置于特定的历史环境中进行分析，运用史料进行实证和解释历史等高阶能力，设问具有综合性。

【典型试题三】(2022·宁波)一条大运河，半部中国史。根据图文资料，回答问题。(8分)

材料一 中国大运河由隋唐运河、京杭大运河和浙东运河组成，是世界上最长的运河。它始建于春秋时期，经过历代的开凿、疏浚、连通而成，至今仍发挥着水路运输等作用。

图一 隋朝大运河示意图。(图略)

图二 中国大运河示意图。(图略)

注：图一、图二取自2022年宁波市中考历史与社会·道德与法治试卷第22题。

材料二 中国大运河项目在第38届世界遗产大会上成功入选《世界遗产名录》。

作为世界文化遗产城市之一的宁波，位于大运河的最南端，是通往外海的重要口岸，是大运河上的一个重要节点。

(1) 请指出图一所示的隋朝大运河开凿的目的。(2分)

(2) 比较图一、图二，可知大运河发生了"裁弯取直"的变化。这一变化最早出现于哪一朝代？请分析变化产生的主要原因。(3分)

(3) 在"中国大运河"主题探究学习时，小宁与小波分别提出了一个问题。请你运用相关材料及所学知识，任选一个问题进行解答。(3分)

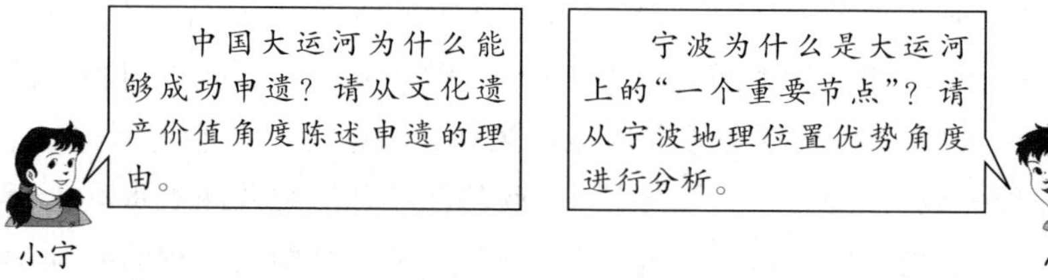

参考答案与评分标准：

(1) 加强南北交通，巩固隋朝对全国的统治。(2分)

(2) 元朝。(1分)政治经济重心的转移；为了便利南粮北运，粮船可以从杭州直抵大都；缩短运输路程，更加快捷；实现有效的统治与管理等。(2分)

(3) 小宁：文化遗产是人类共同的文化财富，弥足珍贵；(1分)中国大运河是建造时间最早(使用最久、空间跨度最大、最古老)的人工运河，承载了中华灿烂文明；是贯通南北的运输系统，是中国劳动人民的智慧结晶和

杰出成就；目前很多河段仍在使用，是活态的文化遗产；大运河的历史文化遗存需要保护等。(2分)

小波：宁波濒临东海，拥有深水良港；(1分)通江达海(三江汇流，水系发达，汇入东海)，海河联运；"港通天下"，是对外贸易的重要通道。(或既是中国大运河的终点，也是海上丝绸之路的起点，是大运河与海上丝绸之路的连接点)(2分)

评析：从隋朝大运河的开凿、元朝大运河的"裁弯取直"到中国大运河的申遗成功，再到宁波作为大运河最南端的出海口，该题将时政热点与宁波乡情相结合，实现政史地跨学科的综合考查。

从立意看，该题以"千年运河，生生不息——大运河申遗成功八周年"为主题，指向"历史解释""时空观念""家国情怀""政治认同"等核心素养。从世界文化遗产"中国大运河"入手，引导学生从隋朝大运河示意图与中国大运河示意图的漫长时空比较中，感知时空观念，加深对史料实证的认知；从"宁波为何成为大运河的重要节点"的探究中，拉近学生生活与时空观念之间的距离；从大运河成功申遗的理由阐释中，发现大运河作为人类宝贵文化遗产的价值所在；更从家乡悠悠的运河水脉这一地方资源出发，在认知区域的同时，增强学生热爱家乡的情感和对中华文化的认同感、归属感，落实政治认同的核心素养。

从情境看，该题兼具时代性、人文性、思想性、区域性。"一条大运河，半部中国史"，中国大运河以其广阔的时空跨度、巨大的成就、深远的影响而成为中国乃至世界文化的摇篮，大运河南端链接宁波，通过历史与现实的对比、历史地图的呈现，立体再现了宁波通江达海、海河交汇的独特地理位置。纵观试题情境，材料设置逻辑清晰，层层递进。该题命制遵循了"源于历史，走向现实，面向未来"的脉络，按照"点—线—面"的方式，由最南端的宁波追溯到整条大运河的历史再到大半个中国的地理范围，让学生领悟到宁波不仅仅是宁波，还是大运河的宁波；大运河不仅仅是大运河，还是中国的大运河；中国的大运河不仅仅是中国的，还是全世界的宝贵遗产。于这样的材料逻辑中，学生得以窥见一幅徐徐展开的画卷。

从设问看，该题从特定的问题意识出发，将分散在地理、历史、国情等不同内容整合在一起。问题(1)依据图一"隋朝大运河"设置，引导学生认识隋朝时期大运河开凿的目的，考查的是基本史实，但需要学生具备对历史图片的探究能力，并为其后面的回答做了铺垫。问题(2)引导学生从"隋朝大运河示意图”与“中国大运河示意图”的对比中探究大运河裁弯取直变化的朝代和原因，既是对问题(1)的时空范畴上的拓展，又激发了学生综合对比、实证分析的能力。问题(3)是该题的亮点，借学生最熟悉的小伙伴“小宁”和“小波”的口吻，从文化遗产的角度陈述中国大运河能够成功申遗的理由，以及从地理位置优势的角度阐述宁波为何能成为大运河上的重要节点，设置了可选择的答题任务，让学生在答题中选择自己感兴趣的、擅长的问题作答，充分“扬长避短”，关注并鼓励学生真实发生的进步，加深学生的知行体验，激发高阶思维，落实深度学习。

【典型试题四】(2017·温州)看网络万象，启安全之门。阅读材料，回答问题。(16分)

材料一

糊涂的小王	倔强的小胡
小王利用在银行工作之便，收集客户的姓名、联系方式、银行卡号等个人信息，并通过网络出售给他人，从中获利。结果导致客户不断地受到电话、短信等骚扰，甚至个别客户银行卡被盗刷，损失惨重。	小胡是某共享单车软件研发公司的负责人。他在前期测试中发现自己设计的产品有漏洞，可能会造成用户个人信息的泄露。共享单车公司再三要求他先将产品投放市场再逐步改进，都被小胡以“宁愿少赚钱，也要守底线”为由断然拒绝。

材料二 2017年6月1日起实施的《中华人民共和国网络安全法》规定：任何个人和组织不得窃取或者以其他非法方式获取个人信息，不得非法出售或者非法向他人提供个人信息。违反该条规定，尚不构成犯罪的，由公安机关没收违法所得，并处违法所得一倍以上十倍以下罚款，没有违法所得的，处一百万元以下罚款。

(1) 小王的“糊涂”导致客户的哪些权利受到侵犯?(4分)

(2) 从道德角度评析小胡的行为。(4分)

(3) 根据材料一、材料二，说明《中华人民共和国网络安全法》实施的必要性。(4分)

材料三

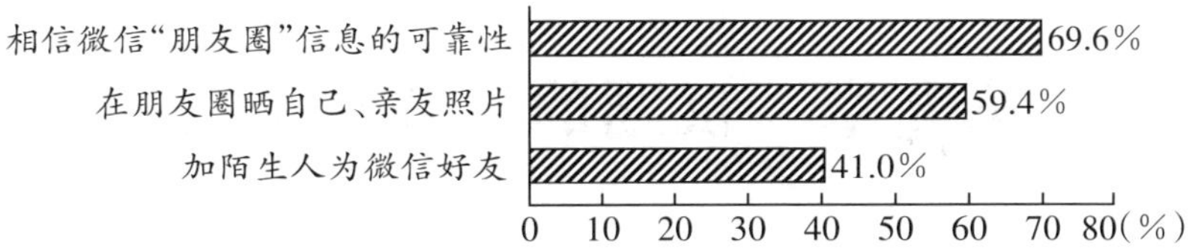

图一 青少年网络安全素养调查统计

(4) 结合材料二、材料三，为青少年合理利用网络提两条合理化建议。(4分)

这是一道遵循道德与法治学科逻辑与生活逻辑相统一要求的综合性试题。从知识内容看，该题涉及公民权利、道德品质、法律作用和理性上网等考点，覆盖面广。从能力要求看，该题涉及推断、说明、评价和实施四种水平，强调“知行合一，重视实践”。从试题情境看，该题以“糊涂的小王”“倔强的小胡”两个具体案例探究“网络万象”。从任务设置看，该题从法律的角度分析小王的行为侵犯了客户的哪些权利，从道德的角度评析小胡的行为。一正一反，形成鲜明对比，富有积极的教育意义。通过对两个案例的分析可知，当前我国网络安全存在着问题，这也是《中华人民共和国网络安全法》实施的客观必要性。第三问既要学生依据网络安全现状又要结合具体的法律条文予以说明，突出了对学生逻辑思维和严谨表述的考核。在此基础上，由“知”到“行”，为青少年合理利用网络提两条建议，答案具有一定的开放性，体现了更为综合的能力要求。

第九章　试题的实践性研究

《义务教育课程方案(2022年版)》提出了“变革育人方式,突出实践”的基本原则,并提出了“引导学生参与学科探究活动,经历发现问题、解决问题、建构知识、运用知识的过程,体会学科思想方法。加强知识学习与学生经验、现实生活、社会实践之间的联系,注重真实情境的创设,增强学生认识真实世界、解决真实问题的能力”等实践要求。同时,明确要求“全面推进基于核心素养的考试评价,强化考试评价与课程标准、教学的一致性,促进‘教—学—评’有机衔接”。因此,考试也应进一步强化实践性,以“能做什么”检测学生“学到什么”以及“学得如何”。

一、试题的实践性

1. 试题实践性的涵义

实践是检验真理的唯一标准。理论与实践的统一是马克思主义的一个最基本的原则,任何理论都要不断接受实践的检验。那么,何谓“实践”?实践是人们改造社会和自然的有意识的活动。教育学意义上的“实践”,是指学生运用学到的知识、技能、方法和思维,解决真实情境下复杂问题的学习探究活动,具有“知行合一、学用结合”的特点。

格兰特·威金斯强调,学校教育的目标是使学生在真实世界能得心应手地生活。戴维·乔纳森认为,教育唯一合法的目的是解决问题。问题解决打通了学校教育和学生未来的生活。钟启泉指出,核心素养的核心是“真实性”,也就是解决真实问题的能力,核心素养指向解决现实世界的问题。可见,学以致用、创造性地解决现实生活中的真实问题是当前各国指向素养发展的共同教育目标。我国义务教育的培养目标是“使学生有理想、有本领、有担当,培养德智体美劳全面发展的社会主义建设者和接班人”[1]。这就要求学生善于观察现实生活中的各种现象,洞悉事物运行和发展遵循的规律,能运用知识、能力和素养解决实际问题。因此,“能做什么”——能够运用种种知识与信息、拥有自己的思考、创造新的观念,比“习得知识”更为重要。作为主体的学习者应在学习的过程中同现实社会与实际生活联系起来,借助于和他者的对话,求得有深度、有广度的学习。

考试评价具有引导教育教学的导向功能。为落实学科实践,突显问题解决的素养导向,考试评价也应强化实践性。《教育部关于进一步推进高中阶段学校考试招生制度改革的指导意见》要求,中考要“增强与学生生活、社会实际的联系,注重考查学生综合运用所学知识分析问题和解决问题的能力”。《教育部关于加强初中学业水平考试命题工作的意见》进一步明确,试题命制“要注重考查思维过程、创新意识和分析问题、解决问题的能力”。《中国高考评价体系》则在考查要求中提出了“应用性、创新性”。“应用性”以学生主体性、问题性为基本特征,旨在考查学生综合运用知识、能力和思维方法去解决新问题的素养;“创新性”引导学生能够摆脱思维定势,积极主动探索新方法、解决新问题。

社会科是实践性很强的综合课程,强调历史与现实生活、自然环境与社会生活之间的密切联系,提倡体验、探究、合作的参与过程,采取讨论、调查、社会实践等多种学习方式,提高学生的社会实践能力。社会实践包括实践取向、社会活动和公共参与。“实践取向”指具有实践意识和规划(设计)实践活动的能力;“社会活动”指在日常学习、野外活动和其他环境下实施的解决与社会有关问题的行动;“公共参与”指主动有序参与社会公共事务,承担公共责任,维护公共利益,践行公共精神的活动[2]。作为社会科试题特征的“实践性”,强调学生在试题作答的过程中能够发现问题、构建知识、运用方法,并创造性地解决问题。考试的过程,也是学生完成一个有思维含量的探究任务的过程,是学生解决一个挑战性问题的过程。这种方式可以更全面、更深入、更有效地考查学生的认知水平、探究水平、做事能力,以及在应对复杂、陌生情境时所表现出来的态度、立场与价值。

---

[1]中华人民共和国教育部.义务教育课程方案(2022年版)[S].北京师范大学出版社,2022:1

[2]牛学文.优质试卷的几个维度——以浙江省中学社会科为例[J].基础教育课程,2018(11):54-59

【例 9-1】(2017·温州)“一带一路”倡议源自中国，但成效惠及世界，得到了全球100多个国家和国际组织的积极支持和参与。全面融入“一带一路”建设，是温州发展的重大机遇。

早在宋元时期，温州就是重要的对外贸易港口，温州商人的足迹已遍及东亚、东南亚、西亚和北非等地。改革开放以来，作为中国民营经济的发源地，温州发挥着创新示范的重要作用。秉承“敢为人先，吃苦耐劳”的精神，温州人建立起覆盖全国、连接世界的市场营销网络。近年来，温州机场、状元岙港区的升级，24条国际航线的增添，杭温铁路义乌与温州段的开工建设等，为温州经济的腾飞插上新的翅膀。

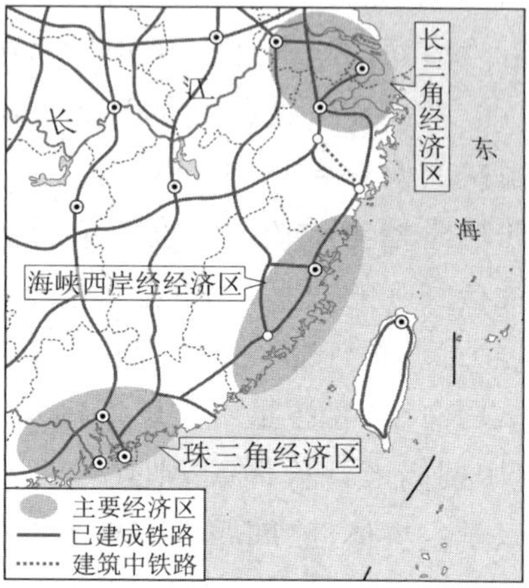

中国东南沿海地区

问题：结合材料，阐述温州应如何凭借自身优势更好地融入“一带一路”建设。(6分)

在“一带一路”发展的大背景下，温州将如何把世界温州人优势转化为推进温州新发展的优势，对接、用足、用好“一带一路”建设机遇，是陷入发展瓶颈期的温州要寻找的新发展之路。该题积极引导学生思考家乡温州应如何凭借自身优势更好地融入“一带一路”建设，获得更好的发展这一问题，具有现实意义，有利于责任意识和家国情怀的落地。问题的解决，需要学生具备一定的创新意识和问题解决的综合素养。学生首先要从材料中获取信息，并对获取的信息进行分类，确定作答的角度。比如，区域位置对温州融入“一带一路”发展的有利因素有哪些？温州重商的历史传统和文化基因，对温州未来发展有什么积极影响？改革开放以来，作为改革开放前沿城市的温州积累了哪些重要的发展经验？确定问题解决的基本角度—按照不同角度整理材料信息—基于逻辑关联分析问题—创造性地提出问题解决的方案，这就是问题解决的基本思路，充分体现了试题的实践性，也就是学以致用、实践创新。

2. 试题实践性的表现

试题的实践性，强调对学生提出问题、形成问题解决方案和评价问题解决结论的综合素养的考查。试题不仅要考查学生的知识与能力状况，更要考查学生对知识与能力的态度与期待；不仅要考查学生是否知晓和能否应用已学知识，更要考查学生能否对已学知识进行审视、评价与改进；不仅要考查学生是否会解决他人给予的问题，更要考查学生能否自己发现和提出问题；不仅要考查学生是否会用所学方法解决问题，更要考查学生能否形成自己的问题解决方案或方法。"实践性"还要求把批判性思维与创新意识作为考查的重要内容。因为一旦学生从直接的知识学习走向直面真实的探究，其所面对的社会、自然、人生等学习对象本身就是多元的、不确定的和开放的。因此，在学以致用、实践创新的立意下，试题应具有情境的真实性、问题的开放性与探究性、学生作答及评分的多元与可视化等特征。下面，我们以例9-2为例，阐明试题实践性的具体表现。

【例9-2】(2021·山西)百年党史谱就华章，百年征程波澜壮阔，百年初心历久弥坚。晋华中学的同学们以"奋斗百年路·启航新征程"为主题开展党史宣讲活动。请你完成活动任务。(15分)

任务一 【启航·新征程】(4分)

(1) 下面场景见证了中国共产党开启新征程的重大历史时刻。请分别简述其"新"在哪里。

新面貌

图一 《中共一大》油画

新中国

图二 《开国大典》油画

新时期

图三 中共十一届三中全会会场

新时代

图四 中共十九大会场

任务二 【开创·新局面】(4分)

为扭转当时革命的局面、保存革命的有生力量，毛泽东曾提议“上山”……“上山”意味着毛泽东主张将革命方向和革命力量向边界偏远农村地区转移。

——《精准理解中国革命新道路理论》

(2) 根据材料，说明中国共产党是如何探寻新道路的。(2分)

实行对外开放政策，有一个逐步发展的过程。沿海港口城市由于其地理位置、经济基础和技术水平等条件较好，势必要先行一步……开放的形式应多种多样，开发的步骤将有前有后，引进项目的重点要各有侧重。

——《沿海部分城市座谈会纪要》(1984年5月)

(3) 概括我国对外开放新局面形成的特点。(2分)

任务三 【肩负·新使命】(7分)

(4) 中国梦就是要实现国家富强、民族振兴、人民幸福。请结合共和国史，以“筑梦·圆梦”为题，从右图中任选三个方面，写一篇150字左右的宣讲稿。

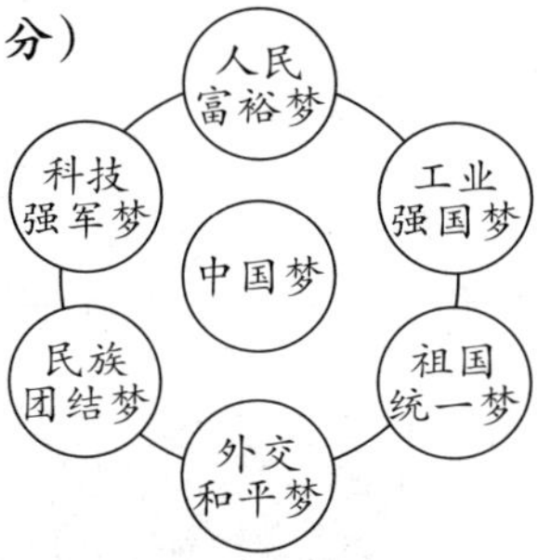

(1) 立意：指向学以致用

实践性体现在试题立意上，就是贯彻学以致用的评价理念，突显对创新思维的考查。试题要引导考生运用所学知识解决真实情境下的具体问题，以完整而真实的任务，考查学生知识理解、能力应用的结构化水平；以“用”的结构性特点，考查“学”的融会贯通和深度掌握水平。例9-2的考查目标指向知识、能力和素养，突显问题解决，重点考查学生综合运用知识解决问题的能力，尤其是对历史的理解、解释和论证能力。

实践是完整的知识参与的学习活动，前提是学科知识的深度理解与融会贯通，最终达成知识的迁移应用，即“学以致用”。与此同时，实践以过程复现的形式促进学生对学科知识的再建构，以情境沉浸与具身参与的状态习得解决学科问题的关键能力，即“学用结合”。因此，试题的实践性必然要求学生运用所学的学科知识、学科能力来解决现实生活中可能遇到的真实问题，贯彻"学以致用"的评价理念；而诊断性考试中的实践，会进一步促进学生对学科知识的融会贯通和关键能力、学科思维的深刻的认知与掌握。

那么，什么知识能够被用来解决复杂情境下的探究问题呢？一般情况下，高统摄性、高关联度（结构化）的核心知识，往往具有高迁移性，是学生解决问题的必备知识。例9-2围绕"奋斗百年路·启航新征程"这一主题，考查中共一大、新中国成立、党的十一届三中全会和党的十九大召开等重要史事对近代以来中国发展的意义；通过重要史事的梳理，探寻中国革命的新道路，突显了中国共产党在革命、建设和改革事业中所发挥的决定性作用，实现价值引领。这样的试题立意，要求教师在平时教学中要运用大概念对教学内容进行整合，根据大概念建构学习内容的框架，设计教学过程及环节，组织和开展教学活动，以大任务、大问题来统领整个学习过程，避免知识和能力的碎片化。这就发挥了考试对教育教学的引导作用。

（2）情境：突显真实可信

实践性要求试题以贴近时代、贴近社会、贴近生活的生活实践或学习探索问题情境为载体，将知识整合、迁移运用和问题解决作为考查目标。因此，试题的问题情境与学生的实际生活密切相关，是来源于生活的真实问题，以此考查学生运用所学知识解决生活实际问题的综合素养，即理论联系实际的水平。例9-2聚焦中国共产党建党百年这一重大事件，将晋华中学的同学们以"奋斗百年路·启航新征程"为主题开展的党史宣讲活动作为试题情境。情境材料丰富，涉及重要图文资料、经典美术作品和知识示意图。该题呈现的三组材料，蕴含的信息量适当，能依据历史真实，满足学生作答所需。

（3）任务：突显开放探究

实践性要求试题指向真实问题的解决，重点考查问题解决过程中反映的核心知识的理解程度、学科方法的运用和学科思维的迁移水平。一般而言，试题设问具有探究性，引导学生运用高阶能力解决问题，得出新认识和新观点。为了突显实践性，试题设问常常依托于学科活动。如地理试题，常以社会调查、野外考察、研学旅行等地理实践活动为试题任务；历史试题，可依托于历史剧、文物策划、读书汇报会、历史人物小传等历史活动；道德与法治试题，可探索议题式、主题式、案例式的试题结构，增强其活动性、探究性。

例9-2以“奋斗百年路·启航新征程”主题党史宣讲活动为总任务，分别设计“启航·新征程”“开创·新局面”“肩负·新使命”三个板块。任务三突显开放探究，要求学生结合共和国史，以“筑梦·圆梦”为题，写一篇宣讲稿。在重构历史史实的基础上，进行解释和说明，是对学生学习历史的综合能力的考查。比较遗憾的是，任务一选取了两幅经典美术作品和两幅会场场景图片，直观呈现出与此相关的重大历史事件在中国共产党党史历程的“新”，设问较为封闭，指向重要史事的再认再现。任务二要求学生结合材料，分别说明中国共产党对新道路的探寻和改革开放新局面的特征，指向历史信息的获取、概括与运用等基础能力的考查。

（4）作答：突显质性评价

实践性要求试题强化对思维过程、探究过程的测量和评价，从注重考查记忆理解的结果到注重考查思维过程、探究过程和做事过程的发展水平。试题任务所要驱动的，不是单纯的记忆和理解，而更关注思考、探究。如地理试题设计关注学生日常生活中经常遇到的地理事象与地理问题，鼓励学生主动观察现象、灵活应用所学知识分析和解决实际问题，引导学生从“解题”向“解决问题”转变。

如何体现思维过程、探究过程的考查呢？主要途径是通过学生作答（行为表现）来检测。在评分方式上，主要表现为由“单向封闭”走向“交互联系”，尤其是着重考查解释、反思与评价等高阶思维的试题评分上。当前，SOLO分类理论为学生的试题作答（行为表现）的划分提供了重要理论依据。

基于命题视角的SOLO层级及其能力要求

SOLO层级	能力要求
单点结构水平	材料信息以某个知识单元为主，涉及的知识内容较为单一，只要求学生正确掌握一个知识点即可解答问题
多点结构水平	以某个知识单元为主，围绕该主题进行问题设计，材料信息量适中，要求学生只要挖掘多个知识点即可答题，且知识点之间联系较少
关联结构水平	给出新的问题情境，要求学生从材料中获取有效信息，并与所学的相关知识构建联系，解决较为复杂的问题
抽象拓展结构水平	学生超越问题本身所涉及的知识点，能够从已知的结论推广到未经历的情境中，得到更抽象的结论，具有一定的开放性

例9-2的任务三采用SOLO分层赋分的方式。根据学生作答的行为表现来推测其素养层级和思维水平，划分对应的赋分等级。具体评分标准如下。

分值	评分标准
6—7分	1. 围绕主题，文章结构完整，层次分明，逻辑关系清晰。 2. 观点论述与3个事件及影响建立联系，紧扣文章主题进行解释和拓展
4—5分	1. 围绕主题，文章结构相对完整，表述较清晰，论证较严密。 2. 与3个事件及影响建立联系，并对此作出一定解释
2—3分	1. 围绕主题，层次不清晰，表述不太完整。 2. 使用2个事件，解读角度单一
0—1分	1. 根据1个事件就直接得出答案，事件与影响没有联系。 2. 没有作答，或作答文不对题

【例9-3】(2019·宁波)阅读材料，回答问题。(10分)

材料一 垃圾是放错地方的资源。回收可利用的垃圾，实施循环经济是许多国家的共同选择。目前宁波市将生活垃圾按可回收物、厨余垃圾、有害垃圾、其他垃圾分成四类，并设置对应的蓝色、绿色、红色、黑色垃圾桶。

(1) 请将下列生活垃圾分类，并把序号填入答题卷上的相应位置。(2分)

①玻璃 ②果皮 ③餐巾纸 ④剩菜 ⑤废灯管 ⑥旧报纸 ⑦过期药品 ⑧矿泉水瓶

材料二 阅读“全国生活垃圾清运量”和“2017年全国城市生活垃圾处理情况”图表。

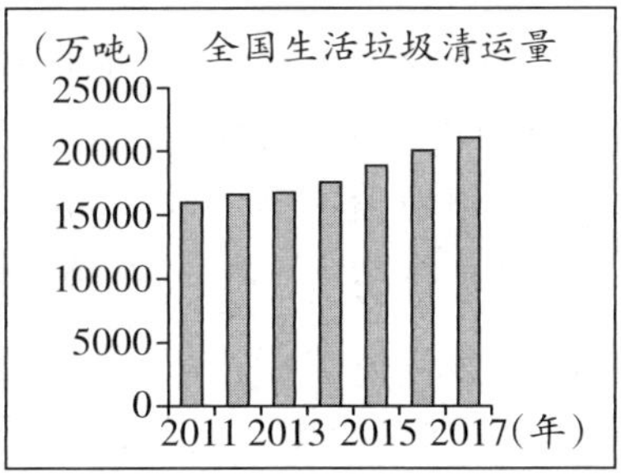

图一

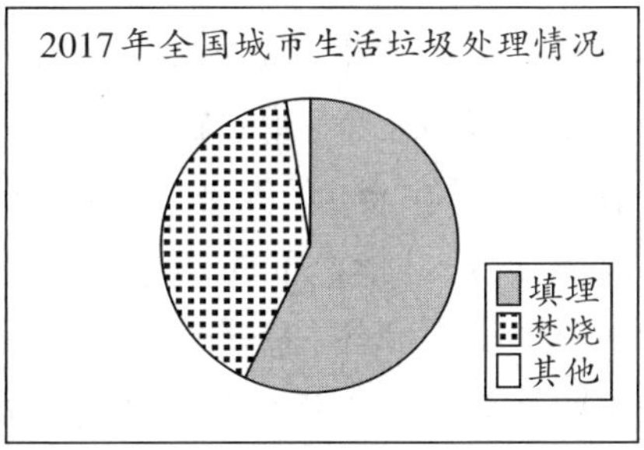

图二

（2）请分别指出我国生活垃圾产生的趋势及处理的主要方法，并结合上述两则材料和所学知识，分析我国实施垃圾分类的必要性。(5分)

材料三 某班举行“垃圾分类·谁的责任”主题班会，小宁和小波发表了自己的观点。

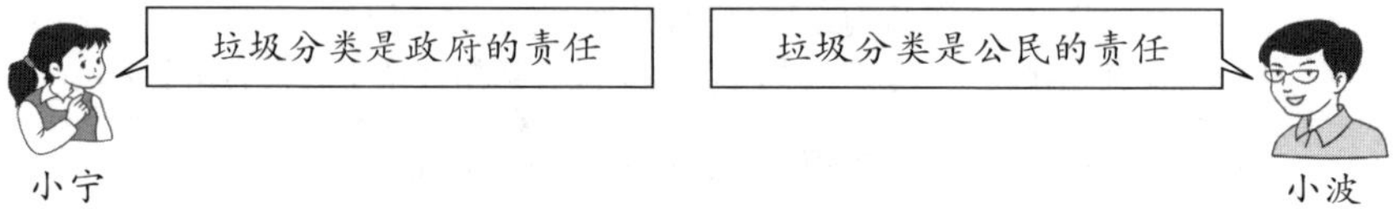

（3）假如你是班级一员，请你发表自己的观点，并说明理由。(3分)

该题以“垃圾分类”入题，考查学生的环保意识和社会责任，突显社会实践。该题情境真实，还原现实生活。任务过程完整，实际上是以“垃圾分类”为议题的一场社会实践，从知道垃圾如何分类，到从人与自然和谐共生的角度探讨垃圾分类的意义，再到围绕垃圾分类的责任问题进行审辨性思考并进行辩论，学生的作答过程实际上经历了一场实践带来的学科知识再构建、学科思维再发展、价值观念再提升的学习过程。第(1)问要求学生将试题所提供的生活垃圾进行分类，并把序号填入答题卷上的相应位置，考查学生生活垃圾分类的常识，倡导学以致用。第(2)问让学生阐述我国实施垃圾分类的必要性，涉及人地关系和绿色发展理念的相关知识，突显学生阅读材料、提取与分析信息、逻辑推导等学科能力，强化了人与自然生命共同体意识。第(3)问则要求学生就垃圾分类的责任，发表观点并说明理由，考查学生的道德修养和责任意识。在学生作答表现的拟定上，第(1)、第(2)问强调逻辑性，第(3)问采用质性评价，鼓励学生多角度作答。

二、实践性试题

当前的考试评价愈来愈重视对实践经历、实践能力的考查，加强对学生实践经历的考查，如实践活动的设计、实施、评估等实践能力，引导学生走出课堂、走出校园，积极参与社会实践活动，把知识运用于社会，强化社会责任感，提升他们的实践创新能力。社会科是以历史、人文地理和道德与法治学科为载体，对学生进行公民教育的综合文科课程，以人类的历史发展和社会现实生活为探究对象，强调自然与社会、历史与现实之间的密切联系，提升学生综合观察事物的眼界、获得综合认识问题的能力以及解决问题的创新实践能力，具有强烈的综合性、实践性。道德与法治课程具有实践性，坚持学科逻辑与生活逻辑相统一，主题学习与学生生活相结合。课程内容以学生的真实生活为基础，突显问题导向，正视关注度高、涉及面广的问题，引导学生发现问题、分析问题、解决问题，提升道德理解力和判断力，强化规则、纪律、秩序、诚信、团结合作、冲突解决等教育[1]。地理课程旨在引导学生学习对生活有用的地理、对终身发展有用的地理，在不同主题中贯穿地理工具应用和地理实践活动，突出地理课程的实践性。"地理实践力"更是作为地理实践活动中所具备的行动力和意志品质，成为地理课程所要培养的核心素养之一[2]。历史课程具有鉴古知今、认识历史规律、培养家国情怀、拓宽国际视野的重要作用，注重学生自主探究，培养学生学会学习、发现和解决问题的能力，为创新型人才的成长奠定基础[3]。基于课程性质和培养目标，社会科实践性试题的命制与探索，是课程发展的必然趋势。

1. 实践性试题的概念

那么，什么是实践性试题呢？顾名思义，具有考试立意（目标）指向实践、问题情境来源于实践、试题任务解决实践问题、应试表现需要实践操作等典型特征的试题就是实践性试题。具体说，实践性试题就是以贴近时代、社会、生活的问题情境为载体，以学以致用或用以致学为基本原则，考查学生运用学科知识、学科思维解决问题的综合素养为目标的试题。实践性试题的核心特征是聚焦问题解决，通过真实情境下的问题解决的思维水平和探究过程来检测学生学科知识的理解和学科思维的发展。聚焦问题解决的实践性试题一般具有情境真实性、任务探究性、知识结构化、逻辑严谨性、作答多元化等特征。

实践性试题一般指向复杂情境下真实问题的发现、分析与解决，试题作答需经历信息提取、问题分析、问题解决三个步骤。解决问题主要包含对复杂环境中的信息或要素进行提取和加工、作出归纳演绎或推理分析、确定关键问题以及对信息知识进行联系这三类思维过程。

[1] 中华人民共和国教育部. 义务教育道德与法治课程标准（2022年版）[S]. 北京师范大学出版社，2022：1-3

[2] 中华人民共和国教育部. 义务教育地理课程标准（2022年版）[S]. 北京师范大学出版社，2022：1-5

[3] 中华人民共和国教育部. 义务教育历史课程标准（2022年版）[S]. 北京师范大学出版社，2022：1-3

2. 社会科实践性试题的常见类型

基于真实生活情境的社会科实践性试题,按照实践形式来划分,主要有社会调查、研学实践和项目研究等类型。

(1)社会调查类试题

社会调查是社会科最常见的实践形式。地理课程将社会调查列为最主要的地理实践活动之一,提倡在地理教学中指导学生设计简单的调查方案,利用问卷、访谈等形式开展社会调查。历史课程强调历史教学要搜集、分析重要的历史文献资料,学会社会调查的方法,加强学生对所学内容的理解与解释;通过实地考察和访谈,获取多方面信息,深入了解改革开放以来人民生活和社会的变化,形成调查报告,进行交流。社会调查是道德与法治课程提高学生社会责任感的主要途径,是学生认识社会、学会做事、学会做人的重要载体。

社会调查的主要对象是社区和家乡。例如,围绕着"家乡"这一主题,调查家乡的地理环境及人们的社会生活、风土人情;充分调动社会资源,结合社会发展的事实,感受家乡的变迁;以家乡发展的真实人物和事件为抓手,从具体案例中领会家乡的发展[1]。以乡土为情境的实践性试题,体现浓厚的生活气息和乡土区域特色,突出综合思维和实践创新的考查。

社会调查类实践性试题要呈现社会调查的基本要素:明确的调查目的,具有社会意义的调查对象,科学的调查方法,真实的调查效果。完整的调查过程,不仅考查学生相关知识的理解、关键能力迁移,还要考查学生在社会调查中所表现出来的情感态度,比如精益求精的态度,力求促进社会进步,解决社会问题,增进人民幸福;求实务实的精神,尊重客观事实,不"唯上"不"唯书";虚心求教的品质,始终眼睛向下,虚心向人民群众学习与求教。

【例9-4】(2022·舟山)贯彻新发展理念,打造共富示范区先行市。下面是舟山某校九年级学生的项目化学习成果初稿。请按组员意见完成修改任务。(10分)

[1]中华人民共和国教育部. 义务教育地理课程标准(2022年版)[S]. 北京师范大学出版社,2022:28

关于舟山市贯彻新发展理念，建设共富示范区先行市情况的调查（初稿）

……

一、可喜成绩

2021年，我市人民生活水平进一步提高。城乡人均可支配收入差距进一步缩小……

二、成因分析

舟山取得的可喜成绩与我市坚决贯彻落实新发展理念有着密切的关系。

1. 积极推进“创新舟山”建设。建成了国际一流水准的大型海洋实验设施群，引进大院名校共建创新载体，组织实施渔农村科技特派员项目，建立科技示范户，推广新技术。

2. 积极融入双循环新发展格局。依托宁波舟山港和舟山江海联运服务中心，推动与日、韩及东盟十国等RCEP成员国家港口间的紧密衔接，打造国际国内大宗商品双循环的城市。

三、需继续解决的问题

1. 因病致贫、返贫人员对美好生活的向往问题。

2. 偏远海岛人民对优质教育服务的期盼问题。

组员修改意见

◆修改意见一：这两项措施只涉及了新发展理念的两个方面，不够全面，还需补充。

◆修改意见二：应分别写清楚这两项措施对我市打造共富示范区先行市所起的作用。

◆修改意见三：既然指出了需继续解决的问题，就应提出相对应的合理化建议。所以，需增加第四部分即“四、建议”。

（1）针对“修改意见一”，还需从新发展理念的哪些方面进行补充？（2分）

（2）运用所学知识，按照“修改意见二”的要求加以补充完善。（6分）

（3）请按照“修改意见三”增加第四部分“建议”的内容。（2分）

该题以舟山市“贯彻新发展理念，打造共同富裕示范区先行市”为背景，以“贯彻新发展理念，建设共富示范区先行市情况的调查”为项目化学习的驱动性任务，以组员修改调查报告为主任务，将学生置于真实的、复杂的情境中，考查学生解决现实社会问题的能力。修改任务的完成，对学生相关知识的理解和应用提出了较高要求。该题将地方性素材作为探究情境，提升学生对当地乃至全国政策的理解、认同并转化成热爱家乡、热爱祖国的情感，激发学生以主人翁意识和负责任的态度投入建设家乡、建设祖国的行动中，最终落实政治认同、责任意识的核心素养。

（2）研学实践类试题

研学实践具有生活、真实、统整、缔造等价值取向，涉及社会生活、自然世界、个人生活等领域，重视生活意义追寻与学科知识积累之间的联系，强调真实生活情境下的考察探究与问题解决。回归生活世界的研学实践，既与社会科开放、综合、实践的基本特征相吻合，又契合了核心素养发展的要求。研学实践类试题，核心要义在于考查学生的核心素养，尤其是真实情境下的问题解决与实践创新。

【例 9-5】（2023·宁波）某校开展“在宁波遇见宋韵”主题研学活动，邀请你一起参与。（8分）

【寻·宋时明州】

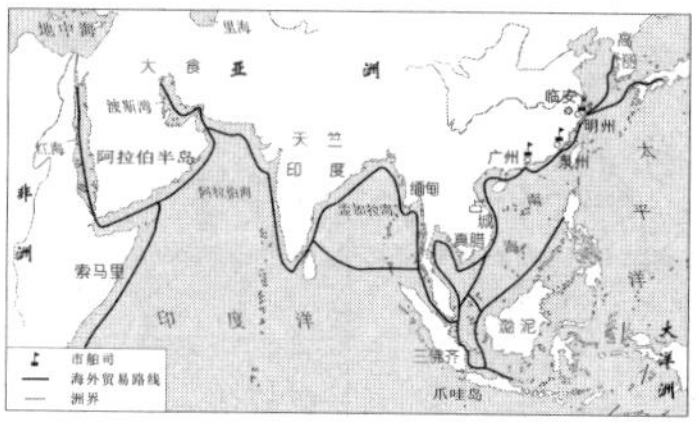

图一 宋代海外贸易图

临安…今杭州 明州…今宁波

【探·宋韵“甬”存】

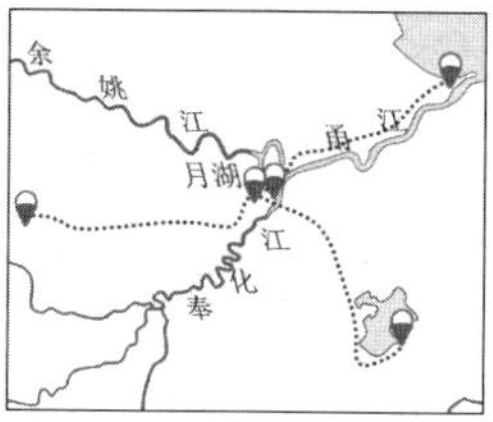

图二 宁波宋韵文化研学打卡点（部分）

（资料信息略）

【助·宋韵流芳】

宁波深入实施宋韵文化传世工程，推出“海派宋韵”等文旅推广品牌，借助数字化技术全景呈现宋时宁波山水胜景和禅韵、瓷韵、茶韵、帆韵等文化。通过线上线下互动展示，实现宋韵文化创造性转化、创新性发展，让千年宋韵在新时代“流动”起来、“传承”下去。

·我观察，寻找“海派”渊源

（1）根据图一，指出宁波打造“海派宋韵”文旅品牌的历史因素。（2分）

·我探索，解密“宋韵”线索

（2）依据图二，模仿下面示例解密研学路上的两个“宋韵”线索。（4分）

【示例】我发现：万斛神舟是千年前世界上最先进的大船。

我认为：宋代是一个造船业发达的时代。

·我建议，擦亮文化“名片”

（3）为助力宁波宋韵文化推广，请你设计一个文化体验活动。(2分)

该题通过“在宁波遇见宋韵”主题研学，引导学生认识宁波的历史文化，理解宁波在“一带一路”倡议中的作用与地位，认同并继承发展千年宋韵的宁波乡土文化。“宁波宋韵文化研学打卡点”，宁波“海派宋韵”的文旅品牌建设等，无一不告诉学生历史就在身边，与生活息息相关。通过研学和考据，引导学生认知历史、走进历史。该题以“我”的视角提出研学的三个问题任务，“我观察”“我探索”“我建议”贯穿试题设问。第(1)小题要求围绕“历史因素”分析宁波打造“海派宋韵”的条件，考查学生的读图、析图能力及其提炼概括的能力。第(2)小题解密“宋韵”线索，通过提供示例的办法，规范答题，既有一定的开放性、选择性，同时又限制了相应的范围与格式，特别要求“我发现”与“我认为”相对应，强化了学生史料证据的意识。第(3)小题“设计一个文化体验活动”，体验研学特色，深化研学成果，提升研学的社会意义。

（3）项目研究类试题

项目化学习是素养形成必需的学习方式，也是《义务教育课程方案(2022年版)》提倡的综合性教学方式。作为一种深度的探究活动，项目化学习强调真实的驱动性问题、在情境中开展问题探究、用项目小组的方式进行合作探究、运用各种工具和资源促成问题解决等学习要素，旨在通过问题解决来促进学生执行能力与批判性思维的发展[1]。义务教育道德与法治、地理和历史课程标准，均在课程实施建议、教学提示中强调了项目化学习。近年来，项目研究类试题也日益成为社会科考试的常见题型。项目研究类试题要求体现任务驱动、真实做事、深度反思、成果分享的学习过程，强调让学生在基于核心知识创设的问题情境中完成活动任务，以高阶学习带动低阶学习，实现知识逻辑、活动逻辑与生活逻辑的有机统一。

第五章所举例5-10以“制作长城旅游宣传册”为驱动性任务，开展项目化学习。学生的作答，实际上是项目探究并形成项目作品的过程，而作品的完成质量反映了学生的知识理解程度和思维发展水平。该题从物理建筑中的长城、历史故事的长城到中国人心中的血肉长城、文旅长城，综合了时空、史料、精神文明的相关知识，由表入里，由浅入深，由知识判读到价值

[1]夏雪梅．项目化学习设计：学习素养视角下的国际与本土实践[M]．教育科学出版社，2018：6-14

认同，挖掘了长城的物质文明价值与精神文明价值。“孟姜女哭长城”“农牧民族交往交流”“长城抗日”等故事多角度反映了长城在中华民族发展过程中的作用与地位。“按时间先后排序”“指出史料的获取方式，解释史料的可信度”“撰写卷首语”三个问题有学科融通，有难易梯度，与试题问题的认知要求相匹配，暗含了“是什么”“为什么”“怎么办”的问题逻辑。卷首语的创作，是项目研究最终作品的呈现，体现项目研究的实践性、创新性，考查学生的综合素养。

例9-4也是一道基于社会调查的项目研究类试题。该题以“组长撰写项目化学习成果（调查报告）—组员审阅并提出修改意见—考生修改”的思路架构试题材料和设问，真实再现了项目研究的过程，巧妙地将材料、设问和调查报告的撰写与修改指导紧密结合起来，融知识、情境、素养于一体，把责任意识培育与社会实践活动、项目化学习相结合，体现了学科逻辑与社会逻辑的一致性。试题任务遵循“是什么”“为什么”“怎么办”的逻辑顺序，引导学生层层思考、在思维的螺旋上升中落实深度思考，激发学生的探究兴趣。问题(1)结合调查内容，“还需从哪些方面补充新发展理念?”考查学生对新发展理念的理解。问题(2)引导学生思考项目成果还需要补充什么，进一步引导学生深入领会落实“创新”和“开放”发展理念的现实意义。问题(3)“结合修改意见三新增‘建议’内容”，开放性的任务呈现，进一步考查学生对实际问题的解决能力，拓宽思维的广度和深度。三个小问题环环相扣，回归生活、付诸实践。

3. 实践性试题的命制

在命制实践性试题时，命题者要融合考查素养，落实立德树人目标；立足真实情境，挖掘试题价值；精选学科知识，强化任务的逻辑联系；呈现问题解决过程，围绕特定环节设问；依据可观察的行为表现，判断学科素养水平。下面，我们结合例9-6来阐述实践性试题的命题策略。

【例9-6】（2023·云南）某历史学习小组以“新民主主义革命的胜利”为主题开展探究学习，搜集到以下材料。

【图片材料】

图一 中国共产党第一次全国代表大会上海会址

图二 南昌起义、秋收起义和井冈山会师示意图(图略,图源2023年云南省中考历史试卷第27题)

图三 开国大典

【文献摘录】

在红一方面军二万五千里的征途上,平均每300米就有一名红军牺牲。英雄的红军将士同敌人进行了600余次战役战斗,跨越近百条江河,攀越40余座高山险峰,其中海拔4000米以上的雪山就有20余座,穿越了被称为"死亡陷阱"的茫茫草地。红军用顽强意志征服了人类生存极限,创造了气吞山河的人间奇迹。

——摘编自《中国共产党简史》

【数据统计】

三大战役人民支前统计表

	民工(万人)	挑子(副)	担架(副)	小车(辆)	大车(辆)	牲畜(头)	船只(只)	粮食(万斤)
辽沈战役	160	—	13800	—	6750	30000	—	7000
淮海战役	225	42400	73900	410900	3070	6300	13600	57000
平津战役	154	—	20000	20000	380000	1000000	—	31000

——整理自中国地图出版社《中国历史地图册》(八年级上册)

问题：根据以上材料并结合所学知识，请你围绕“新民主主义革命的胜利”这一主题写一篇历史小短文。(8分。要求：结合相关史实表述成文，不少于80字)

（1）确定实践性考查目标，突显学以致用

命制实践性试题要确定考试目标，首先要根据学业质量描述明确素养目标。其次，要依据学业质量描述，结合内容要求和学业要求，明确要考核的知识、技能和能力。例9-6聚焦铸魂育人，将立德树人根本任务深度融入命题实践。该题考查中共一大、南昌起义、秋收起义和井冈山会师、红军长征、三大战役和开国大典等重要史事，构建史事关联，探寻“新民主主义革命的胜利”的原因与意义。引导学生通过中国近代史上争取民族独立、人民解放的斗争历史，知道民族民主革命的艰巨性，认识没有中国共产党就没有新中国的道理，体现了对历史课程学业质量标准的把握。该题综合学业质量、学业要求和内容要求，创设实践性任务，要求学生围绕“新民主主义革命的胜利”这一主题撰写一篇历史小短文，体现了学以致用的理念。开放性的情境和问题设计，确保了必备知识和关键能力的考查，突出了对历史解释等素养的考查。

（2）根据考查目标创设情境，体现真实完整

命制实践性试题时，命题者可根据考查目标和学科特点，选择适合的实践性情境，如社会调查、研学旅行、历史剧编撰、时事辨析等。实践性试题的问题情境，既是学生完成实践性任务的重要依据，也是试题价值意义的主要载体。因此，问题情境要源自真实生活，与学生经验以及认知水平相吻合；情境还应呈现完整的实践过程，比如基于项目的实践性试题情境，要完整呈现驱动性问题的产生、方案的提出、探究的过程、研究成果的展示等环节。例9-6围绕新民主主义革命从兴起到胜利的发展历程设置情境，以中共一大、井冈山道路、三大战役、新中国成立再现了中国共产党从建党之初面对重重困境作出了符合时代发展要求的战略决策，以及坚持一切为了群众、一切依靠群众，从群众中来、到群众中去的工作路线，充分体现了党在救国大业中表现出的先进性、创新性。以学生耳熟能详的党史素材构建逻辑化情境，指向对“新民主主义革命走向胜利的原因和基本经验”的历史思考。简单而不简约的情境建构为学生创新思维的有效运用开辟了空间，较大程度地保证了学生在解决问题时对信息、思维路径、解决方案的自主选择。

（3）设计具有实践性的试题任务，指向问题解决

命制实践性试题时，命题者应根据考试目标与所创设的问题情境，设计具体的实践性任务。实践性任务能够考查学生的实际操作能力和解决问题的能力。例9-6注重思维品质，将关键能力融合考查，高度链接情境建构。该题加强了对学生逻辑思维、创新思维等科学思维的考查。关键能力层次对标"分析解释历史事物之间的关联，结合时空背景构建合理的历史解释"。试题突显多维视角，解决了历史理解与理性认识的精度匹配问题。开放性的任务设计，要求学生立足情境材料，在深度理解的基础上，就"新民主主义革命的胜利"提炼准确而深刻的"论题"，并结合史据对"论题"进行逻辑性论述。在问题解决过程中，重视学生个体价值观念的参与。

（4）根据实践任务预设学生表现，突显多元评价

实践性任务一般具有开放性、探究性和综合性，关注学生在问题解决过程中的知识迁移和思维逻辑的发展水平。因此，在评分标准上要鼓励学生作答的角度多元，突显问题解决过程中不同思维的参与，体现综合素养的考查要求。实践性试题的综合量化评价，以"评价标准"代替"标准答案"，以"评分量表"代替"分项分等给分"。评分量表可以构建考查学科素养、关键能力的阶梯式上升模型，较为清晰地界定不同能力水平的回答特征，兼顾学生的共同性与差异性，鼓励采用不同视角、不同思路，表达不同见解，提出不同的问题解决方案。任务驱动的"不确定结构"和评价的多元性很好地增强了简单情境的探究与开放性，使学生可以利用已知与新知之间的"发展区"，归纳聚敛，建构自己的历史解释。例9-6拟定的学生表现与评分标准如下：

评分说明：本题按层次评分，只要表述言之成理即可酌情评分。

层次及得分	材料运用与表述
一等：6—8分	能紧扣主题，准确运用史实（提供两条及两条以上的史实）加以阐述并能有所认识，逻辑清晰，表述通顺，字数符合要求
二等：4—6分	能围绕主题，运用史实（提供一条史实）进行阐述，条理较清晰，表述较通顺，字数符合要求
三等：2—4分	能围绕主题进行说明，没有提供史实，表述较通顺，字数不足
四等：0—2分	表述与主题关联不大，无史实，表述不通顺，字数严重不足

参考答案示例：近代以来，无数仁人志士为挽救民族危亡进行了不懈

的探索。五四运动后无产阶级登上历史舞台,开启了中国新民主主义革命的历程,同时也为中国共产党的成立做了思想上和干部上的准备。1921年中共一大的召开标志着中国共产党的成立。此后,中国共产党从实际出发,开辟了一条农村包围城市、武装夺取政权的革命道路,历经长征、抗日战争、解放战争的磨炼,最终带领中国人民完成了反帝反封建的革命任务。实践证明,在中国共产党领导下,在人民群众支持下,新民主主义革命走向胜利是历史发展的必然,只有中国共产党才能救中国,只有中国共产党才能带领中华民族实现民族复兴。

需要特别指出的是,开放性、探究性、综合性、实践性试题的命制均要遵循以下四点基本原则,避免形式主义、故弄玄虚。

一是强化价值性。开放性、探究性、综合性、实践性试题要落实立德树人根本任务,有利于促进学生全面发展,实现课程目标,提升核心素养。

二是突显真实性。开放性、探究性、综合性、实践性试题能唤醒学习动机,与学生经验、社会生活紧密联系;试题任务要具有真实性,也就是解决情境中的问题需要运用的方法和思路与真实世界中的挑战具有相似性。

三是关联结构化。开放性、探究性、综合性、实践性不仅联结学生既有经验,更要缔结学科知识,甚至是跨学科知识。试题从碎片化、点状式考查走向整体性、结构化考查。

四是遵循可行性。开放性、探究性、综合性、实践性要符合学生学习水平,与现有学习时空、资源等条件相匹配,因此,开放、探究、综合、实践都要服务于考查目标,要与情境、任务相一致。

三、典型试题评析

【典型试题一】为顺利开展春季研学活动,某校地理社的同学们绘制了景区地形图,设计了三条登山路线并制作了路线介绍卡片。据图,完成任务。(10分)

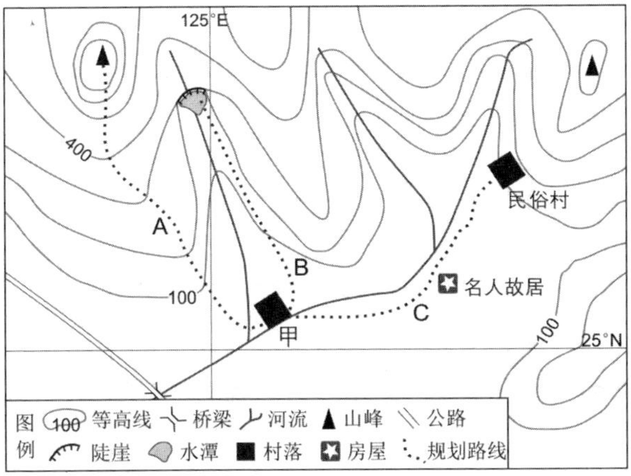

图一　目的地的环境及设计路线

路线名称：路线A。

路线特色：登高望远，增强体质。

路线简介：从甲村出发，沿着步道向___▲___方向进行登山，最终在海拔约___▲___米的山峰俯瞰风景。

注意事项：选择该路线的同学要穿上登山鞋，精简装备，便于攀登。

图二　路线A的介绍卡片

（1）根据图一的相关信息，将路线A的介绍卡片补充完整。（4分）

（2）参照图二，为路线B或路线C制作一张介绍卡片。（6分）

路线名称：________________________

活动目的：________________________

路线简介：________________________

注意事项：________________________

评析：该题是一道考查等高线地形图判读能力的单元检测题，融入了项目化学习的基本要素，体现了学以致用的实践取向。如何才能让春季研学活动顺利开展呢？如何事先设计不同的登山路线以满足不同学生的需求？在驱动性问题的引导下，该题引导学生阅读地图，了解研学之地的地理概况，并据此设计登山路线，制作路线说明卡片。任务（1）要求学生“据图，将路线A的介绍卡片补充完整”，指向等高线地形图及其判读等地理学科能力，考查学生通过对等高线地形图的识读，描述研学地点的地理事物空间分布情况的能力。任务（2）要求学生参照路线A的介绍卡片，另外选择一条路线制作介绍卡片，突显对地理实践力的考查，任务难度梯度较为合理。试题的作答形式，反映了从答卷取向到作品取向的转变趋势。

【典型试题二】（2020·北京）朝阜路浓缩北京历史，延续城市文脉。某校历史社团开展了朝阜路研学活动。（9分）

【搜集资料　规划路线】

朝阜路东起朝阳门，西至阜成门。这条路形成于元代，元大都平则门与齐化门所在位置就是今天的阜成门与朝阳门。历史上这条道路曾被皇宫隔为东西两段，民国时期，人们才可以穿行于旧时的皇家禁地，东西城的交通距离缩短。

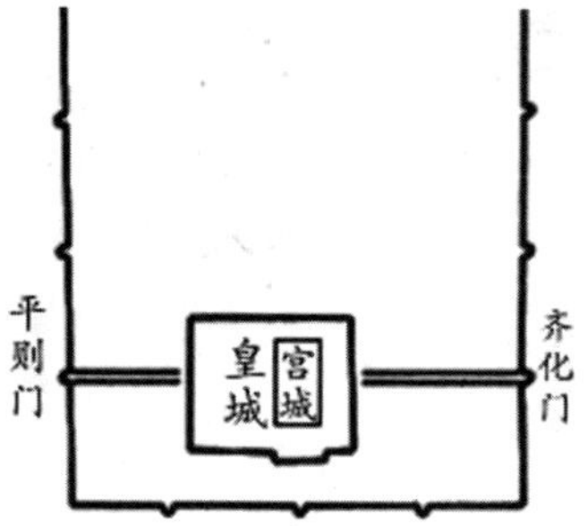

元朝朝阜路示意图

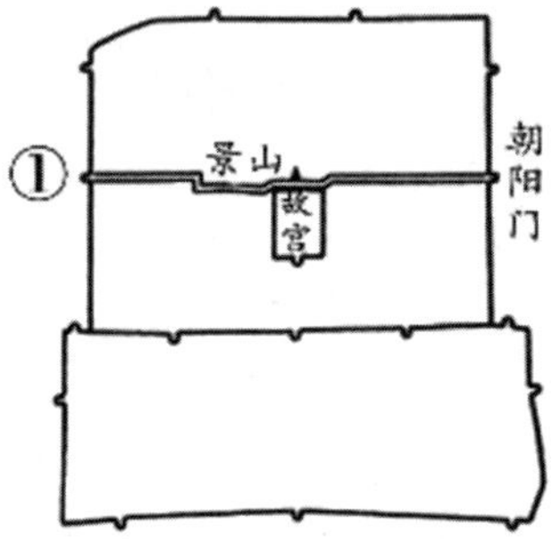

____②____时期朝阜路示意图

（1）依据资料，填写①②处对应的内容。（2分）写出朝阜路路线的变化。（1分）

【实地考察　主题研究】

①历代帝王庙	②北京图书馆	③紫禁城	④毛泽东故居
清朝修建，入祀的既有汉族帝王，也有女真族、蒙古族等少数民族帝王	1912年正式开放，是中国第一家公共图书馆。现为国家图书馆古籍馆	明清皇家宫殿。是明清两朝的政治统治中心，皇帝在此处理政务	1918—1919年毛泽东在此居住。其间，毛泽东在北京大学图书馆工作，接受了马克思主义
⑤中国美术馆	⑥隆福寺	⑦蔡元培故居	⑧东四头条至十二条
新中国美术的最高殿堂，致力于开展公共服务，组织多层次艺术教育活动	清朝时，每月都有庙市，百货聚集，古玩字画，风味小吃，为诸市之冠	1917—1920年，蔡元培在此居住。期间，蔡元培担任北大校长，采用兼容并包的办学方针	胡同与四合院共同代表着老北京人的生活居住方式，是京味文化的重要组成部分

（2）以上是朝阜路沿线的几处重要考察地点。从以下主题中任选一个，并选取两个相关考察地点，分别说明考察地点与主题的关系。（4分，仿照示例完成）

主题一：近代思想解放；主题二：民俗文化；主题三：公共文化事业发展

示例：

主题	考察地点	关系说明
统一多民族国家的巩固与发展	①	历代帝王庙将不同时期、不同民族的帝王作为祭祀的对象，有利于民族交融和国家统一，体现中华民族多元一体的格局
	③	紫禁城是明清两朝的政治统治中心，体现出中央集权的加强，统一多民族国家的巩固

【整理笔记　感悟文化】

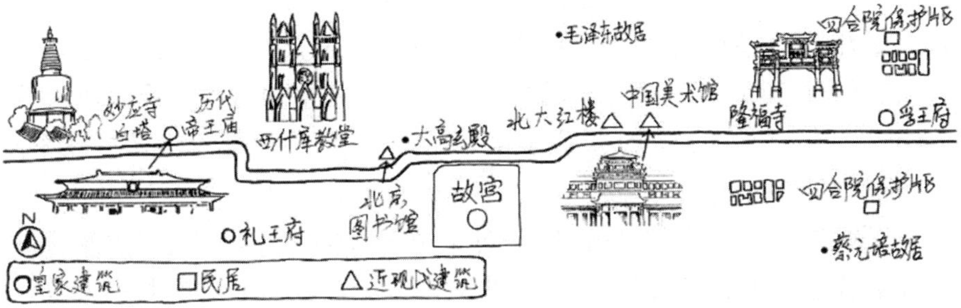

考察路线手绘图

朝阜路和中轴线相互结合，一条横贯东西，另一条纵贯南北，共同支撑起北京老城的文脉骨架。在朝阜路两侧，密布着元朝以来类型多元的历史文化遗存。其中元朝的妙应寺白塔是藏式佛塔，清代的西什库教堂是西方哥特式建筑，民国时期修建的中央医院是北京市第一家公立医院，20世纪50年代修建的华侨大厦是首都“十大建筑”之一。

（3）依据以上图文笔记，概括朝阜路的历史文化特点。（2分）

【成果运用　提升认识】

今天我们的城市建设，在对历史传统加以继承的时候，也要体现时代精神。传统形式并非固定的，而是一段一段的历史所赋予，一代一代的城市居民所创造的。例如，在妙应广场规划方案中，设计者采用下沉式广场的方式，使白塔更显得高大，附近的公共建筑设计屋顶花园，与广场花园绿地呼应，广场下部安排地下停车场，缓解了周边地区绿地、广场和停车场短缺的问题。

——摘编自高毅存《传统建筑与主流意识——朝阳门—阜成门文化街的思考》

(4) 结合学者的观点和考察内容，为朝阜路的发展提出一个建议。(2分)

评析：该题以北京朝阜路研学考察为试题情境，围绕着朝阜路的历史变迁，呈现了地图、图表、文字等多种形式的情境材料，使学生走进生活，去“触摸”身边的历史，综合运用所学知识和方法再认历史。

围绕着“朝阜路研学考察”这一主题，该题设计了“路线规划”“实地考察”“整理笔记”“成果运用”等四个研学活动环节，还原了真实完整的研学过程。“路线规划”重点考查了学生读图、识图的时空辨析能力；“实地考察”考查学生从史料中提取信息的概括能力、依据有效信息构建史事关联的逻辑能力；“整理笔记”使学生感悟朝阜路的历史文化特点，涵养家国情怀；“成果运用”突显研学意义，学生“为朝阜路的发展提出一个建议”，树立了个人责任担当的意识。整道试题构成一个较为完整的研学实践活动，让学生发现并领悟身边的历史，形成思维共振和情感共鸣，体现出弘扬优秀传统文化的家国情怀。

该题第(2)小题设问开放，突显对历史思维的考查。学生根据任务要求，在近代思想解放、民俗文化和公共文化事业发展三个主题中任选其一，选择符合这一主题的两处历史场所进行考察，并说明该历史场馆与历史主题的关系。丰富的研学材料和设问的开放性为学生作答提供了多元视角，学生可根据兴趣爱好和对历史知识的理解程度，选择主题与相应的场所。命题者提供了三个答案示例。

主题	考察地点	关系说明
近代思想解放	④	毛泽东在此居住期间，成为马克思主义者，推动了马克思主义在中国的传播
	⑦	蔡元培在此居住期间，担任北大校长，推动新文化运动的发展，促进社会思想解放
民俗文化	⑥	这里的庙市，体现了北京市民的饮食、娱乐等日常生活风貌
	⑧	胡同与四合院的布局以及人们的生活方式，体现了北京市民的传统观念和习俗
公共文化事业发展	②	辛亥革命后，图书馆开始对市民开放，成为公共图书馆，有助于公众文化素养的提升
	⑤	作为公共文化服务平台，推动了中国艺术文化事业的发展

总之，学生在完成该题作答的过程中，需要迁移运用所学知识，阅读、分析材料，从材料中提取有效信息的能力，还要将在社会实践活动中积累的能力和方法加以运用。该题体现了实践育人的价值取向。

【典型试题三】（2022·温州）邻里百态身边事，和谐社区你我他。（12分）

镜头一：与____▲____同行 ●REC

“各位邻居：今日吾儿新婚，宾朋将至，电梯使用频繁，给大家带来不便，敬请谅解！特备喜糖，诚邀共贺。”某小区电梯内摆放了喜糖，并张贴了这份“温馨告示”。面对这样的善意举动，邻居们暖心地将停在楼下车位上的汽车挪走，方便前来参加婚礼的宾客停车。

镜头二：与“法”为邻 ●REC

赵大爷出于安全考虑，在家门口安装了摄像头。对门王大伯发现摄像头能拍摄到自家客厅，于是以自身权利受到侵犯为由，要求拆除。赵大爷却认为，摄像头安装在自家门口，与王大伯无关。沟通无果后，王大伯多次将垃圾丢在对门，以示抗议。

（1）补全镜头一的标题。（2分）

（2）假设你是社区调解员，请从依法行使权利的角度，分别对赵大爷和王大伯进行劝解。（6分）

（3）两组镜头反映的主题与和谐社区建设有何关系？请用图示回答这一问题，并阐述设计意图。（4分）

参考答案与评分标准：

（1）从道德角度补全标题，如友善、传统美德等，只要合理、贴切，皆可给分。（2分）

（2）赵大爷，您好！公民行使权利是有界限的。您家的摄像头拍摄到了对门王大伯家的客厅，已侵犯了他的权利，所以建议您调整摄像头的方向或者拆除。（3分）

王大伯，您好！公民权利受到损害时，要依照法定程序维护权利。您的权利受到损害，可以通过调解来解决。将垃圾扔在他人门口，只会恶化邻里关系。（3分）

（3）根据材料，从道德与法律两个角度提取主题词，分别与和谐社区构建关联，并进行合理阐述，言之成理即可。（4分）

示例：［图示］

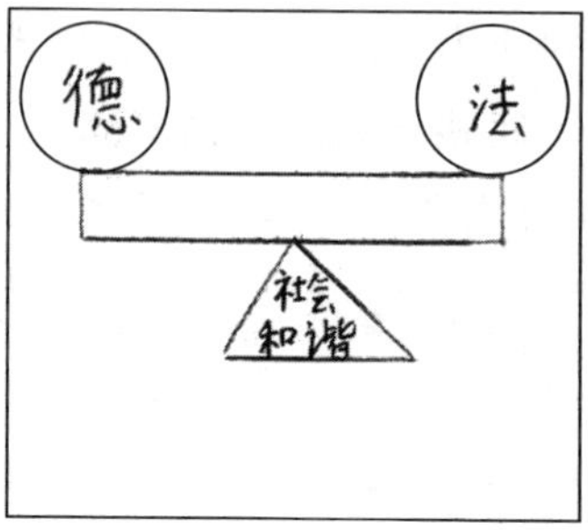

设计意图：

在生活和国家治理中，既要发挥道德的教化作用，又要发挥法律的规范作用，法律与道德相辅相承，法治与德治相得益彰，从而实现依法治国，维护社会和谐。

［图示］

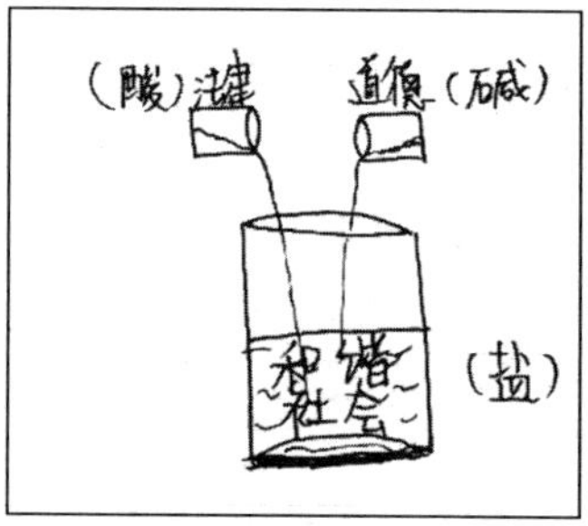

设计意图：

国家和社会治理需要法律与道德共同发挥作用，既重视发挥法律的规范作用，又重视发挥道德的教化作用，法律与道德相辅相成，法治与德治相得益彰。法律与道德相互中和才能构成和谐社会。

评析：该题旨在通过对真实生活邻里关系情境的创设，考查学生运用所学知识分析生活情境、解决生活问题的能力，考查学生的法治意识、道德观念等核心素养，是典型的实践性试题。

该题回归日常的邻里百态，聚焦和谐社区建设。坚持以“成长中的我”为原点，回归学生真实生活，突出问题导向，引导学生关注涉及面广、有代表性的百姓生活常态问题，将学科逻辑与生活逻辑相统一、学科知识与学生生活相结合，考查学生在真实生活情境中运用所学知识辨析、解决问题的能力，突显知识迁移与创造，体现了立德树人的命题导向，期望激发学生的学科素养与公民自觉，为社会整体的和谐美好谱写更加美丽生动的画卷。

该题通过一个正面、一个负面两组镜头呈现，分别用道德、法治、“道德”与“法治”两者之间关系三个环节串联组成该题的结构逻辑。镜头一是与“善”同行，以生动、真切的语言描述了“温馨告示”和邻居们的互动场景，让学生感受社区生活的友善和谐，体验人间真情，领会道德修养的意义。镜头二是与“法”为邻，描述了赵大爷和王大伯之间由于摄像头引发的邻里纠纷，既真实又典型，通过日常生活中的小事，再现邻里生活中人与人之间的隔阂与摩擦，揭示邻里关系中存在的权利和义务不协调，让学生感受增强法治观念的意义。两组镜头，一正一反，真实地反映了当前现实生活的两面性，体现了情境的真实性和教育性。

从任务设计看，该题第(1)问要求拟定标题，实质是提炼主题，以填空的方式，简洁而不简单，考查了学生的阅读、概括能力。第(2)问限定"依法行使权利的角度"，体现了任务与学生所学知识和能力相匹配；设定学生以社区调解员的身份进行劝解的任务，让学生体验角色，唤起主体意识，增添了任务的真实性和复杂性，彰显了问题的实践性与开放性，有助于测评学生综合运用知识和能力应对现实问题的素养水平。第(3)问从综合的视角，以"主题与和谐社区建设的关系"引导学生从道德、法治两个维度审视和谐社区建设需要解决的基本问题，厘清"和谐社区""道德""法治"三者的关系，任务要求将理性思考转换为图示表达，并阐述设计意图，该任务形式与学生当下的项目化学习、实践性作业的学习体验相吻合，较好地考查了学生的理解、概括、创新与实践能力，彰显了教、学、评一致性的命题导向，有助于推进学习方式变革、作业改革。

在评分标准的制定上，第(2)问的答案组织反映了学科知识逻辑，也符合现实生活中解决问题的真实，语言表述与学生身份吻合，体现人文性，在考查学生知识掌握情况的同时，更加关注学生能否有理有据、合情合理地调解邻里纠纷的综合能力，突出评价其价值取向、测评其核心素养水平。第(3)问用图示形式呈现学生对道德与法律关系的理解，设问新颖、独特，答案开放多元。

【典型试题四】(2022·绍兴)小日记折射大时代，大时代期待新青年。品读日记，回答任务。(6分)

俞秀松的日记	万慧芬的日记
(中国社会主义青年团第一任书记) 九点到(陈)独秀家，将(陈)望道译的《共产党宣言》交给他。我们谈些译书的事，总该忠实精细。 (1920年6月28日)	(新中国培养的第一批大学生之一) (我要)坚持艰苦朴实的生活作风……多开动脑筋，站稳立场，帮助贫雇农彻底翻身，一定要胜利完成土改。 (1951年11月26日)

> **于华男的日记**
>
> （于华男系航天科技工作者、中国青年五四奖章获得者）
>
> 2008年7月27日，我们接到通知，我们的高精度加速度计组合成为“神舟八号”飞船首选测量装置。由此，我和我的同事们有了这段与载人航天和探月工程的约定。
>
> 2016年10月17日，神舟十一号飞船飞天成功……很多媒体用“稳”字宣传我们的加速度计组合，我想“稳”的不只有我们的产品，也有我们的团队，我们与中国航天一起成长，愈发沉稳，更有干劲。

任务：某校开展“不负时代、不负韶华”的辩论赛，双方辩题如下。

正方观点：青年成长的关键是把握时代的脉搏。

反方观点：青年成长的关键是修炼自己的能力和品质。

请选择其中一方的观点撰写一份辩论词。（6分，要求：联系三则青年日记的内容，事理结合，逻辑清晰）

参考答案与评分标准：

本小题采用分层赋分，考生可以任意选择一方观点作答。（6分）

水平	得分	材料运用与论述
第一层次	5—6分	能够紧扣自己选择的观点加以论述，联系两至三则日记中的事例，全面准确地阐释其中体现的时代脉搏或能力品质，且事理一致，逻辑清晰
第二层次	3—4分	能够围绕自己选择的观点加以论述，联系两至三则日记中的事例，阐释其中体现的时代脉搏或能力品质，但逻辑不够清晰，阐释不够到位。 或：能够紧扣自己选择的观点加以论述，结合一则日记中的事例，全面准确地阐释其中体现的时代脉搏或能力品质，且事理一致，逻辑清晰
第三层次	1—2分	能够围绕自己选择的观点加以论述，联系一至两则日记中的事例，阐释其中体现的时代脉搏或能力品质，但逻辑不清晰，阐释不到位

正方观点示例：俞秀松信仰和传播马克思主义，找到了救国救民的真理，参与创建社会主义青年团，投身新民主主义革命的时代洪流。万慧芬参与土地改革，投身新中国成立后巩固新生政权和伟大的社会变革的时代洪流。于华男参与祖国的航天事业，参与到新时代中国特色社会主义建设的伟大事业之中。他们都因为把握了时代脉搏，使自己获得了成长，为国

家和社会作出了贡献。

反方观点示例：俞秀松认为译书要忠实精细，体现了精益求精的敬业精神。万慧芬在日记中表现了艰苦朴素、忠于人民和敏于思考、认真做事的品格。于华男在参与航天事业的过程中展现出扎实的专业知识和精湛的科研能力、爱国敬业奉献精神、团结合作精神。他们将个体生命与他人的、集体的、国家的命运联系在一起，使生命从平凡中闪耀出伟大。这些能力和品质是他们成长和为国家、社会作出贡献的关键因素。

评析：作为一道实践性试题，该题以俞秀松、万慧芬、于华男的日记为情境材料，通过“不负时代、不负韶华”的辩论赛，借助新民主主义革命时期、社会主义建设时期、中国特色社会主义新时期的重大历史事件，选择辩题展开论证。

从立意看，该题围绕“青年与时代”这一议题，以中国现代史上三个不同时期的杰出青年为代表，以三则日记为载体创设情境，精选的每则日记都有鲜明的时代烙印，揭示那个时代的历史特征，彰显杰出青年的精神品质；以“青年与时代的关系”为辩题，整合历史、道德与法治学科知识，考查并引导学生从历史的视角认识青年的责任与担当，以三位杰出青年为榜样，引领自我成长。2022年是中国共产主义青年团成立100周年，值此重要的时间节点，探讨青年与时代的话题，更加突显立德树人和素养立意的价值导向。

从情境看，日记具有重要的史料价值，属于研究历史的第一手资料；三则日记中的主人公都是中国现代史上的杰出青年，俞秀松代表的是五四新文化运动时期的新青年，万慧芬是身处新中国成立初期土地改革时期的优秀大学生，于华男代表的是社会主义现代化建设新时期的科技工作者，他们的事迹见证了历史大时代，以日记为情境，典型、生动而真实，可读性强；将三者贯穿在一起，体现情境的历史厚重感，用三位杰出青年的事迹来论证问题，证据充分有力。

从任务看，该题以辩论的方式设计问题，营造了学生积极参与的评价氛围，任务要求是联系日记内容撰写辩论词，其核心是运用史实，论证观点，整个任务跨越历史、道德与法治、语文多个学科，体现任务的综合性和实践性，较好地考查了学生的辩证思维、综合思维和论从史出的学科思维方法，观点、论据和论证过程不仅体现学生对知识的理解、迁移运用和语言表达、逻辑思维能力等，还蕴含着情感态度价值观，因此，该题体现素养立意，涉及责任意识、历史解释、家国情怀等课程核心素养。该题可以让学生任意选择正反一方观点作答，尊重的学生差异和特长，体现人文关怀和公平正义。

从表现看，该题采用等级描述、分层赋分方式，体现综合性、开放性设问的要求。问题的分层赋分评价标准设置，依据SOLO评价办法，遵循“以史实为论据，论从史出”的原则，从论据的充分性、论证过程的逻辑性、表述的准确性三个维度综合考量，设计了三个层级的评分标准，划分梯度较为合理，标准描述具体可操作，示例规范、科学，条理清晰。

第十章　表现性试题研究

2020年，中共中央、国务院印发的《深化新时代教育评价改革总体方案》提出，要“稳步推进中高考改革，构建引导学生德智体美劳全面发展的考试内容体系，改变相对固化的试题形式，增强试题开放性，减少死记硬背和‘机械刷题’现象”。2021年，《教育部办公厅关于加强义务教育学校考试管理的通知》明确：要“切实提高命题质量，注重考查基础知识、基本技能和教学目标达成情况，注重增加综合性、开放性、应用型、探究性试题比例，体现素质教育导向，不出偏题怪题，减少机械记忆性试题，防止试题难度过大”。

《义务教育课程方案（2022年版）》提出，要“强化素养导向，注重对正确价值观、必备品格和关键能力的考查”“注重动手操作、作品展示、口头报告等多种方式的综合运用，关注典型行为表现，推进表现性评价”“优化试题结构，增强试题的探究性、开放性、综合性，提高试题信度与效度”。关于学业水平考试，《义务教育道德与法治课程标准（2022年版）》提出，要“探索素养导向的命题方式。试题设计要在情境创设、任务设置、评分方式等方面有所突破”“试题任务要体现综合性、开放性、应用型、探究性”“提高综合性、开放性、应用型、探究性试题比例”；《义务教育历史课程标准（2022年版）》提出，要“通过设置开放的、与所学内容有关的真实问题情境，考查学生的核心素养水平”“减少简单考查机械记忆能力的题型，提高探究性、开放性、综合性、创新性题型的比例”；《义务教育地理课程标准（2022年版）》提出，“试题设计要在素材选取、情境创设、设问方式、评分标准拟定等方面有所创新”“题型应支持和引导地理教学改革的方向，有利于以综合性、实践性为特点的地理课程教学的落实”。

一、表现性评价

1. 表现性评价的内涵

表现性评价(performance assessment)是20世纪90年代兴起于美国的一种评价方式。20世纪90年代末,我国教育界相关学者和研究人员开始关注表现性评价并形成了一些研究成果。

表现性评价是什么,至今没有一个公认的定义。一般是指教师让学生在真实或模拟的生活环境中,运用先前获得的知识解决某个新问题或创造某种东西,以考查学生知识与技能的掌握程度,以及实践、问题解决、交流合作和批判性思考等多种复杂能力的发展状况。它强调创设真实情境,即便是模拟情境,也必须能激发学生在真实情境中相似的反应,以考查学生在现实生活中分析问题和解决问题的能力。因此,有人也将它称为真实性评价。

华东师范大学周文叶教授认为:“表现性评价是指在尽量合乎真实的情境中,运用评分规则对学生完成复杂任务的过程表现或(与)结果做出判断。”表现性评价的类型包括行为表现评价,如口头表达与角色扮演、试验与调查、展示等;产品作品评价,如论述题、问题解决题等;项目或课题评价。

2. 表现性评价在纸笔测验中的应用

表现性评价的起源早于客观试题的考试,早期最著名的表现性评价当属中国的科举考试,而其主要采取的形式则是纸笔测验,其主要考试的内容为墨义、帖经、策问、诗赋、经义等。其中,策问要求考生依据考官提出的有关经义或政事问题发表见解、提出对策。这是典型的纸笔式表现性评价。自19世纪下半叶开始,欧美的学术界致力于评价的客观化、定量化、标准化,于是,客观试题应运而生。然而,20世纪40年代,学术界认识到了客观试题的局限性,于是开始关注表现性评价。到20世纪80年代,表现性评价被陆续运用于各种高利害考试中。

英国在高考中对表现性评价的应用最为成功。英国高考制度中的表现性评价被称为中心评审课程作业,也就是在平时教学过程中由任课教师布置或者学生自己设定的、较为真实的任务。学生据此展现自己的实际表现教师加以观察并评分,所得分数按一定比重算入该科目的高考总分之中。例如,A级(A-Level)地理考试中需要学生进行实地调查并撰写4000

字的调查报告。A级历史考试中,要求考生撰写两篇1000字的小论文和一篇3000字的个人研究论文。

在相当于我国高考的澳大利亚的维多利亚教育证书VCE(Victoria Certificate of Education)考试制度中,各科目的成绩主要由两部分组成。其一是教师在平时教学过程中所实行的校本评价项目或校本评价任务,侧重学生的实际行为表现,在VCE总分中占50%的比重。其二是每年在全州范围内举行的终结性的毕业统考,在统考中注重运用纸笔式表现性评价的方式,在VCE总分中也占50%的比重。这两部分都不乏纸笔式表现性评价。

我国的香港地区,也在高考中推行名为教师评审制的表现性评价方式,并于1978年在香港中学毕业会考中开始推行,反响良好。20世纪90年代以来,推广至香港的A级考试中。目前,香港高考的大部分科目都实行了教师评审制,所占分数的比例一般在20%—30%。例如,在AS(AS-Level)中国语言及文化中,课外阅读占10%。在A级中国文学中,创作练习占15%,课外阅读占10%。在AS通识教育中,专题作业占20%。在A级物理、生物、化学,实验中分别占15%、20%、20%的比重。香港目前正在进行高中和预科阶段的学制和课程改革,教师评审制被改称为校本评价,在高考中的作用得到了继续强化和完善。

美国是多项选择题的发源地,其对表现性评价的研究和应用远不如英国,但是,在其高考制度中同样也可以发现表现性评价的身影。

二、表现性试题

1. 表现性试题的概念

“表现性试题”衍生于“表现性评价”一词。关于“表现性试题”这一概念,根据我们检索到的文献,国内最早出现于2012年周兆富所撰的《表现性试题命题原理》一文中,但其对于“表现性试题”的定义,还停留在表现性评价层面。表现性试题一词再次被提到则是2023年,夏振洋、刘开福、王后雄、黄勇发表的《基于Rasch模型的初中化学素养表现性试题研究》,黄卫平撰写的《指向核心素养的表现性试题命制策略及教学启示——以2023年浙江省湖州市初中学业水平考试社会·法治试题卷第24题为例》一文中均提及了表现性试题。通过知网的关键词搜索,我们发现,截至目前,以“表现性试题”为题的论文共有3篇,以“表现性评价试题”为题的论文共有24篇,未见以“表现性试题”命名的学术专著。

"表现性试题"有多种表述,如表现性评价试题、纸笔式表现性评价等。其中,表现性评价试题是指"创设真实情境和任务要求,通过学生考试作答情况评价学生的思想道德、知识运用、问题分析、情感态度、价值取向、劳动实践、心理素质、审美情趣等综合素养和实践能力"(陈凤美)。纸笔化表现性评价是"按照一定的标准,根据学生在真实或文字模拟的情境中,运用先前所习得的知识及技能完成特定任务所形成的文字性产物,不仅评价学生知识的掌握程度,还评价学生提出、分析和解决问题的能力,获取、判断和评价相关信息的能力,文字表达能力等多种复杂能力的发展状况"(杨蓓蕾)。作为一个新兴的概念,表现性试题实际上也没有公认的定义,众多学者基本运用表现性评价的概念框架来进行表述。表现性评价的概念框架如下图所示。

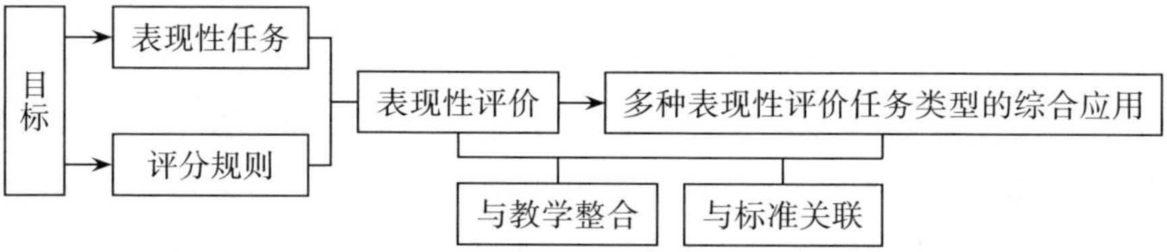

由此可见,近些年对于表现性评价的研究成果颇丰,但对于表现性试题的研究还处于探索阶段,亟待进一步加强理论研究。

那么,究竟什么是表现性试题呢?我们认为,表现性试题就是基于表现性评价理念命制的立意高远、情境真实、任务复杂、表现多元的考试题目,具有开放性、探究性、综合性、实践性等特征。表现性试题要素与特征之间的关系如下图所示。

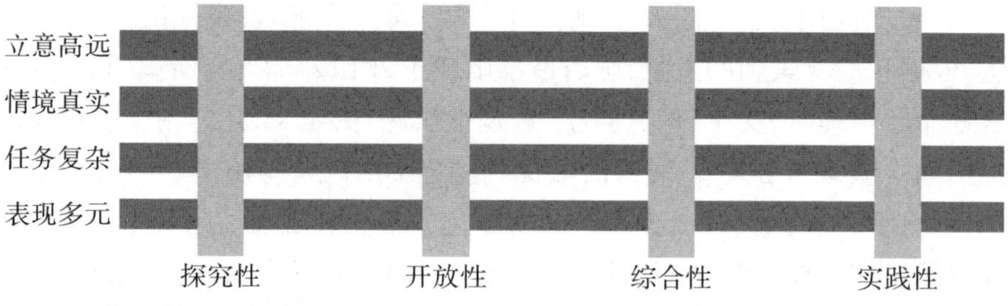

2. 表现性试题的构成要素

试题一般由立意、情境、任务和表现四要素构成。表现性试题要求更高,其要素包括立意高远、情境真实、任务复杂、表现多元等。判断一道试题是否是表现性试题,需要看这道试题是否具备这四个要素。

（1）立意高远

立意高远，就是站在落实立德树人根本任务的高度，着眼于学生长远发展，强化素养导向，注重对正确价值观、必备品格和关键能力的考查。

（2）情境真实

情境真实，就是创设的情境要符合历史真实，或现实真实、科学真实、艺术真实。历史真实，即能够通过可信史料判断的历史上确实发生过的史事，也包括史学家根据已有的材料对历史上的一些人和事作出的合理解读和解释；现实真实，即源于或反映现实社会生产生活中真实发生或存在的事物或现象；科学真实，即客观世界或人类历史的发展规律与发展趋势等准确、无误的原理；艺术真实，即有学科价值的文艺作品，尽管不是描写真实的人和事，但描述了一个时代的真实现象。

（3）任务复杂

任务复杂，就是设计的问题具有综合性，安排的活动具有实践性，完成的任务具有成果性。甚至有的任务不设问题或活动，让学生自己从试题情境中提炼问题或设定活动，并自己回答或完成。

（4）表现多元

表现多元，就是参考答案多样不唯一，或者尽管结论唯一但通向这个结论的途径是开放的，即该问题的解决方法不唯一，具有多样性；评分规则多维不确定，包括不同的维度（要素）、表现等级、等级描述、表现样例等。

在上述要素中，立意高远是前提，是主旨和灵魂，它确定了试题考查的内容和要求；情境真实是基础，是载体，是立意的具体化，是任务的基本依托，是学生作答的主要信息源；任务复杂是在立意和情境的基础上要求学生回答的问题或完成的任务，是立意的落脚点；表现多元则是参考答案和评分规则，是考试评价的目的所在。这四者都具有较强的开放性、探究性、综合性和实践性。

3. 表现性试题的特点

除四大要素外，表现性试题还具有开放性、探究性、综合性、实践性等特征。判断一道试题是否是表现性试题，可以看其是否具备这四个特征。

（1）开放性

开放性主要是从广度上考查学生的发散思维能力，如一题多解、举一反三、新奇反应等能力。试题的开放性主要表现在试题的立意高远开放、情境真实开放、任务探究开放、表现多元开放等方面，具有上述典型特征的试题就是开放性试题。具体来说，开放性试题就是基于新课程理念命制的立意开放、情境开放、任务开放、表现开放的考试题目。

（2）探究性

探究性主要是从深度上考查学生高阶思维能力，如分析、评价、创造等能力。试题的探究性主要表现在考试立意（目标）指向深度思维、问题情境属于不良结构、试题任务解决挑战问题、应试表现强调逻辑自洽等，具有上述典型特征的试题就是探究性试题。具体来说，探究性试题就是基于新课程理念命制的立意（目标）指向深度思维、情境属于不良结构、任务解决挑战问题、应试表现强调逻辑自洽的考试题目。

（3）综合性

综合性主要是从知识、能力、情感态度价值观等方面考查学生综合思维品质，既包括同一层面、横向的交互融合，也包括不同层面之间、纵向的融会贯通。试题的综合性主要表现在考试立意（目标）综合、问题情境综合、试题任务综合、应试表现综合等方面，具有上述典型特征的试题就是综合性试题。具体来说，综合性试题就是基于新课程理念命制的立意（目标）综合、情境综合、任务综合、表现综合的考试题目。

（4）实践性

实践性主要是从学以致用（“学以用”）、用以致学（“做中学”“用中学”“创中学”）等方面考查学生实践能力和创新精神，包括实践取向、社会活动和公共参与。实践取向是指具有实践意识和规划或设计实践活动的能力；社会活动是指在日常学习、野外活动和其他环境下实施的解决与社会有关问题的行动；公共参与是指主动有序参与社会公共事务，承担公共责任，维护公共利益，践行公共精神的活动。试题的实践性主要表现在考试立意（目标）指向实践、问题情境来源于实践、试题任务解决实践问题、应试表现需要实践操作等方面，具有上述典型特征的试题就是实践性试题。具体来说，实践性试题就是基于新课程理念命制的立意（目标）指向实践、情境来源于实践、任务解决实践问题、表现需要实践操作的考试题目。

开放性、探究性、综合性、实践性是表现性试题的特征。具有典型开放性的试题、具有典型探究性的试题、具有典型综合性的试题、具有典型实践性的试题，分别指向开放性、探究性、综合性、实践性的考查要求。同时具备开放性、探究性、综合性、实践性特征的试题，则是表现性试题。

4. 表现性试题的类型

试题有很多分类，根据评分方法的不同，试题可分为客观性试题和主观性试题。表现性试题属于典型的主观性试题。根据表现性任务，表现性试题可分为限制性表现题和非限制性表现题。其中，非限制性表现题又可分为非限制性论述型表现题和非限制性应用型表现题。

		答题角度和方式	答案要点或示例	举例
限制性表现题		具有穷尽性	可以提供答案要点	结合上述材料一至材料五，运用所学知识，论证中日两国发展友好关系的重要性
非限制性表现题	非限制性论述型表现题	具有不可穷尽性	可以提供答案示例	选择材料中相互关联的事件，结合所学知识，自定一个你想论述的观点，加以阐述或说明
	非限制性应用型表现题	具有不可穷尽性	无法提供答案要点或示例	你所在的学校京剧社团计划排演上述两个选段中的一个，你会给出怎样的建议？请说明理由

三、表现性试题的命制

1. 命题原则

除一般命题原则外，表现性试题命制还需遵循如下原则。

（1）以发展学生核心素养为根本目的

表现性试题命制应落实立德树人为根本任务，坚持以人为本，以促进人的发展和人的价值实现为最高目标。具体地说，就是以发展学生的核心素养为根本目的，使表现性试题成为促进学生核心素养发展的重要工具。

核心素养是个体在解决复杂的、不确定的现实问题过程中表现出来的综合品质。学生发展核心素养是指学生应具备能够适应终身发展和社会发展需要的正确价值观、必备品格和关键能力。社会科核心素养是学生的核心素养在道德与法治、历史、地理学科的具体化，是学生学习本学科之后所形成的、具有社会科本质特征的关键成就，是社会科育人价值的集中体现。

需要说明的是,社会科核心素养水平和具体任务并非一一对应:同一项任务的完成,可以反映多个核心素养发展水平;同一个核心素养,也可以通过不同类型的任务执行体现出来。

(2) 以学业质量标准为主要依据

对事物作出评价一定要有准则或标准,只有运用了标准作出的判断,才是评价。社会科评价的主要标准就是道德与法治、历史、地理学业质量标准。

学业质量反映发展学生核心素养的要求,是学生在完成课程阶段性学习后的学业成就表现,是学生在接受教育的过程中形成的知识、能力、情感态度价值观等方面的综合表现,简而言之,就是三维目标的综合达成度。学业质量标准是衡量学生学业质量高低的准则,具体来说,是指基础教育阶段的学生在完成各学段教育或者结束基础教育阶段教育时,应该具备的各种核心素养以及在这些素养上应该达到的具体水平的明确界定和描述。

需要说明的是,课程标准由课程性质、课程理念、课程内容、学业质量和课程实施等部分组成,这些部分理论上都是命题的依据,但实践上不具有操作性,比如依据课程性质或课程理念就无法进行命题。所以,中考命题的主要依据就是学业质量标准,因为学业质量标准是核心素养目标的具体化、操作化、层级化描述,可指向评价。

学业质量标准、学业要求和内容要求之间的关系如何?学业质量标准是学生完成初中三年学习后的学业成就表现,是中考命题的依据,属于宏观层面;学业要求是学生在完成模块或单元学习后的学业成就表现,是模块或单元测试命题的依据,属于中观层面;内容要求是具体的核心知识、关键能力等,应该是教材编写、课堂教学、作业编制的依据,也是中考、模块或单元测试的“资源库”,属于微观层面。

因此,中考命题可以依据学业质量标准,或从抽象、宏观的学业质量出发,形成试卷或试题架构,然后“抓取”内容要求中明确的、具体的知识、能力等进行。

(3) 以表现性评价为主要方式

核心素养作为人的内在品质和能力,难以直接观测和度量,但它会通过各种具体任务的执行,外显为行为表现特征,我们可以借助这些行为表现推断与评价其核心素养发展水平。

基于核心素养的评价，从某种意义上说，就是为学生设定一个发生在真实情境中的具体任务，以这个任务的完成或问题的解决情况为依据，评判学生的核心素养水平。这种评价方式就是表现性评价，它强调“实作”与“表现”。

这种“表现性评价”有统一的标准，但无标准答案，又称之为“差别式评价”。所谓“有统一标准”，就是“求同”取向，即有共同的基本立场、观点和价值观；“无标准答案”，就是“求异”取向，即无论站在哪个视角，引用什么材料，归纳多少个要点都可以。

具体来说，这种评价以基本观点为统一标准，在此前提下，鼓励学生运用相关学科知识和技能，基于不同经验、采用不同视角、利用不同素材、采取不同思路、表达不同见解、提出不同的问题解决方案。

2. 命题策略

（1）确定高远的素养立意（目标）

如果站在落实立德树人根本任务的高度，考查法治观念、责任意识等核心素养。首先，要基于“了解习近平法治思想，具有宪法法律至上的观念，能够正确认识和行使公民权利、履行公民义务，运用实际案例说明与生活相关的法律规定”的学业质量描述，建构试题“骨架”或方向。其次，可以“回放”涉及的“能运用自己所了解的法律知识认识和评价社会生活现象，用法律维护自己作为未成年人的权益”的学业要求，“消解”学业质量描述，进一步明确试题方向。再次，查阅对应的“懂得公民的基本权利和义务，正确行使公民权利，自觉履行公民义务；初步认识法治的内涵，理解法治是治国理政的基本方式”等内容要求，“抓取”明确的、具体的知识、能力、态度等，确定素养考查目标。

基于此，2023年宁波中考卷第25题（例3-18）确定考查的素养目标是：能够概括习近平法治思想，具有宪法法律至上的观念，能够正确认识和行使公民权利、履行公民义务，并能运用自己所了解的法律知识认识和评价社会生活现象。

需要说明的是，学业质量标准是核心素养目标的具体化、操作化、层级化描述，指向可评价。鉴于现有义务教育道德与法治课程标准中的“学业质量描述”没有进行分层，所以我们尝试编制了如下的“学业质量标准”：

水平一（毕业水平）：能够说出或写出习近平法治思想，初步具有宪法法律至上的观念，懂得公民的基本权利和义务，能够行使公民权利、履行公民义务，并能举例说明法律与生活的关系。

水平二（升学水平）：能够概括习近平法治思想，具有宪法法律至上的观念，能够正确认识和行使公民权利、履行公民义务，并能运用自己所了解的法律知识认识和评价社会生活现象。

水平三（创新水平）：能够践行习近平法治思想，坚持宪法法律至上，能够正确认识并有效行使公民权利、履行公民义务，并能够用法律维护自己作为未成年人的权益，在日常生活中养成遵纪守法的习惯。

（2）创设真实的任务情境

为了考查上述目标（水平二），宁波卷第25题创设了“梵净山金顶刻字案”这一真实情境。

“梵净山金顶刻字案”是全国首例针对在自然、人文遗迹上刻字所提起的民事公益诉讼，入选新时代推动法治进程2022年度十大提名案例。阅读图文，回答问题。（8分）

一游客在金顶摩崖石壁上刻字。游客们劝阻无效后，拍视频曝光了这种不文明行为。

↓

景区将该游客纳入梵净山生态旅游区入园黑名单。

↓

人民检察院经多方调查、取证、鉴定，向人民法院提起公益诉讼。

→

人民法院依据民法典等法律判决被告支付各项修复及赔偿费用共计12万余元，并向社会公众赔礼道歉。

↑

央视专案展播，多家媒体转载报道。

↑

网友们认为“4个字12万”的重罚会让游客引以为戒。

“梵净山金顶刻字案”取自于现实生活，是全国首例针对在自然、人文遗迹上刻字提起的民事公益诉讼，入选新时代推动法治进程2022年度十大提名案例。该情境不仅具有真实性，而且具有典型性和适切性，初中生在新闻报道、日常学习过程中普遍了解过类似旅游不文明现象，甚至在旅游过程中可亲身感受过类似不文明事件。同时，初中生对此也具备独立思考并形成想法的能力，对“4个字12万”重罚的探讨、各主体在此事件中相关措施、受罚游客本身权利与义务关系的割裂等问题均可以进行多方面的探讨，大家能够融入情境，有感有悟、有话可说。

此外，该情境充分利用文字、漫画、流程图等图文并茂的呈现方式。

（3）设计复杂的表现任务

基于素养目标，结合任务情境，宁波卷第25题设计了如下表现任务：

（1）请从正确行使权利的角度，指出漫画中人物行为的危害。（3分）

（2）在“惩治陋习　文明旅游”主题班会中，小明和小波发表了各自的观点。你的观点是什么？请结合此案说明理由。（5分。本小题采用分层评分，要求观点明确、表述全面、逻辑清晰）

任务（1）限定从“正确行使权利的角度”指出漫画中人物行为的危害，体现任务与学生所学知识、能力相对应；任务（2）是从综合的视角，以“惩治陋习　文明旅游”为主题，依据小明和小波各自的观点，让学生各抒己见，引导学生从责任、法治两个维度审视文明旅游需要解决的问题，厘清“责任”“德治”“法治”三者的关系。该任务要求学生发表自己的观点并结合此案说明理由，彰显任务的复杂性，有助于测评学生综合运用知识和能力应对复杂现实问题的素养水平。

此外，“本小题采用分层评分，要求观点明确、表述全面、逻辑清晰”的任务提示，为学生提供了答题框架和努力方向或标准：观点（明确）＋表述（全面）＋逻辑（清晰）。

（4）拟定多元的行为表现

针对以上表现任务，该题拟定了可能的多元行为表现，即参考答案和评分规则。

（1）公民在行使自由和权利时，不得损害国家的、社会的、集体的利益和其他公民的合法的自由和权利。漫画中人物的行为不仅破坏了世界自然遗产，损害了国家、社会和景区的利益，也对其他游客的权益造成了损害。（3分）

（2）本小题采用分层评分，评分量表如下：

等级	等级描述	得分
水平一	无应答、无观点或观点、论述与材料无关	0分
水平二	观点明确，能围绕观点从单一角度加以论述	1—2分
水平三	观点明确，能围绕观点从不同角度加以论述，逻辑基本清晰	3分
水平四	观点明确，能紧扣观点和材料加以论述，表述全面、逻辑清晰	4—5分

示例一，观点：文明旅游需要不同主体共同发挥作用。理由：游客要提

高道德修养，加强自律，做到全民守法；公民遇到不文明行为，要勇于斗争；人民检察院、人民法院要公正司法；景区要完善规章制度，加强管理，依法经营；媒体要加强宣传，营造文明旅游的社会氛围等。

示例二，观点：文明旅游既需要法治，也需要德治。理由：一方面要发挥法律的规范作用，人民检察院提起公益诉讼、法院公正司法，强化法律对道德建设的促进作用。另一方面要发挥道德的教化作用，游客监督曝光、媒体宣传、网友传播，强化道德对法治文化的支撑作用。

示例三：综合上述两种观点和理由，或从守护公平正义等角度回答。

总之，该题聚焦文明旅游，回归真实生活，突出问题导向，引导学生关注涉及面广、有代表性的旅游陋习问题，将学科逻辑与生活逻辑相统一、学科知识与学生生活相结合，考查学生在真实生活情境中运用所学知识辨析是非、解决问题的能力，彰显立德树人和素养立意的价值导向，充分体现了表现性试题的开放性、探究性、综合性、实践性特征。

四、典型试题评析

【典型试题一】(2023·湖南永州)

在南极某科考站，德国科学家在无泥土、无阳光、无农药的条件下，成功从南极温室中收获了新鲜蔬菜。读南极温室建筑外景照片，完成下题。

南极温室建筑采用高脚设计的主要原因是　（　　）

①增强建筑的稳定性　②便于通风，防止狂风刮倒温室

③减少暴雪堆积的影响　④降低地面降温影响，保持室内温度

A. ①②　　B. ②③　　C. ③④　　D. ①④

立意高远：该题主要是对人地协调观、综合思维、区域认知等核心素养的考查。该题基于“能够秉持人与自然生命共同体的观念，选择恰当的实例简要说明地理环境各要素与人类活动的相互影响，协调人地关系的重要

性"学业质量描述，涉及"结合实例，说明天气和气候对人类生产生活的影响"，以及"根据南极、北极地区自然地理环境的特殊性，说明开展极地科学考察和保护极地环境的重要性"等内容要求，确定了"南极特殊自然环境条件对人类生产生活的影响"的素养考查目标。比如，为了减少南极特殊环境条件下暴雪堆积的影响、防止狂风刮倒温室，特地设计并建造了温室建筑——高脚屋，以开展科学考察；同时，在无泥土、无阳光、无农药的南极特殊环境条件下，成功从温室中收获了新鲜蔬菜，以解决生活问题，渗透了因地制宜理念，彰显了人地协调发展观，从而树立起求真务实、开拓创新的科学精神。

情境真实：该题以"德国科学家成功从南极温室中收获了新鲜蔬菜"和"南极温室建筑外景照片"构境，创设了图文并茂的真实情境。图片的提供较好地还原了科学家在南极的生产生活场景，涉及民居建筑、生产生活，层次丰富，代入感强。

任务复杂：该题任务设计精巧，将学生所熟悉的"建筑高脚设计"迁移到新情境中，考查学生从多个角度理解该设计与当地自然环境的关系，达到了创新迁移层次。比如，学生对于在热带、亚热带湿热环境下采用高脚设计的原因，已能做较好分析，这既为学生理解高寒气候下采用该设计做了知识铺垫，同时也为学生在新情境下分析该设计的原因带来了一定认知冲突，体现了较强的探究意味，所以该任务比较复杂、开放，有一定难度。

表现多元：作为一道选择题，该题选项主要从自然环境对温室建筑的影响和温室建筑对自然环境的适应两个维度，考查学生对南极温室建筑采用高脚设计的原因认识，可谓表现多元。①②选项具有相似性和迷惑性，尤其要注意的是采用高脚设计并不是为了"便于通风，防止狂风刮倒温室"，而是"防大风积雪掩埋"。

【典型试题二】(2022年版历史课标样题2)

根据下列大事年表，解答问题。

大事年表

时间	事件
1931年9月	九一八事变
1935年8月	中国共产党提出建立抗日民族统一战线主张
1936年12月	西安事变和平解决

续 表

时间	事件
1937年7月	七七事变
1937年8月	中国工农红军改编为国民革命军第八路军
1937年10月	南方红军和游击队改编为国民革命军陆军新编第四军
1939年9月	德国入侵波兰,英国、法国对德国宣战
1940年	德军大举进攻并占领北欧和西欧诸国
1940年8月	八路军打响百团大战
1941年6月	德国入侵苏联,苏联卫国战争开始
1941年12月	日军偷袭珍珠港,太平洋战争爆发
1942年1月	26个国家的代表签署《联合国家宣言》
1942年2月	中国远征军进入缅甸作战
1943年11月	美国、英国、中国三国政府首脑举行开罗会议
1944年6月	美英等国军队在诺曼底登陆,开辟欧洲第二战场
1945年2月	雅尔塔会议
1945年5月	德国战败
1945年7月	波茨坦会议
1945年8月	日本天皇发布诏书,宣布无条件投降
1945年9月	日本正式签署投降书,第二次世界大战结束

(1) 从上述材料中找出世界反法西斯同盟形成的标志性事件。

(2) 选择材料中相互关联的事件,结合所学知识,自定一个你想论述的观点,加以阐述或说明。(要求:观点正确,史论结合,条理清楚)

参考答案:

(1) 26个国家的代表签署《联合国家宣言》。

(2) 评分标准。

水平	拟定的观点	材料运用与论述
四	明确,有新意或思想深度	紧扣自己的观点加以论述,运用材料中两个以上的史实,能够做到史论结合,逻辑清晰

续 表

水平	拟定的观点	材料运用与论述
三	明确	能够围绕观点论述，运用了材料中的史实，但不够充分或不够典型，条理基本清楚
二	不够明确	有论述或说明，但材料不充分，或史论结合不充分
一	没有凝练出观点	观点、论述与材料无关，或仅仅重复材料中的史实

示例一：

观点：全民族抗战是中国抗战胜利的根本原因。

选择的史实：九一八事变，中国共产党提出建立“抗日民族统一战线”主张，西安事变和平解决，七七事变，八路军打响百团大战，等等。

论述：九一八事变后，中华民族危机日趋严重；中国共产党于1935年提出建立抗日民族统一战线主张，1936年促成西安事变和平解决。七七事变后，国共两党合作，建立抗日民族统一战线，掀起了全民族抗战；中国军民在台儿庄战役、百团大战等战役中沉重打击了日本侵略者。1945年，中国战场对日寇最后反攻，取得抗日战争胜利。

在全民族抗战的旗帜下，中华儿女共赴国难、团结抗战，是中国抗战胜利的根本原因。

示例二、示例三略。

立意高远：该题主要是对史料实证、历史解释、家国情怀等核心素养的考查。该题基于能够准确理解教材和教学活动中所提供的可信史料，并运用这些史料对重要史事进行简要说明，有理有据地表达自己的看法，以及能够了解并初步认识不同史事的因果联系、中国与世界的联系等学业质量描述，结合中华民族的抗日战争、第二次世界大战相关内容要求，以中外历史大事年表为可信史料，考查学生材料选择、概括和阐释等的史料实证和历史解释能力，以厚植家国情怀。

情境真实：该题运用中国抗日战争和第二次世界大战的中外历史大事年表创设问题情境，不仅时间、事件真实可信，而且中外历史贯通，具有较强的学科综合性。

任务复杂：任务(1)要求学生在理解、辨别材料的基础上，结合所学知识，指出世界反法西斯同盟形成的标志性事件，侧重考查学生史料实证的核心素养；任务(2)要求学生在阅读材料的基础上，选择材料中相互关联的事件，自主提炼出一个观点，并结合所学知识加以论述，主要考查学生史料实证、历史解释等核心素养，旨在培养学生的材料选择、概括和解释能力。特别是该任务不设问题，让学生自己从试题情境中提炼问题，并自己回答，具有很强的开放性、探究性，属于复杂任务，有助于学生展示自己的学业特长和创新能力。

表现多元：该题参考答案不唯一，无法穷尽所有答案要点，只能提供答案示例；采用等级评分规则，将学生表现分为观点与论述两个维度，每个维度分为四个表现水平，为具体衡量学生通过答题所表现的核心素养达成度提供了量规和标尺。

【典型试题三】(2022年版道德与法治课标样题1)

下图是我国航天事业中一些工程的名称，有网友感慨，中国航天太会起名了！

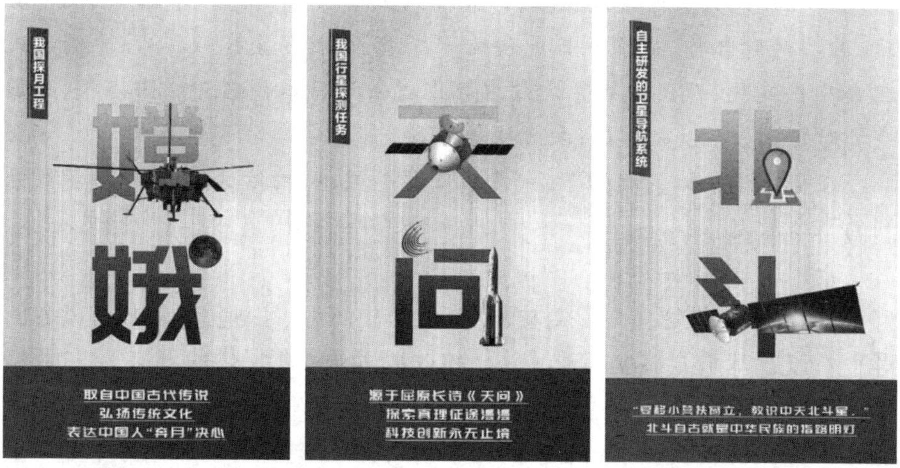

(1) 请解析这些命名中蕴含了中华优秀传统文化中的哪些元素。

(2) 我们国家的运载火箭命名为"长征"，请简析其中的寓意。

(3) 如果请你为新一代运载火箭命名，你想起什么名字？说说理由。

立意高远：该题主要是对政治认同、道德修养等核心素养的考查。该题基于"能够举例说明社会主义先进文化、革命文化和中华优秀传统文化的主要特征，坚定文化自信"学业质量描述，结合"践行中华民族自强不息、敬业乐群、脚踏实地、实事求是的思想"，以及"感悟天下兴亡、匹夫有责的担当意识，厚植爱国主义情怀"等内容要求，以"嫦娥""北斗""天问"等中国航天工程为例，分别考查学生对中华优秀传统文化、革命文化、社会主义先进文化的思考和运用能力，以展现文化自信。

情境真实：该题运用“嫦娥”“北斗”“天问”等中国航天工程创设情境，不仅真实可信，而且呈现方式新颖，能够激发学生思考的积极性。同时，还贯通中国古今优秀传统文化、革命文化、社会主义先进文化，有机融入中国特色社会主义建设实践。

任务复杂：任务(1)要求学生在辨别、理解情境材料的基础上，指出这些命名中蕴含的中华优秀传统文化元素，侧重考查学生的发散思维能力；任务(2)要求学生在理解中华优秀传统文化的基础上，简析我国运载火箭被命名为“长征”(革命文化)的寓意，不仅实现了从传统文化到革命文化的迁移，而且实现了古今历史融合，侧重考查学生的综合思维品质；任务(3)要求学生学以致用，为新一代运载火箭命名并说明理由，如命名：不仅实现了从传统文化、革命文化到社会主义先进文化的迁移，而且富有实践性，侧重考查学生的实践能力和创新精神。总之，该题通过真实情境，设计开放性、探究性、综合性、实践性任务，有效考查了学生政治认同、道德修养等核心素养的发展程度。

表现多元：尽管该题没有提供参考答案和评分规则，但从试题任务中就可以看出：该题没有标准答案，答案是多元的。例如，任务(3)的答案示例可以是“鹏程”，理由：鹏是传说中的大鸟，能飞行万里。新一代运载火箭命名为“鹏程”，蕴含着中华优秀传统文化中的神话元素，同时也表达了鹏程万里的美好祝愿，寓意中国火箭事业能展翅高飞、前程远大，不断创造新的辉煌。也可以是“乘风”。理由：源于诗词“大鹏一日同风起，扶摇直上九万里”，既饱含中国人民自古以来对太空的想象、探索的期盼，也表达了中华民族追求真理的勇敢与坚韧等。当然，基于多元不唯一的参考答案，评分规则也只能采用等级评分。